CREATORS LIBRARY 07

造形力学

森迫 清貴 著

Architectural Mechanics
MORISAKO Kiyotaka

共立出版

まえがき

ガリレオ Galileo Galilei　1564-1642

　イタリア・ルネサンス後期の数学者，自然学者。近代的物理学の開拓者。フィレンツェの名家ガリレイ家の長男としてピサで生まれる。ピサの大聖堂で揺れるシャンデリアを見て「振り子の等時性」を発見した，ピサの斜塔から大小2つの球を落として同時に地面に落ちる実験を見せたの逸話がある（落下の実験は，フランドルのブルジェ出身のシモン・ステヴィン（1548-1620）が1585年の力学に関する著書で述べている）。ガリレオは，アリストテレス流の哲学的思考によって自然を理解するのではなく，数学的記述によるような仮説を実験的に吟味するという近代的な方法論をとった。その一例として球を斜面で転がす実験で「落下の法則」を実証した。地動説でローマ教皇庁の裁判被告となり，1633年に判決が下り異端誓絶を行った。「それでも地球は動く」は有名であるが，事実かどうかは怪しい。その後「新科学対話」を準備し，1638年に出版している。

　ガリレオは，フィレンツェの「アカデミー・オブ・デザイン（高等工芸学校）」の数学教師オスティリオ・リッチとの出会いによって数学・物理学者としての歩みを始めた。1592年に28歳でパドヴァ大学の数学教授に就任し，1594年頃「力学について（機械学）」でてこのつり合いに力のモーメントの概念を導入している。梁の破壊や綱の破断など，ものをつくる技術に関する考察も多い[001-007]。

ガリレオ・ガリレイの『新科学対話』[001]の最初に，

　小をもつて大を推し測ってはいけない。大抵の考案は寸法が
　小さいときにはうまく成功しても，大きくすると失敗するも
　のだから，・・・

という記述があります。ひとは，ものを実に様々なかたちと大きさで造ってきました。そこには，試してみようという思いっきりの挑戦や，先人達からの伝授，失敗体験からの知恵があり，それぞれのものが実現されてきたのでしょう。現代では，小さなものや工芸品などを除いて，科学的理論と工学的判断，経済的・社会的判断などに基づく総合的決断によって，ものがつくられています。ガリレオから始まるとされている実験・観測に基づくものづくり設計概念が，現代の便利で，ある意味快適な社会の実現に寄与していることにはあまり異論はないでしょう。

　人類の叡智による科学的理論とそれを応用して人類に役立てようとする工学的理論には少し溝があります。工学的理論は，それを応用したい時代において技術的に可能なレベルや前述した様々な判断も反映した理屈になります。新たな科学的発見があれば，工学的理論との溝の幅に変化が見られる場合もあるでしょうし，関係のない場合もあるでしょう。一方，新材料の開発などは，新たな工学的理論を必要とするでしょう。また計算技術や加工技術の進歩は，溝の幅を縮めることが期待されます。

　ひとがものをつくりたいと思うとき，既存のものを自らつくりたいと思う以上に，既存のものとは違う，それに関わる一人間として，何かしら自分らしいものとしたいという欲求があると思います。したがって，ものづくりには，いつも何らかの創造とそれを実現するための工夫とがあります。

　著者は，創造（あまり言えませんが）と工夫をするときには原点に立ち戻ることが非常に有効であると考えています。これは経験に基づきます。今の時代，まさに種を植えて素晴らしい実のなる樹になるような特別な種を見つけることは容易ではありません。樹の先端付近に居て改良

や改善を求められることの方が普通のように思えます。そうしたとき，少なくとも枝の分かれ目までは降りて，上や下を眺めてみると，空や土も見ることができます。これはヒントになると思いませんか。特に，この本の分野である「建築」は，「原理（アルケー）を知る工匠の技術」[008]にほかならないのですから。

この造形力学は，著者が大学の建築分野で学び，その後，曲がりなりにも教えてきた授業内容を，著者なりの理解に基づいて記しています。また，授業では話せていないことも含まれています。著者は，高校以来，数学，物理がどちらかと言えば苦手でしたので，一つ一つの有用な工学的事項を納得するのに時間がかかりました（未だに，「これは決まりごと」として割り切ろう，と思っていることもあります）。その結果の内容ですので，勝手解釈やご都合主義だろうとご指摘があると思います。また，ところどころに変なこだわりもあります。諸先生方や学会等の人々からのお叱りも覚悟しております。どうかご寛恕いただきますようお願い申し上げます。

なお，造形力学という学問分野が明確に存在するわけではありません。これは，京都工芸繊維大学で 1988 年に意匠工芸学科，住環境学科，建築学科を統合した造形工学科が生まれたとき，建築力学の名称を変更して誕生した授業科目名です。建築士の受験資格に必要な構造力学を授業するための科目で，その後 2006 年の改組によって，造形工学科はデザイン・建築学課程という教育プログラム型に変わり，造形力学の授業科目名は建築構造力学というごく普通の名前に替わっています。

構造力学は，機械工学や建築，土木工学のみならず材料工学などの工学の広範な分野の基礎となっており，したがって，既に数多くの教科書やいろいろな形式の関連本が世に出ています。また，現在ではインターネットでいろいろなレベルで情報を入手し，学ぶこともできます。著者も実に多くの書籍のみならず，ネット情報も参考にしています。ただし，ネット情報は基本的に著者，編者が判明している書籍でその後に確認しています。引用や参考文献は［　］内数字で示し，それらは巻末にまと

ARCHITECT
ARCHITECTURE

「建築」architecture（英語）
↑
ラテン語の architectura
↑
ギリシア語の architectonicē
architectonicē technē の略
「architectōn の technē（術）」を意味する

architectōn … 初・原，原理，首位・頭を意味する archē と工匠・職人を意味する tectōn の合成
technē … 術

「原理（アルケー）を知る工匠の技術」

図 0.1　建築 Architecture

めて記しています。

　この本は，教科書的ではありますが，構造力学を学習しているときの横においていただき，読者が考えるときの副読本にしていただければと願っています。内容は易しめのところもありますが，少し難しめなところもあります。あまり読者層を絞り込まず，イメージを醸成できるように書き進めています。それゆえ，演習問題は含まれていません。必ず，他の出版されている教科書や授業のプリントなどで問題を解くという訓練をして下さい。構造力学という分野は，面倒くさがらずに演習問題を解くという積み重ね以外に修得する方法はありません。この分野では「難しい」という語は，「面倒だ」という語の同義語かも知れません。

森迫　清貴

目　次

まえがき

1章　力　001

第1節　ニュートンの力とフックの力　002
第2節　力の表現と力のつり合い　005
第3節　力のモーメントと静的等価　012
第4節　重心と図心，断面1次モーメント　022
第5節　剛体のつり合い　028

2章　引張，圧縮，せん断　033

第1節　垂直ひずみと垂直応力，軸力　034
第2節　せん断ひずみとせん断応力，せん断力　044
第3節　引張をうける棒材の材軸に斜めの断面での応力　049
第4節　ひずみと応力　052
第5節　主応力　065
第6節　降伏条件　069
第7節　断面力（合応力）　073

3章　曲げ　075

第1節　軸力と曲げによる棒材の垂直応力，断面2次モーメント　076
第2節　軸力と2方向曲げをうけるときの棒材の垂直応力，
　　　　断面相乗モーメント　087
第3節　棒材の曲げに伴うせん断応力，せん断中心　091
第4節　塑性曲げ　105
第5節　断面諸量と座標変換　112

4章　ねじり　117

第1節　円形断面棒材のねじれ　118
第2節　単純ねじれ（サンブナンねじれ）　122

第3節　曲げねじれ（ワグナーねじれ）　　　　　　　　　　　　132

5章　梁　　135

第1節　梁の支点と静定梁・不静定梁　　　　　　　　136
第2節　静定梁の反力と断面力　　　　　　　　　　　140
第3節　梁の曲げによるたわみ　　　　　　　　　　　152
第4節　簡単な不静定梁の反力と断面力　　　　　　　161
第5節　梁の塑性曲げと塑性崩壊　　　　　　　　　　164

6章　ラーメン，アーチ，トラス　　169

第1節　静定ラーメンの反力と断面力　　　　　　　　170
第2節　静定アーチの反力と断面力　　　　　　　　　180
第3節　静定トラスの反力と断面力　　　　　　　　　185
第4節　その他の静定構造物の反力と断面力　　　　　196
第5節　簡単な構造物の塑性崩壊　　　　　　　　　　202

7章　座屈　　207

第1節　棒材の曲げ弾性座屈，細長比と断面2次半径　　208
第2節　簡単な骨組内部材の弾性座屈　　　　　　　　219
第3節　非弾性座屈　　　　　　　　　　　　　　　　222
第4節　曲げをうける部材の横座屈　　　　　　　　　223

付録　国際単位系　　　　　　　　　　　　　　　　227
参考文献　　　　　　　　　　　　　　　　　　　232
索引　　　　　　　　　　　　　　　　　　　　　235

あとがき　　　　　　　　　　　　　　　　　　　239

Chapter 1
Force

1章 力

第1節　ニュートンの力とフックの力

力とは

「力とは何か」と問われて，すっきりと答えることは意外と難しい。高校までの物理では，「力」というものが当たり前に存在するものとして扱われていたように思うけれど，「力」そのものを見たことはない。

多くの人は，ニュートンの運動の第二法則 $F = ma$ で力 F が定義されていると理解している。この運動の第二法則は1687年出版のニュートンの『プリンキピア』では次のように記述されている[101]。

> **物体の運動の変化は，物体に加えられた力に比例し，その力の方向の直線に沿って起こる。**

見えているのは質量 m に代表される物体と，その運動の変化（加速度 a）であって，力ではない。しかも力がかかわるのは，単純に動いているということではなくて，運動の速さや方向，向きが変化することについてである。すなわちニュートンの力 F は，物体によって定まる比例係数 m を介して，物体の加速度 a によって定義されていることになる。力 F は，大きさと方向，向きに関係しているのでベクトルとして表記する必要があり，通常，太字で記している。質量の単位はSI基本単位（巻末付録参照）で kg（キログラム）であり，加速度の大きさの単位は m/s^2（メートル・パー・セカンドの2乗），力の大きさの単位は $kg \cdot m/s^2$（キログラム・メートル・パー・セカンドの2乗）となる。力の大きさの単位 $kg \cdot m/s^2$ を一つの文字「N」で表すこととし，「ニュートン」と読む。

一方，人類は太古から実用技術として，力学的知恵を駆使してきてい

ニュートン Isac Newton　1643-1727

イギリスの数学者,物理学者。イングランド,ウールスソープ村の生まれ。ケンブリッジのトリニティ・カレッジで学ぶ。ロンドンでペストが大流行した1665年から18ヶ月の間故郷で瞑想したことが，後の三大発見（万有引力，微分積分学，光学）に結びついたといわれている。「リンゴが木から落ちるのを見て万有引力を発見した」という逸話はこの時期のこと。「プリンキピア」で運動の三つの公理として，慣性の法則，運動方程式，作用・反作用の法則をあげた。1699年造幣局長官,1703年王立協会総裁になり，死ぬまで毎年選出された。化学実験の経験もあり，錬金術にも興味を持っていた [002,004,101-106]。

質量 mass … 物体に固有の量（物質の量）で，「密度」×「体積」として定義される。「密度」とは「単位体積当りの質量」であるとされるが,定義されていると言えるのかどうか。確実なのは，ニュートンの運動の法則における比例係数であり，物体に慣性を生じさせる原因となるものである。質量の単位は kg であり，後述する重量の単位との区別が必要である。もともと 1kg は最大密度の水 $1000 cm^3$ の質量であったが，1889年に「国際キログラム原器」が承認され，それ以降は「この原器をもって質量の単位とみなす」ということになっている。質量は原器に基づいた分銅を用いて，天秤 balance や竿（棹）秤で直接量ることができる [107,108]。

る。ピラミッドのような巨大建造物の建設のみならず，小さな住居においても材料の運搬や部材の安定保持のために，必ずしも理論計算などに頼らなくとも経験的な力感覚をもって対処してきている。

形ある「もの」をつくるには材料がいる。物体に「力」をかけると変形することを，われわれは経験的に実感している（目に見えるほど変形していなくても，納得できるであろう）。このことを「ばね」の復元力として示したのがフックである。フックは1678年の「復元力についての講義」でばねについて次のように述べている[003]。

　　ばねを粗の状態，言い換えればばねの一部を他部分から離すようにする，またあるいは，ばねを密の状態にしめるなどして生じた**自然状態よりの変位とか間隙の大きさと，ばねを自然の位置にもどそうとする力とは比例する**。この法則はばねについてのみ観察されるものではなく，金属，木，石，れんが，毛髪，角，絹，筋肉，ガラスなどのすべての弾力性のある物体についていえることである。

フックの法則はたとえば $F=kd$ と書かれる。フックの力 F は，ばねによって定まる比例係数 k を介して，変形（ばねの端が移動した変位）d によって定義されている。ここでも見えているのは，力そのものではなくばねにかける錘^{おも}りであり，ばねの変形である。錘りは重力というニュートンの力を表現しているが，その力を具体的に測っているのはばねの伸び（下端が下がった変位）によるフックの力である。

「力」とは，ニュートンでいえば「物体の存在を表現するパラメータである質量 m（比例係数）とその物体の運動の変化を表現している加速度 a（速さの大きさの変化，方向，向きの変化）をむすびつける数学的パラメータ」であり，フックでいえば「物体の構成材料を反映する比例係数 k とその物体の変形を表現している d をむすびつける数学的パラメータ」であるということになる。すなわち，われわれは「力」を，

加速度 acceleration … 単位時間（例えば，1秒 (s)）当たりの速度の変化の程度を表す量である。速度 velocity とは，単位時間当たりの位置の変化の程度を表す量である。位置の変化には，基準とした点からの距離と方向が含まれている。なお，速度の大きさを表すのに「速さ speed」という語が使われることもある。速度の大きさの単位は m/s であり，加速度の大きさの単位は m/s² である。

方向と向き direction … あえて区別すると，「方向」とは空間的な方角を意味し，数学的に座標軸を定めれば，その軸からの角度で表される。「向き」は方向のどちらを向いているかを表し，例えば正（プラス）・負（マイナス）で示す。区別せずに使われることも多い。例えば，「大きさと向きをもつ量をベクトルという」など。

「ばね」はひらがな，カタカナ … 「バネ」と書くことが多いようだが，大辞林をひくと「ばね（発条・弾機）」とあり，建築や機械の学術用語集では「ばね」と記されている。英語では spring なので，カタカナ表記の「バネ」は，文中で識別しやすいようにという配慮なのだろう。「ばね」の語源は，鉄砲用の「はじきがね」あるいはとび「跳ねる」から来ているという説がある。

フック Robert Hooke 1635-1703
　イギリスの自然科学者。イングランド，ワイト島の出身。オックスフォードのクライスト・チャーチ・カレッジで学ぶ。子供のころから工作好きで，ロバート・ボイル（1627-1691）の助手として真空ポンプを作製した。1660年に現存する最古の自然科学の学会「王立協会」が設立され，1662年にフックは協会の実験主任に任命され会員となった。顕微鏡による観察を図版というかたちで示した

「ミクログラフィア」で絵画の才能も発揮され，名声を得た。コルクの断面でcellという言葉が使われている。惑星の運動や光学についての研究もあり，ニュートンとの確執が生じたと言われている。測量技師でもあり，1666年9月のロンドン大火後，建築家クリストファー・レン（1632-1723）に協力してロンドン再建計画を策定し，いくつかの建物を設計している。ニュートンの「プリンキピア」の出版を王立協会が決めた後，フックは重力が距離の二乗に反比例するのを発見したのは自分だと主張して，物議を起こした。これを機に以前から確執のあったニュートンとの関係は最悪になったようである。[003,105, 109,110]。

物体の「運動の変化」あるいは「変形（変位）」という「力の効果」を介して見ていることになる。

　現在，われわれは，人類の先達が発案してくれた「力」という便利なパラメータを使うことによって，「もの」をつくっているのである。

Force ｜ ニュートンの力とフックの力

第 2 節　力の表現と力のつり合い

力は矢印で表現

ニュートンの力は，物体の運動の速さや向きを変える働きを表し，フックの力は，ばねの長さを変化させるなど物体に変形を与える働きを表している。フックの力は，つり合いを考えることでニュートンの力として認識することができる。ここで力は大きさだけでなく，向きという性質をもつと考えておく必要がある。すでに前節で力 F を，大きさと向きをもつベクトルとして表記し，太字で記してきた。

ベクトルを図示するときは，図 1.1 のように矢印（有向線分）を用いる。矢印の長さが大きさを，矢印を含む直線（図中の破線）が力の作用線の方向を，矢印の頭（こちらが線分の終点）のアローヘッド（鏃，矢尻）が向きを表している。方向と向きを合わせて「方向」あるいは「向き」のどちらかで表現することが多い。力の作用点の位置は矢印の頭なのか，逆の起点なのかは，特に決まりはない。

ベクトル vector とスカラー scalar … ベクトルとは，大きさと向きをもつ量である。速度も加速度も，大きさと向きをもっており，ベクトルである。たとえば直線レール上の電車が減速しているとき，速度は進行方向に正の向きの量であるが，加速度は進行方向に対して負の向きの量である。

スカラーは一つのスケール（scale，スカラーの語源）で測れる量であり，大きさ（数値，正の値も負の値もある）だけをもつ量である。

ベクトルは通常，**太字**で表し，スカラーは太字にはしない。

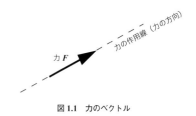

図 1.1　力のベクトル

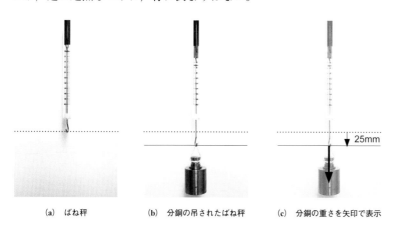

(a) ばね秤　　(b) 分銅の吊されたばね秤　　(c) 分銅の重さを矢印で表示

図 1.2　ばね秤で分銅の重さを測る（村本 真撮影）

force と power … どちらも「力」と訳される。force は物理学の力，実際に働く物理的力のイメージであるが，精神力などにも使われる。一方 power は何かを行うことのできる能力のイメージが強い。スター・ウォーズの Force は，能力の源であり，何か客体化されているようである。人間は，いろいろな場面で Force 的なイメージを信じて使っている。

重力 gravity … 物体にはたらく地球の引力（作用）であり，物体の重量（重さ）weight とも呼ばれる。物体の重量 W とすると，

$$W = m\boldsymbol{g}$$

と表される。m は質量であり，$\boldsymbol{g}$ は重力加速度 gravity acceleration と呼ばれる。したがって重量の単位は $kg \cdot m/s^2$（すなわち N）である。質量は重量のもとになるものといえる。
　地球表面では $\boldsymbol{g}$ は自由落下する場合の加速度であり，その方向は地球の中心を向き，大きさはほぼ $9.8 m/s^2$ である。2つの物体の質量を m および M とすると，ニュートンの万有引力の大きさ f の公式は，

$$f = G\frac{mM}{r^2}$$

である。ここで r は2つの物体の重心間の距離であり，G は比例定数（ニュートン定数あるいは万有引力定数と呼ばれる）である。1798年ヘンリー・キャベンディッシュが，地球の密度（質量）を測定する目的で行った2つの球による引力実験で $G = 6.6726 \times 10^{-11}$ $(m^3/(s^2 \cdot kg))$ と算出した。引力の大きさ f が重量 W の大きさであるから，重力加速度の大きさ g は次のように書ける。

$$g = G\frac{M}{r^2}$$

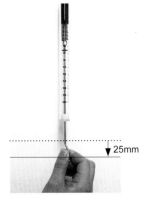

図1.3　ばね秤で力を実感する（村本 真撮影）

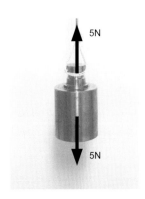

図1.4　分銅に働く力（村本 真撮影）

　図1.2は，ばね秤で分銅の重さを測っているところである。ばね秤は，言うまでもなく，ばねの変形を利用して力を測る道具である。ばねの目盛りは1mm毎に刻まれており，1目盛りは0.2Nである。このばね秤に使われているばねの比例係数 k は 0.2N/mm（ばねを1mm伸ばすのに0.2Nの力が必要）ということになる。分銅が吊るされた（b）のばねの目盛りは，5N（$kg \cdot m/s^2$）であることを示し，ばねは25mm伸びている（下端は25mm下がっている，下端の変位は重力方向下向きに25mm）。分銅の重さは分銅の質量に重力加速度 $\boldsymbol{g}$ を乗じたものであり，分銅をばね秤から外し，手で持つことなどをしなければ重力加速度で落下する。この分銅の質量は，$\boldsymbol{g}$ の大きさが $9.8m/s^2$ とすると，$5N \div 9.8m/s^2$ から0.51kgということになる。分銅の重さという力（重力）を矢印で表すと図1.2（c）のようになる。
　図1.3は，図1.2（b）と同じ目盛りになるように指に「力」を入れてばねを下げている様子である。指は5Nの力を実感しているはずである。この力は，ばねから指が受けている力でもある。ばねの力も矢印で表すと，これは上向きの力として表される。分銅という物体にのみ着目すると，図1.2（b）あるいは（c）は，図1.4のようにあたかも分銅が宙に浮いているかのような図になる。このように物体に着目して，物体

を頭の中で宙に浮かせ，それに働く力を矢印で示した図を自由体図 free body diagram と呼んでいる。分銅に働くばねの力と重力は，それらの力の作用線が同一であり，大きさが等しく，向きは反対である。こう考えると分銅に働くトータルの力は **0** である。したがって，ニュートンの運動の法則により，分銅に加速度は生じず，動くことなく静止している，というのが説明である。このトータルの力が差し引き **0** になることが，「つり合い equilibrium」である。つり合いは「平衡」とも書く。

人は「力」という概念を導入し，つり合いを考えることによって，物体に働く力を捉えることに成功したとも言える。そこでは，自由体図が大きな役割を担っている。

図 1.5 に，水平床上に静止している重さ W の球体についての自由体図を示す。ここでは，床があるという事実が床面からの反力（抗力）reaction N に置き換えられている。重さは，もちろん球体の質量 m に重力加速度 g を乗じた重力のことであり，本来，質量は球体全体に分布しているはずであるが，それをまとめた結果としての重力 W として表されている。この球体は静止していることから，つり合っている。すなわち，反力 N の大きさは重力 W の大きさと等しく，向きは反対のはずであり，また力の作用線は同一であると考えられる。

自由体図において 2 つの力 W と N は，球体にとってはいずれも外力として考えることができる。重力による球体の変形や床との接触面での変形を問題にせず，球体全体のつり合いを説明しようとする場合には，図 1.6 のように同一作用線上であれば，どこにその矢印を描いても問題はない。さらに，図 1.6 (c) のように球体そのものを描かず，2 つの力 W と N を 1 点に働くように描いても，2 つの力のつり合い状態を示すこともできる。

力の合成と分解

図 1.7 (a) のように 1 点 A に 2 力 F_1，F_2 が同時に作用するときに，

g および上記の G を代入し，地球の半径を約 6400km とすると，ニュートンの万有引力に基づく地球の質量 M は，

$$M \approx 6.0 \times 10^{24} \text{kg}$$

となる。

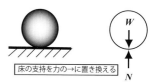

図 1.5 床に置かれた球体の自由体図

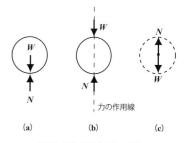

図 1.6 球体に働く力のつり合い

equilibrium と balance … どちらも「平衡」，「つり合い」と訳される。balance の語源はラテン語の bi（2 つの）と lanx（皿）から来ており，「天秤」である。equilibrium は，equi(equal)+balance+ium（ラテン語からの借用語にみられる）という構成である。力学でのつり合いでは，equilibrium が使われる。

静力学 statics … static「静的な，静止している」（時間によって変化しない）状態を説明するためのつり合いを研究対象とする学問である。時間に関する変数を扱い，慣性力などを考慮する場合には動力学 dynamics と呼ばれる体系がある。

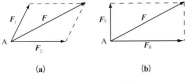

図 1.7　力の合成と分解

ベクトルのもう一つの定義 … ベクトルとは，2 つのベクトルの和が，幾何学的に表した 2 つの矢印が作る平行四辺形において，対角線の作る矢印となるものである（図 1.7 参照）。

下添え字 subscript の H と V … 構造力学における平面直交座標系では，水平方向と鉛直方向という表現を使うことが多い。鉛直方向とは，糸につけた錘り（下げ振り plumb bob）が自然状態で向く方向，すなわち地球の中心方向である。したがって水平方向は鉛直方向と直交する方向である。通常の紙面では，水平方向は横方向，鉛直方向は縦方向となる。添え字 H は horizontal（水平の）の頭文字であり，V は vertical（鉛直の）の頭文字である。

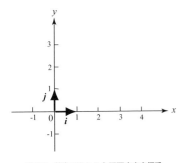

図 1.8　基本ベクトルと平面直交座標系

それらの力の効果を一つの力で表すことができるかどうかを考えよう。2 つの力の方向は異なっており，このような場合の力の和はどうすればよいのであろう。

力はベクトルであるから，2 力 F_1, F_2 のベクトル和は，F_1 および F_2 を 2 辺とする平行四辺形の対角線として，1 つの力 F に合成される。F を F_1 と F_2 の合力 resultant force とよぶ。逆に，力 F は 2 力 F_1, F_2 に分解され，そのとき F_1, F_2 は力 F の分力 component of force と呼ばれる。これをベクトル演算の式で表示すると，

$$F = F_1 + F_2 \tag{1.1}$$

と書ける。力 F の分解の仕方は，図 1.7 (a) 以外にも無数にあり，例えば，図 1.7 (b) のように直交する 2 力 F_H, F_V に分解することもできる。

図 1.6 の球体が静止し続けるためには，球体に働く合力ベクトルが **0** であり，ニュートンの力学で加速度が生じない状態でなければならない。2 つの力ベクトル W と N の合力について，式 (1.1) に従って記すと，

$$W + N = 0 \tag{1.2}$$

となる。上式での W と N は，図 1.6 に描かれた矢印の向きは意識せず，ここでは任意の向きの可能性を含んでいる。式 (1.2) から，

$$W = -N \tag{1.3}$$

である。式 (1.3) から，W と N の矢印は同じ方向（作用線）にあり，その向きが逆であること，そして矢印の長さが等しいことがわかる。

ベクトルである力の合成，分解を図示的に行う方法は理解されたと思うが，計算によって行うためには，座標系 system of coordinates を設ける必要がある。座標系は，原点を定め，そして座標軸の方向と 1 単位 unit の大きさの基準を定める基本（単位）ベクトル fundamental vector（基底ベクトル base vector）を決めることによって定義される。

ここでは，まず平面の直交座標系を考える。図1.8のように，直交する2つの基本ベクトルとしてi, jを用いると，x-yの平面直交座標系が定まる。iがx軸の基本単位ベクトルであり，jがy軸の基本ベクトルである。i, jを用いて，2つの力F_1, F_2の合力を表してみる（図1.9参照）。

$$F_1 = F_{1x}i + F_{1y}j, \quad F_2 = F_{2x}i + F_{2y}j \tag{1.4}$$

ここで，F_{1x}およびF_{1y}は，F_1のx方向成分，y方向成分であり，スカラーである。式（1.4）を式（1.1）に代入すると，

$$\begin{aligned}F &= F_1 + F_2 = (F_{1x}i + F_{1y}j) + (F_{2x}i + F_{2y}j) \\ &= (F_{1x} + F_{2x})i + (F_{1y} + F_{2y})j\end{aligned} \tag{1.5}$$

と書ける。また，

$$F = F_x i + F_y j \tag{1.6}$$

と表せるから，Fのx方向成分F_xおよびy方向成分F_yは，2つの力F_1, F_2のそれぞれのx方向成分およびy方向成分を足し合わせた

$$F_x = F_{1x} + F_{2x}, \quad F_y = F_{1y} + F_{2y} \tag{1.7}$$

となる。これにより図1.9に示したようにFの方向，向きがわかる。また大きさFは，三平方の定理（ピタゴラスの定理）から次のようになる。

$$F = \sqrt{F_x^2 + F_y^2} \tag{1.8}$$

3次元の空間直交座標系についても同様である。図1.10に，単位基本ベクトルをi, j, kとするx-y-zの立体直交座標系を図化して示す。右手の親指をx軸の正の方に向け，人指し指をy軸の正の方に向ける，中指はz軸の正の方を向く。このような座標系を右手直交座標系と呼んでいる。直交座標系をデカルト座標系 Cartesian coordinate system とも呼ぶ。

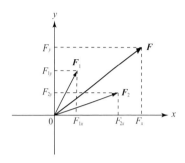

図1.9　力ベクトルの成分表示

ピタゴラス Pythagoras　BC572-BC492?
　トルコ沿岸のギリシアのサモス島の出身。南イタリアのクロトンで宗教団体兼学術団体を創立した。彼によると数が万物の根本原理であり，原型であり，万物は数の関係にしたがって秩序あるコスモスをつくる，とされている。宇宙をコスモスと名付け，幾何・数論・音楽に通じ，マテマティケ（学ばるべきもの，学科）を数学の意味に用いた。彼の名を冠したピタゴラスの定理（三平方の定理）が有名であるが，彼が証明したという証拠はない[002,111,112]。

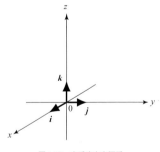

図1.10　右手直交座標系

物体に作用する力の作用線が1点に集まる力のつり合い

ばね秤につるされた分銅および床に置かれた球体について，自由体図を示し，分銅と球体，それぞれに作用する2つの力のつり合いを説明した。このとき2つの力は，同一作用線上にあり，大きさが等しく向きが反対であった。

次に，図1.11ような重さWの球体を壁からケーブルで吊るしている状態について考えてみよう。この物体には，壁から壁面に垂直に働く反力Nがあると考えられ，さらにケーブルの力Tが働くと考えられる。これらを式 (1.1) に従って，球体に働く合力ベクトルが$\mathbf{0}$であるというベクトルの和で表すつり合い式で書くと，

$$\mathbf{W} + \mathbf{N} + \mathbf{T} = \mathbf{0} \tag{1.9}$$

となる。$\mathbf{W}$，$\mathbf{N}$および$\mathbf{T}$の大きさを，それぞれスカラー量として細字のW，N，Tで表し，座標系として図1.8の直交平面座標系を考える。3つの力ベクトルの成分は，次のように表される。

$$\mathbf{W} = (0, -W), \quad \mathbf{N} = (N, 0), \quad \mathbf{T} = (-T\sin\theta, T\cos\theta) \tag{1.10}$$

このとき，W，N，Tはスカラーであるので，座標系の正負の向きに注意して，+あるいは−の符号をつけなければならない。

式 (1.9) の成分計算は，式 (1.7) より，それぞれのx方向（水平）成分およびy方向（鉛直）成分を足し合わせばよいので，式 (1.10) より，

$$0 + N + (-T\sin\theta) = 0 \tag{1.11a}$$
$$(-W) + 0 + T\cos\theta = 0 \tag{1.11b}$$

と書ける。ベクトルの式 (1.9) は，実際に計算できる成分による2つの式となっている。式 (1.11b) より，$T = W/\cos\theta$となり，これを式 (1.11a) に代入すると，$N = W\tan\theta$となる。

式 (1.9) を再度ベクトルの矢印で考えてみよう。図1.12に示すよう

デカルト René Descartes 1596-1650

「私は思惟する。ゆえに私は在る。」で有名なフランスの哲学者。彼は知識を獲得する方法をまず数学に求め，数学的自然学の体系化を試みている。幾何学の研究に代数的方法を用いる解析幾何学の基礎となる座標系（2つの実数を平面上の点（座標）によって表す方法）を発明し，1637年出版の『方法序説』に記されている。デカルト座標系のことを「カーテシアン」と称することもある [002]。

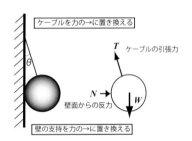

図1.11 壁から吊るされた球体の自由体図

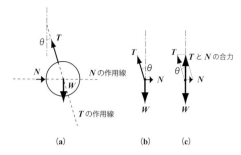

図 1.12 球体に働く力のつり合い

に，3 つの力 W, N, T の作用線は球の中心で交わると考えられ，図 1.6 で説明したように，N および T を作用線上で滑らせると，図 1.12 (b) のようになる。さらに，N と T を合成すると，図 1.12 (c) のようになり，その合力は W と大きさが等しく，向きが反対の力となると考えられる。すなわち，

$$W = -(N+T) \tag{1.12}$$

ということである。

sin サイン，cos コサイン，tan タンジェント … 三角関数と呼ばれるものであるが，こうした記号を定義したのは 18 世紀のオイラーといわれている。三角比あるいは三角法と呼ばれる三角形の辺と角との関係は，古代から知られ，測量等に使われていた。円の中心角から弧の長さを算定したギリシアの天文学者ヒッパルコス（紀元前 2 世紀頃）が三角法の創始者と考えられている [114]。ここでは，直角三角形の三角比の定義を確認しておこう。

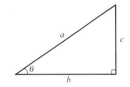

$$\sin\theta = \frac{c}{a}$$

$$\cos\theta = \frac{b}{a}$$

$$\tan\theta = \frac{c}{b}$$

第3節　力のモーメントと静的等価

梃子・梃（てこ）lever … 大辞林によると，「棒の一点を支点とし，そこを中心として棒を回転できるようにしたもの。作用点や力点の位置をかえて重い物体を小さな力で動かしたり，小さな動きを大きな動きに変えたりするのに用いる。槓桿（こうかん）。」とある。てこの原理を利用した道具は，スパナ spanner，レンチ wrench，ねじ回し screwdriver，釘抜き nail puller，鋏 scissors，ペンチ pliers，輪軸 wheel and axle など数多くある。

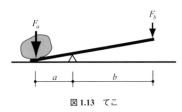

図1.13　てこ

アリストテレス Aristotelēs　384-322B.C.
前4世紀のギリシアの哲学者。マケドニア出身で，17歳のころアテナイにあるプラトン主宰のアカデメイアに学ぶ。アレクサンドロス大王の家庭教師をつとめ，アテナイで自らの学園リュケイオンを開いた。中世スコラ哲学の源流ともなった古代ギリシア最大の哲学者と言われている。「すべての人は生まれながらにして知ることを欲する」の言葉にあるように，考察対象は多岐にわたっている。技術についての考察もあり，力学も目的論的に対象とされている [002, 106]。

てこの原理

てこの効用は，おそらく人類が道具というものを使い始めた当初から見出されていたのであろう。地球上の数々の古代巨大遺跡はそう告げている。ガリレオ・ガリレイの1638年出版『二つの新科学対話』によれば，紀元前4世紀のアリストテレスの著書『力学』に述べられた有名な力学原理として次のように記されている。

> てこの各端に作用する外力と抵抗力（反力）の大きさはそれぞれの支点からの距離に反比例する。

その厳密な証明は紀元前3世紀のアルキメデスの著書『平衡論』でなされたとされている [007]。

図1.13は岩をてこによって持ち上げようとしているところである。アリストテレスの言葉を，図1.13の記号を用いて表現すると，次の式(1.13)のようになる。なお，F_a は岩の重さ（作用する外力）の大きさであり，F_b は人がてこに加える力（抵抗力）の大きさである。このようなてこに働く力は，支点回りにてこを回転させようとする作用をもっており，シーソーなどの経験から，感覚として身につけているであろう。

$$F_a : F_b = b : a \quad \text{すなわち，} \quad F_a a = F_b b \qquad (1.13)$$

上の右式は，二つの力について（力の大きさ）×（力の作用点からてこの支点までの距離）が等しいことを示している。ここで「距離」として，支点から水平面における力の作用線と直交する点までの長さ（作用線までの最短距離）をとっている。F_a は反時計回りに，F_b は時計回りに回

転させようとしているが，式（1.13）からてこは動かない。岩を持ち上げるには，F_bを少しだけ大きくすればよい。もしくは，支点位置をもう少し岩の方によせるか，もう少し長い棒をてことして，支点から力をかける距離を長くすればよい。そうすれば右辺の時計回りの値が左辺の反時計回りの値より大きくなり，岩を浮かすことができるであろう。「私にどこか足場を与えよ。そうすれば地球を動かしてみせる」というアルキメデスの言葉は有名である[106,112]。

（図1.13のように，2つの力の作用線が平行で，2つの力の作用点が支点を通る直線で結べるときには，「距離」として，支点からそれぞれの作用点までのてこ上の長さをとっても上式は成り立つが，任意の力の方向や折れ曲がった棒の場合にも使えるよう，「距離」は支点から，力の作用線に直交する点までの長さをとることにする。）

「力のモーメント moment of a force」と呼ばれる量は，（力の大きさ）×（力の作用線から定められた基準点までの最短距離）として定義されている。これには基準点を通る回転の軸（方向）と向きがある。図1.13のてこの回転軸は支点を表す三角形の上頂点の位置にあり，紙面に垂直な軸である。単位は，力×距離なので N・m（ニュートン・メートル），kN・m，N・mm などとなる。付録にもあるように，ドット「・」を省略して N m, kN m, N mm などと書くことも多い。力のモーメントの単位は，「仕事」の単位と同じである。仕事は，（力）×（力の方向に動いた距離）として定義されている。図1.13を仕事という概念で考えてみる。人がてこを使って，図1.14のように，棒が地表面と平行となる位置まで持ち上げたとする。そのとき人が為した仕事は，岩が為された仕事と同じはずである。棒が強固で，かつ剛であり，力をかけても真直なままであるとすると，

$$F_a a\tan\theta = F_b b\tan\theta \quad \text{すなわち,} \quad F_a a = F_b b \tag{1.14}$$

と書ける。これは式（1.13）と同じである。力のモーメントが，力の方向と直交する方向の距離をかけているが，仕事の単位であり，仕事の能率と関係していることが理解できるのではないだろうか。

アルキメデス Archimēdēs 287--212B.C.
　エウクレイデス（ユークリッド）と並ぶギリシャ最大の数学者であり，また物理学者，技術家。シチリア島のシラクサで生まれ，アレキサンドリアに留学後，シラクサに戻った。第2次ポエニ戦争でローマ軍兵士に殺されたと伝えられている。平面板や浮体についてのつり合い（平衡）理論，球や円柱，螺線に関する仕事がある。風呂に入っているときに不定形な王冠の比重を計算するために王冠の体積を，水に沈めることで正確に測れることに気づいて，裸で「われ発見せり（エウレカ）」と叫びながら通りを走ったという逸話は有名である[002,106,112-115]。

モーメント moment … 大辞林によると，「定点に関するある量の効果を示すために，定点からその量までの距離をその量に掛けたもの。力の回転の効果は力のモーメント，運動量の効果は運動量のモーメント（角運動量）などで表す。能率。」と記されている。力によるモーメントだけでなく，いろいろな量についてモーメントという語が使われている。

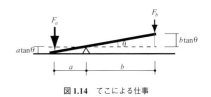

図1.14　てこによる仕事

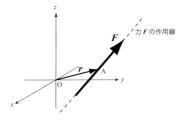

図 1.15 位置ベクトルと力ベクトル

力のモーメントもベクトル？

力は大きさと方向，向きをもつベクトルとして表され，その合成，分解は平行四辺形を用いてなされた。力のモーメントも大きさと回転軸の方向をもち，回転の向きがある。すなわち，力のモーメントも大きさと（回転軸の）方向，（回転の）向きをもつベクトルと言えそうである。

図 1.15 に示すように，ある基準点 O から力ベクトル F の作用線上の任意点 A に向かうベクトルを考える。このベクトルは，点 A の位置を示しているので位置ベクトル position vector と呼ばれる。この位置ベクトルを r と表し，$r \times F$（アール・クロス・エフと読む）というものを考えてみる（図 1.17）。これは，ベクトル同士のかけ算で，外積 outer product あるいはベクトル積 vector product と呼ばれ，その演算の結果は，r と F のつくる面に垂直なベクトルとなり，このベクトルの大きさは r と F を 2 辺とする平行四辺形の面積 $rF\sin\theta$ と定義する（ここでの r と F は大きさ（長さ）を表すスカラーである。また，力ベクトル F は作用線上で移動させているが，この演算の定義である r と F を 2 辺とする平行四辺形を対象としているので，面積 $rF\sin\theta$ は変わらない）。ここで θ は，図 1.17 に示すように位置ベクトル r の方向を示す直線と力ベクトル F の作用線との間の角で，r から測った角度である。もちろん単位は，いわゆる面積の単位ではなく，位置ベクトル r の大きさ r となる長さ（距離）に $\sin\theta$ を乗じた値と力ベクトル F の大きさ F との積であり，力のモーメントの単位をもつ量である。位置ベクトル r の長さ r に $\sin\theta$ を乗じた値は，図 1.17 からわかるように，基準点 O から F の作用線までの最短距離いわゆる垂直距離であり，力のモーメントの大きさの定義と一致している。この力のモーメントは，図 1.18 の $r \times F$ ベクトルを回転の軸とし，そのベクトルの向きに右ねじが進むように働いている。以上から，$r \times F$ ベクトルは力のモーメントのベクトル量の定義として採用され，図 1.18 のように二重矢印をもつ M で表されている。なお，同じ平行四辺形の面積は，図 1.18（b）に示すように，

外積，ベクトル積 … 図 1.16 のように，2 つのベクトル a と b の間の角を θ とし，ベクトル a と b の大きさをそれぞれ a, b とすると，a と b を 2 辺とする平行四辺形の面積は $S = ab\sin\theta$ である。この面積 S の値を表す長さをもち，a と b に垂直なベクトル c を考え，これを a と b の外積あるいはベクトル積と呼び（クロス積と呼ぶこともある）$a \times b$ と書く。なお，$c = a \times b$ の向きは a から b へ 180° 以内の角でまわすときに右ねじの進む向きとする。

a と b が互いに垂直（$a \perp b$）ならば $S = ab$ である。また，a と b が互いに平行（$a // b$）ならば $S = 0$，あるいは $a \times b = 0$（零

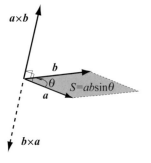

図 1.16 外積の定義

Force ｜ 力のモーメントと静的等価

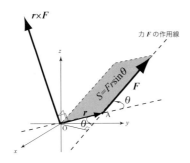

図 1.17 位置ベクトル r と力ベクトル F の外積

ベクトル）である。外積の定義から，

$$a \times b = -b \times a$$

であり，外積では交換則は成り立たない[116]。外積では，ベクトルとベクトルの積の結果，新たなベクトルが生じる。

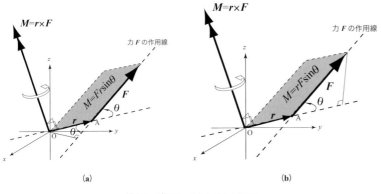

図 1.18 力のモーメントベクトル M

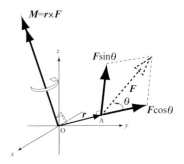

図 1.19 力ベクトル F の分力と力のモーメントベクトル M

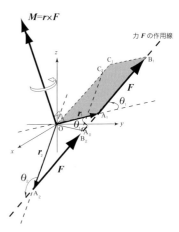

図 1.20 力ベクトル F の作用線上の移動と力のモーメントベクトル M

力ベクトル F の大きさ F に $\sin\theta$ を乗じた値と位置ベクトル r の長さ r との積と考えてもよい。外積の「×」（クロス）と通常のかけ算の記号を区別しよう。

また，図 1.19 のように力ベクトル F を位置ベクトル r の方向とそれに垂直な方向に分解して考えると，力のモーメントは，位置ベクトル r とそれに垂直な F の分力 $F\sin\theta$ の外積として考えることもできる。もう一つの分力 $F\cos\theta$ は r と同じ直線上にあり，平行四辺形を形成することはできないので，面積は零であり力のモーメントを生じさせない。

図 1.20 に力ベクトル F を作用線上で移動させ，そのベクトルの始点

に位置ベクトル r を新たにとった場合を示す．今までの r ベクトルには下添え字 1 を，新しいベクトルには下添え字 2 を付すことにする．r_1 と F を 2 辺とする平行四辺形 $OA_1B_1C_1$ と，r_2 と F を 2 辺とする平行四辺形 $OA_2B_2C_2$ の面積が等しいことは容易に理解されるであろう．なぜなら，F を底辺とすると，平行四辺形の高さはどちらも OA_0 であるからである．

力のモーメントの成分表示

図 1.17 〜図 1.20 は図 1.10 の右手直交座標系で描かれている．したがって位置ベクトル r および力ベクトル F は単位基底ベクトル i, j, k により次のように書ける（図 1.21）．

$$r = r_x i + r_y j + r_z k, \quad F = F_x i + F_y j + F_z k \tag{1.15a,b}$$

式（1.15a,b）より，力のモーメントベクトル M は，

$$\begin{aligned} M &= r \times F = (r_x i + r_y j + r_z k) \times (F_x i + F_y j + F_z k) \\ &= r_x F_x i \times i + r_x F_y i \times j + r_x F_z i \times k + r_y F_x j \times i + r_y F_y j \times j \\ &\quad + r_y F_z j \times k + r_z F_x k \times i + r_z F_y k \times j + r_z F_z k \times k \\ &= (r_y F_z - r_z F_y) i + (r_z F_x - r_x F_z) j + (r_x F_y - r_y F_x) k \end{aligned} \tag{1.16}$$

となる．ここに，ベクトルの外積の定義から，

$$i \times i = j \times j = k \times k = 0, \tag{1.17a}$$
$$i \times j = k, \quad j \times i = -k, \quad j \times k = i, \quad k \times j = -i, \tag{1.17b-e}$$
$$k \times i = j, \quad i \times k = -j \tag{1.17f, g}$$

である．したがって M の x 方向成分 M_x，y 方向成分 M_y および z 方向成分 M_z は，

$$M_x = r_y F_z - r_z F_y, \quad M_y = r_z F_x - r_x F_z, \quad M_z = r_x F_y - r_y F_x \tag{1.18a,b,c}$$

となる．M_x は x 軸回りの力のモーメントであり，M_y は y 軸回り，M_z は

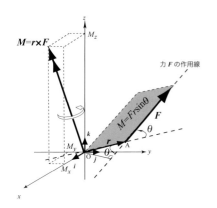

図 1.21 力のモーメントベクトル M の成分

内積，スカラー積 … 2つのベクトル a と b の間の角を θ とし，ベクトル a と b の大きさをそれぞれ a, b とすると，内積 $a \cdot b$（エイ・ドット・ビーと読む）は，次のように定義される．

$$a \cdot b = ab\cos\theta$$

したがって，a と b が互いに垂直なベクトル（$a \perp b$）すなわち直交するならば，$a \cdot b = 0$ である．

また，a と b が互いに平行（$a // b$）ならば，$a \cdot b = ab$ である．内積では，ベクトルとベクトルの積をとるとスカラー量となる．それゆえ，内積をスカラー積と呼ぶ．

物体に力が働いて変位したとき，力ベクトル F と変位ベクトル d の内積は，仕事量 W を表す．

$$W = F \cdot d = Fd\cos\theta$$

z 軸回りの力のモーメントである。

また，次のように，式 (1.16) の M と各方向の単位基本ベクトルとの内積 inner product（スカラー積 scalar product とも呼ばれる）をとることによって，M の成分を表示することもできる。

$$M_x = \boldsymbol{M} \cdot \boldsymbol{i} = r_y F_z - r_z F_y, \tag{1.19a}$$
$$M_y = \boldsymbol{M} \cdot \boldsymbol{j} = r_z F_x - r_x F_z, \tag{1.19b}$$
$$M_z = \boldsymbol{M} \cdot \boldsymbol{k} = r_x F_y - r_y F_x \tag{1.19c}$$

ここに，ベクトルの内積の定義から，

$$\boldsymbol{i} \cdot \boldsymbol{i} = \boldsymbol{j} \cdot \boldsymbol{j} = \boldsymbol{k} \cdot \boldsymbol{k} = 1, \tag{1.20a}$$
$$\boldsymbol{i} \cdot \boldsymbol{j} = \boldsymbol{j} \cdot \boldsymbol{i} = 0, \quad \boldsymbol{j} \cdot \boldsymbol{k} = \boldsymbol{k} \cdot \boldsymbol{j} = 0, \quad \boldsymbol{k} \cdot \boldsymbol{i} = \boldsymbol{i} \cdot \boldsymbol{k} = 0 \tag{1.20b}$$

である。

偶力のモーメント

図 1.22 に示すような，同一の作用線上にない，大きさが等しく向きが逆の一対の力を偶力 couple of forces（もしくは couple）と呼ぶ。図 1.22 の力ベクトル $\boldsymbol{F}$ の大きさを F と表記すると，A，B，C，D 点のそれぞれの点を通り紙面に垂直な軸の回りの力のモーメントの大きさは，反時計回りを正とすると，

A 点回り：$\quad M_A = d \times F = Fd$ (1.21a)
B 点回り：$\quad M_B = d \times F = Fd$ (1.21b)
C 点回り：$\quad M_C = (d/5) \times F + (4d/5) \times F = Fd$ (1.21c)
D 点回り：$\quad M_D = (d/2) \times F + (d/2) \times F = Fd$ (1.21d)

となり，すべて反時計回りに Fd という大きさの力のモーメントである。偶力のモーメントは，回転の支点（紙面に垂直な軸）をどこにおいても変わらない。偶力のモーメントを図 1.23 のように矢印をもつ円弧で表すことも多い。このとき円弧の位置はどこでもよい。

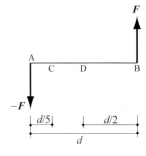

図 1.22　偶力のモーメント

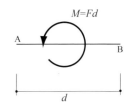

図 1.23　偶力のモーメントの表示

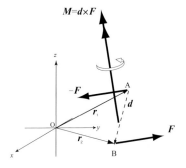

図1.24 偶力のモーメントのベクトル

図1.24を参考に，偶力のモーメントをベクトルで表示し，ベクトルの和に注意して表すと，次のように書ける。

$$M = r_1 \times (-F) + r_2 \times F = r_1 \times (-F) + (r_1 + d) \times F$$
$$= r_1 \times (-F) + r_1 \times F + d \times F$$
$$= d \times F \tag{1.22}$$

上式は，偶力のモーメントが，2つの力の間の位置関係を表すベクトルに依存し，A点やB点の位置ベクトル r_1, r_2 とは無関係であることを示している。

3つの平行な力の合力と静的等価

図1.25に示すような3つの平行な力について考えてみよう。この3つの力を，第2節で述べたような作用線が1点に交わる力の合力のように，1つの力で表すことはできないであろうか。

まず，3つの力の和を求めてみる。

$$F^* = \Sigma F_i = F_1 + F_2 + F_3 = P + P + 2P = 4P \tag{1.23}$$

この力 F^* は，3つの力が下向きであったので，下向きである。

次に，図1.25のA点を通る軸回りの力のモーメント M を求めてみる。A点から各力ベクトルまでの位置ベクトルを r_i とすると，

$$M = \Sigma (r_i \times F_i) \tag{1.24}$$

と書ける。ここでは，簡単のためにスカラー量での計算を行うこととする。力の大きさをスカラー量を表す細字 P で示し，時計回りを正とする（どちら回りを正とするかは自分で決めればよい）。

$$M = (l/3) \times P + l \times (2P) = (7/3)Pl \tag{1.25}$$

上式の「×」は通常のかけ算記号である。

式(1.23)の力 $4P$ が，式(1.25)と同じA点を通る軸回りの力のモー

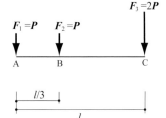

図1.25 3つの平行な作用線にある力

Σ シグマ sigma … ギリシア文字でアルファベットのsに対応する。大文字。小文字は σ。数学では，数列の和 sum, summation を表すのに用いられる ［117］。

メントとなるためには、$4P$ の力をどこに作用するとすればよいだろうか。その位置を A 点から x の距離とすると、式（1.25）より、

$$M = 4Px = (7/3)Pl \tag{1.26}$$

と書けるから、

$$x = (7/12)l \tag{1.27}$$

となる。すなわち図 1.26 に示すように、A 点から右へ $(7/12)\,l$ の D 点に $4P$ の力を考えればよいことになる。図中の F^* は 3 つの平行な力の合力であり、その作用点が D 点ということである。なお、力のモーメントは、力の作用線までの最短距離（垂直距離）で算定されるので、「D 点が作用点」という表現は、「F^* の作用線が D 点で棒 AC と垂直に交わる」というのが正しい。

　A 点を通る軸以外の軸で力のモーメントを考えても、図 1.25 と図 1.26 は同じ力のモーメントになることが確かめられる。すなわち両図において、B 点を通る軸では時計回りに Pl、C 点を通る軸では反時計回りに $(5/3)\,Pl$ となる。図 1.25 に図 1.26 と同じ位置に D 点を設けると、当然 D 点を通る軸回りの力のモーメントの大きさは 0 となる。図 1.25 と図 1.26 の 2 つの力系は、力のベクトル和が等しく、任意の点を通る軸回りの力のモーメントも等しい。このような場合に、2 つの力系は**静的等価 statically equivalent** であるという。

　図 1.25 と静的等価な力系は、他にもいろいろ考えられる。例えば、図 1.27 (a), (b) も図 1.25 と静的等価な力系である。静的等価な力系では、力のベクトル和が等しく、さらに任意の点（の軸回り）についての力のモーメントも等しくなる。

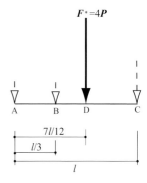

図1.26 3つの平行な力の合力

静的 statically … static「静的な、静止している」の副詞であり、形容詞としても使われる。対語として「動的 dynamically」がある。これは dynamic「エネルギーの、動的な、絶えず変化する、活動的な、など」の副詞である。力学で「静的」と言えば、静止していることを説明するためのつり合いを研究対象とする静力学 statics に基づくことを意味している。

等価な equivalent … 「等価」とは価値または価格が等しいことであり、物々交換はいろいろな内容を含めた等価な交換であろう。したがって、完全に同じということではない。使うときは、「○○に関して等価」という「○○に関して」を意識しておくことが必要である。

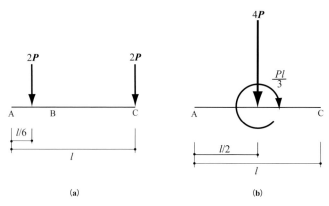

図 1.27　図 1.25 と静的等価な力系の例

分布力の合力

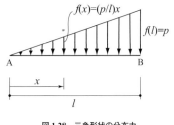

図 1.28　三角形状の分布力

図 1.28 のように直線的に大きくなっていく分布力を静的等価な一つの合力にまとめ，その作用点を求めてみる．図中には分布力の大きさの関数として $f(x)$ を示している．分布力は A 点で 0，B 点で p である．なお，分布力の単位は，単位長さ当たりの力であるので，例えば kN/m といった単位になる．下向きを正として，力の大きさの総和すなわち合力の大きさを F^* とすると，F^* は積分を使えば，

$$F^* = \int_0^l f(x)dx = \int_0^l \frac{p}{l}xdx = \frac{1}{2}pl \tag{1.28}$$

となる．図 1.28 の分布力の三角形の面積である．

次に，その合力の作用点（作用線が棒 AB と交わる点）は，図 1.28 と静的等価な位置に作用しなければならない．そのために作用点を通る軸回りの力のモーメントが等しくなるような位置を求める．ここでは計算が容易な A 点を通る軸回りの力のモーメントを考える．

$$M^* = \int_0^l xf(x)dx = \int_0^l \frac{p}{l}x^2 dx = \frac{1}{3}pl^2 \qquad (1.29)$$

となる。式 (1.28) の合力 F^* による A 点回りの力のモーメントが，式 (1.29) の M^* と等しくなるような A 点からの距離 x_G は，

$$x_G = \frac{M^*}{F^*} = \frac{1}{3}pl^2 / \left(\frac{1}{2}pl\right) = \frac{2}{3}l \qquad (1.30)$$

となる。図 1.29 に，合力 F^* とその作用点（F^* の作用線と棒 AB の交点）を示す。

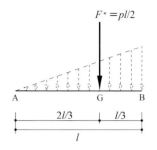

図 1.29　図 1.28 と静的等価な合力とその作用点

第4節　重心と図心，断面1次モーメント

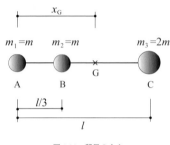

図 1.30　質量の中心

重心 … 物体に分布する質量に対し，地球上（他の天体でも同様）であれば鉛直下向きの重力が万有引力としての分布力として働く。その分布力を静的等価な一つの合力としたときの作用点を重心という。質量分布の中心ということもでき質量中心 center of mass ともいう。

やじろべえ（弥次郎兵衛）… 広辞苑によると，（振り分け荷物を肩にした人形を用いた）玩具のこと。与次郎人形。釣合人形。

モビル mobile … 動く彫刻（キネティック・アート）の一種。彫刻家アレクサンダー・コールダー（1898-1976）が「動くモンドリアン」を作りたいとして誕生した［118］。

重心

図 1.30 は，m あるいは $2m$ の質量をもった球体の中心が，図 1.25 の力の位置と同じ位置にある状況を示している。これらの球体が一様な質量分布であれば，各球体の質量の中心はそれぞれの球心であり，A 点から各球体の質量の中心までの距離を x_i とすると，3つの球体全体の質量の中心までの距離 x_G は次式で表される。

$$x_G = \frac{\sum x_i m_i}{\sum m_i} = \frac{m(l/3)+2ml}{4m} = \frac{7}{12}l \tag{1.31}$$

上式で x_1 は 0 である。この x_G は式（1.27）の x の値と同じである。各球体の質量に重力加速度 g を乗じて重力とすると，図 1.30 は図 1.25 となり，質量の中心は，いわゆる重心 center of gravity であることがわかる。

重心を上手く支えると，全体を支えることができることは，経験的に体得している。「やじろべえ」やモビルで遊んだり，造ったりしたことがあるであろう。また，クレーン等で物を吊り上げるときには，物の重心を探りながら安全に吊るようにしなければならない。クレーンなどに物を掛け外す作業は「玉掛け」と呼ばれ，労働安全衛生法に基づく講習，教育を受けなければならない。

「三角形の重心」は？

図 1.31 に示すように，「三角形の重心は，三角形の各頂点とその対辺の中点を結んだ線（中線）の交点であり，その交点は中線を頂点から 2：1 に内分した点にある」ことが知られている。この証明は三角形の

相似（中点連結定理）を思い出して挑戦してみて欲しい。ところで，「三角形という図形の重心」とはどういうことであろうか。図形そのものは質量をもたないので，したがって重力も働いていない。それゆえ，「三角形の重心」は，厳密には「均一な材料で，厚みが一定な三角形板の重心」というべきであろう。

図 1.31 に示すように三角形の中線は，三角形の面積を 2 分する線である。図 1.32 では，中線 Aa が鉛直になるように描いている。中線 Aa の両側の三角形の面積は等しいので，それに板幅と材料密度を乗じた両側の重さは等しい。したがって，中線 Aa の左右の板に働く重力は等しく，重心は板が回転しないよう中線 Aa 上に位置するはずである。中線 Bb または Cc が鉛直になるように描いても同様であり，3 つの中線の交点が重心であることが理解できる。

このことは，重心を求めるのに三角形の頂点から（板が図 1.32 のように重力に従った自然な状態になっていることが必要）順に下げ振り（錘重）を垂らし，その交点を求めればよいことを示している。頂点で吊らなくても，三角形板を任意の点で吊し，その点から下げ振りを垂らせば，下げ振りの糸は三角形の面積を 2 分するような直線を示す。2 つの異なる点から同様のことを行えば，重心が求まることになる。さらに，均一な材料で，厚みが一定な任意の形状の板でも同じ方法で重心を求めることができる。

重心の位置を図 1.33 のように座標系を設けて表してみよう。三角形の頂点 A ～ C の座標を図中に示すように表すと，重心の座標は，

$$x_G = \frac{x_A + x_B + x_C}{3}, \quad y_G = \frac{y_A + y_B + y_C}{3} \quad (1.32)$$

と書ける。この誘導は，まず辺 BC の中点 a の座標を求め，頂点 A からの中線 Aa を 2：1 に内分した点を求めればよい。

前節の分布力の合力とその合力の作用線を求めるときの手法で，重心を求めてみよう。まず，板に作用する重力の大きさ F^* を求める。この

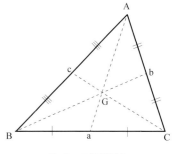

図 1.31　三角形の重心

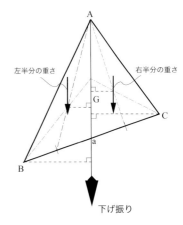

図 1.32　三角形の重心の求め方

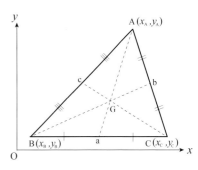

図 1.33　三角形の重心の座標

密度 density … 物質の単位体積当たりの質量をいい，単位は kg/m³ などである。広義には，ある量（人口や電気量など）が単位の体積，面積，長さ当たりに分布する割合を示すのに用いられる。

三角形板の厚さを t，板の材料の密度を ρ とし，重力加速度の大きさを g とする。すなわち三角形板に作用する分布重力の合力を求めるということである。簡単にするために，図 1.33 の座標系の原点 O を頂点 B において考えることにし，使用する座標系を図 1.34（a）の座標系とする。このとき座標 y_B，y_C は 0 となる。三角形の面積を A とすると，F^* は次のように書ける。

$$F^* = \rho t A g = w A = w \cdot \frac{1}{2} x_C y_A \tag{1.33}$$

ここで，単位面積当たりの分布力の大きさを次式の w で表している。

$$w = \rho t g \tag{1.34}$$

三角形の面積は底辺×高さ÷2で簡単に求まるが，積分を使って求める過程も示しておこう。図 1.34（a）を参照されたい。

$$A = \int_A dA = \int_0^{y_A} \int_{x_1}^{x_2} dx dy$$
$$= \int_0^{y_A} (x_2 - x_1) dy = \int_0^{y_A} \left(-\frac{x_C}{y_A} y + x_C \right) dy = \frac{1}{2} x_C y_A \tag{1.35}$$

上式で，

$$\int_A dA \tag{1.36}$$

は，図 1.34（a）に示すような微小面積 dA を面積全体にわたって積分する（足し合わせる）ということを示している。また，上式の x に関する積分の下端 x_1 と上端 x_2 は，次のように y の変数である。

$$x_1 = \frac{x_A}{y_A} y, \quad x_2 = \frac{x_A - x_C}{y_A} y + x_C \tag{1.37a,b}$$

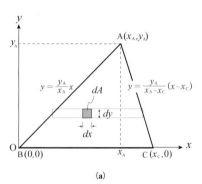

(a)

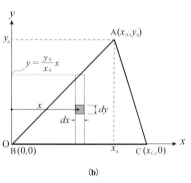

(b)

図 1.34　三角形の重心の座標を求める

再度, w の総和として F^* を表すと, 次のように書ける。

$$F^* = \int_A w dA = w \int_0^{y_A} \int_{x_1}^{x_2} dx dy = wA \qquad (1.38)$$

次に, 図 1.34 (b) を参考に y 軸まわりの力のモーメントの大きさを M_y^* で表すと,

$$M_y^* = \int_A w x dA = w \int_A x dA = w S_y = w \int_0^{y_A} \int_{x_1}^{x_2} x dx dy = wA \frac{x_A + x_C}{3} \qquad (1.39)$$

となる。重心とは, 三角形板に作用する分布力を一つの静的等価な合力としたときの作用点であるから, y 軸から作用点までの距離を x_G で表すとすると,

$$x_G = \frac{M_y^*}{F^*} = \frac{w S_y}{wA} = \frac{S_y}{A} = \frac{x_A + x_C}{3} \qquad (1.40)$$

これは, 式 (1.32) の x_G を求める式で x_B の座標値を 0 としたものである。式 (1.39) において,

$$S_y = \int_A x dA \qquad (1.41)$$

とおいた。この S_y は, 図 1.34 (b) に示すように微小面積 dA に y 軸からその微小面積の中心までの距離 x を乗じた量 (すなわち微小面積の y 軸まわりのモーメント的な量) を面積全体にわたって積分したものであり,「面積モーメント」と呼べる。式 (1.40) から重心の x 座標 x_G は, S_y を面積 A でわればよいことがわかる。同様にして, 重心の y 座標 y_G は, 次のように S_x を断面積 A でわればよい。

$$y_G = \frac{M_x^*}{F^*} = \frac{w S_x}{wA} = \frac{S_x}{A} = \frac{y_A}{3} \qquad (1.42)$$

材料力学や構造力学などの分野では，部材の断面形である平面形のこのような点を図心 centroid，center of figure と呼んでいる。図心を求めるには，式（1.40），（1.42）が有効である。このとき，S_y，S_x はそれぞれ y 軸に関する断面1次モーメント geometrical moment of area，x 軸に関する断面1次モーメントと呼ばれる。一般に，部材の断面形の図心を部材の長さ方向に連ねた線を材軸 axis of member と呼んでいる。

図心（x_G, y_G）を求める公式として，次の式を再掲しておく。

$$x_G = \frac{S_y}{A}, \ \ y_G = \frac{S_x}{A} \tag{1.43a,b}$$

ここに，

$$S_y = \int_A x dA, \ \ S_x = \int_A y dA \tag{1.44a,b}$$

である。ポイントは，S_y，S_x を計算しやすい座標軸で設定すること，どちらの軸に関する値を使うのかを注意することである。

図心を通るように座標軸を設定してみよう。このとき図心（x_G, y_G）は座標の原点であるから，$x_G = y_G = 0$ である。したがって，式（1.43）から $S_x = 0$ および $S_y = 0$ でなければならない。すなわち図心を通る座標軸に関する断面1次モーメントは0である。言い換えれば，図心は，そこを通る軸に関する断面1次モーメントが0となる点である。

断面1次モーメントの計算例

図 1.35（a）に示す T 字形の図心を求めてみよう。まず，式（1.43），（1.44）を使って計算するために，座標軸を設けよう。左右対称形であるので，図の（b）に示すように座標軸をとることは妥当であろう。すなわち，まず $x_G = 0$ となる座標軸を設定して，y_G を求めることにする。

x 軸に関する断面1次モーメント S_x は，

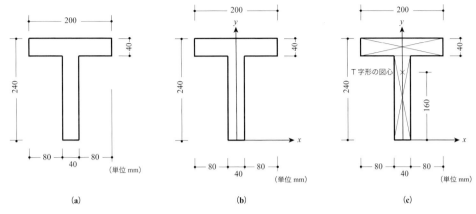

図 1.35　T 字形の図心を求める

$$S_x = \int_0^{200} 40y\,dy + \int_{200}^{240} 200y\,dy = [20y^2]_0^{200} + [100y^2]_{200}^{240}$$

$$= 800000 + 1760000 = 2560000 = 256 \times 10^4 (\text{mm}^3)$$

となる。断面 1 次モーメントの単位が mm^3 であることを注意しておこう。面積 A は 1600mm^2 であるから，式（1.43b）より，

$$y_G = \frac{S_x}{A} = \frac{256 \times 10^4 (\text{mm}^3)}{16 \times 10^2 (\text{mm}^2)} = 160 (\text{mm})$$

となる。単位の計算もしている。図 1.35（c）に図心を示す。

　T 字形は図 1.35（c）に示すように 2 個の長方形から成っている。x 軸に関する断面 1 次モーメント S_x は，二つの長方形の面積とそれぞれの図心までの距離 100mm と 220mm を用いて，次のように計算することもできる。

$$S_x = 800 \times 100 + 800 \times 220 = 2560000 (\text{mm}^3)$$

　断面 1 次モーメントの計算は，図心がわかっている形状の組み合わせを考えると，比較的容易に求めることができる。

第 5 節　剛体のつり合い

剛体とは

　力が加わっても変形しない物体を「剛体」という。第 1 節のフックの力では、物体が変形する要因を力として定義したので、変形しない物体では、力を把握できないことになる。一方、ニュートンの力は、運動の変化の要因として定義したので、物体が変形する、しないは特に問題ではない。

　物体には質量があり、その質量分布を質点系でモデル化したとき、その質点系の任意の 2 つの質点間の距離が、力が作用しても不変であると仮定する物体モデルを剛体 rigid body と呼ぶ。それに対して質点間の距離が変化するものは変形体 deformable body と呼ばれる。質点も剛体も、つり合いを考えるためのモデルである。

質点のつり合い

　図 1.11 では、重心が球の中心にある球体のつり合いを、静止している自由体を用いて考えた。そこでは力の作用線が、球体の中心を通る同一直線上あるいは 1 点で交わっており、「力のつり合い条件は、力のベクトル和が **0** になること」であることを述べた。これは球体の中心の 1 点の運動に着目し、その運動は点の位置移動であるから、その移動の要因となる力のベクトル和が **0** であれば静止し続けることになるという理由による。

　図 1.36 のように、球の中心を質点と考えたときの質点のつり合いは、質点に作用する力のベクトル和が **0** となること、すなわち、

$$\boldsymbol{F} = \Sigma \boldsymbol{F}_i = \boldsymbol{F}_1 + \boldsymbol{F}_2 + \boldsymbol{F}_3 = \boldsymbol{0} \tag{1.45}$$

質点 particle, material point と質点系 system of particles … 「質点」とは質量をもつ点であると言ってしまえば、それまでであるが、大きさを持たない点が質量をもつというのも想像できない。数学モデルとして考えておくことにしよう。考えようとする物理現象によって質点といってもずいぶん違う。惑星の公転運動を扱うとすれば、地球も質点としてモデル化される。一方、物体内部の変形を扱おうとすれば、物体を微小要素の集合体と考え、各要素を質点としてモデル化することになる。このとき物体モデルは質点系となる。

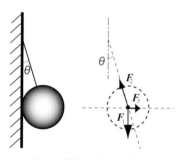

図 1.36　質点のつり合いの例
　　　　（力が 1 点に交わるとき）

である。式 (1.45) の F_1, F_2, F_3 はベクトルなので，方向も向きも記号に含まれている。平面内のつり合いを考えているなら，次式のように各力の水平方向成分および鉛直方向成分のそれぞれのスカラー和が，両方とも 0 になることである。このときは，向きを考慮した正負の符号も考慮する必要がある。すなわち，

$$F_H = \sum F_{iH} = -F_{2H} + F_{3H} = 0 \quad (1.46a)$$
$$F_V = \sum F_{iV} = F_{1V} - F_{2V} = 0 \quad (1.46b)$$

となる。球体の重さは W で既知とすると，式 (1.46) のつり合い式から，

$$F_1 = F_{1V} = W, \quad F_2 = W/\cos\theta, \quad F_3 = W\tan\theta \quad (1.47\text{ a-c})$$

と未知の力の大きさが求まる。

剛体のつり合い

一方，1 点での力のつり合いに集約できない，第 3 節の棒のような，ある大きさを有する物体（物体は当然大きさを有しているが）について考えると，その自由体としての物体の運動には，移動だけではなく回転の運動も考えられなければならない。実際は棒は当然変形するであろうが，ここでは剛体として考えることにする。剛体としてのつり合いは，力のベクトル和が **0** となることに加えて，任意の点（どこか 1 点）に関する力のモーメントベクトル和も **0** になることが必要である。すなわち，

$$F = \sum F_i = 0 \quad (1.48)$$
$$M = \sum M_i = \sum (r_i \times F_i) = 0 \quad (1.49)$$

である。

ここで，図 1.13 のてこについて考えてみよう。てこを剛体棒と考え，つり合いを考えてみる。以下，棒の重さは考えないことにする。図 1.37 (a) はてこの右端にヒトが力をかける前である。剛体棒は棒の左端 E 点とてこの支点となっている C 点で地面（床面）に接している。この

ひと，人，ヒト … 表現の違いについて辞書に明確な区別はなさそうである。ヒトは，霊長類ヒト科の動物のイメージが強く，人は，人間（社会性をもった，社会に認知されたヒトのイメージ）の総称的イメージ，ひとはどちらかと言えば，個のイメージがある。読者の皆さんはどうだろうか。

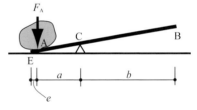

(a) てこの状態

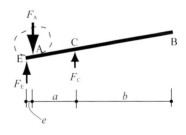

(b) (a) の自由体

図 1.37　てこのつり合い
（力をかける前）

2点の支える力を矢印で置き換えて，図1.37（b）のような剛体棒の自由体を考える。E点とC点に生じると考えられる力 F_E, F_C は，図の矢印のような鉛直方向のみではなく，それぞれ水平方向の成分もある可能性があるが，それらは互いに打ち消し合っているはずであり（水平方向に動いていないので），この問題では鉛直方向のみを考えることにする。下向きを正として（上向きを正としてもよい），式（1.48）のスカラー和（大きさの和）を考えると，

$$F_A - F_E - F_C = 0 \tag{1.50a}$$

と書ける。次に，時計回りを正とし（反時計を正としてもよい），E点回りについて，式（1.49）をスカラーで考えると，

$$eF_A - (a+e)F_C = 0 \tag{1.50b}$$

と書ける。ここで力のモーメントを考えるときの力の作用線までの距離は図中 a, b, e の水平距離を用いて表せることを確認しておこう。

F_A, a, e は既知とすることができるので，式（1.50a,b）から F_C, F_E が次のように求まる。

$$F_C = eF_A/(a+e), \quad F_E = aF_A/(a+e) \tag{1.51a,b}$$

次に，図1.37（a）のてこの右端にヒトが F_B の力をかけて，重力 F_A の岩を浮かせて止めている図1.38（a）の状態を考えよう。AC，CB間の水平距離は図1.37（a）のときと少し異なるが，それを無視すると，

$$F_A + F_B - F_C = 0 \tag{1.52a}$$
$$-aF_A + bF_B = 0 \tag{1.52b}$$

と書ける。式（1.52a,b）から，

$$F_B = (a/b)F_A, \quad F_C = (1+a/b)F_A \tag{1.53a,b}$$

となる。剛体棒のてこでは，式（1.53a）の F_B の力を僅かに上回る力を

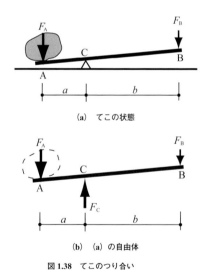

(a) てこの状態

(b) (a) の自由体

図1.38 てこのつり合い
（力をかけているとき）

かければ，岩を上げることができる。

次に，図 1.39（a）のように，2 点で支持された長さ l の剛体棒を考えよう。この棒の総重量を W とする。棒が均質で同一断面であるとすると W は棒の重心すなわち中央にかかると考えてよいであろう。このとき 2 つの支点で支えている力はそれぞれいくらとなるだろうか。

この 2 支点で支える力を矢印で置き換えて，図 1.39（b）のような剛体棒の自由体を考える。A 点と B 点に生じると考えられる鉛直力 F_A，F_B は，下向きを正として，式（1.48）のスカラー和（大きさの和）を考えると，

$$W - F_A - F_B = 0 \tag{1.54a}$$

と書ける。次に，時計回りを正とし（反時計を正としてもよい），A 点回りについて，式（1.49）をスカラーで考えると，

$$aW - (a+b)F_B = 0 \tag{1.54b}$$

と書ける。式（1.54a,b）から F_A，F_B が次のように求まる。

$$F_A = bF_A/(a+b), \quad F_B = aF_A/(a+b) \tag{1.55a,b}$$

もう一つ，図 1.40（a）のように壁に立て掛けたはしごをイメージした剛体棒を考えてみよう。この問題は簡単なようで意外と難しい。剛体棒は棒の下端 A 点で地面（床面）に，上端 B 点で壁面に接している。まずこの 2 点でそれぞれ床面，壁面に垂直方向に抗力 F_A，F_B が生じていると考えられる。さらに，棒と面との接点でそれぞれ摩擦力 f_A，f_B があるはずである。以上のことから図 1.40（b）のような剛体棒の自由体を考え，つり合い式を書くと，次のようになる。

$$F_B - f_A = 0, \quad F_A - F_C + f_B = 0, \tag{1.56a,b}$$

$$x\cos\theta \cdot F_C - l\sin\theta \cdot F_B - l\cos\theta \cdot f_B = 0 \tag{1.56c}$$

式（1.56a,b）の力のつり合い式は，それぞれ右向きと上向きを正とし，

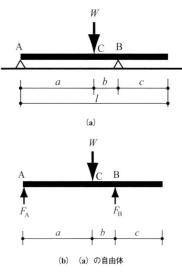

図 1.39　2 点で支持された剛体棒のつり合い

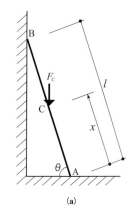

(a)

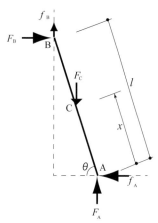

(b) (a) の自由体

図 1.40 はしごのつり合い

式（1.56c）の力のモーメントのつり合いは，A 点回りについて反時計回りを正としている。未知量は抗力 F_A, F_B および摩擦力 f_A, f_B の 4 個であり，式は 3 つなので解けない。

摩擦力は抗力に摩擦係数を乗じたものであるので，摩擦係数が既知であれば，未知量を抗力 F_A, F_B の 2 つに絞ることができそうである。ところが，静止状態の摩擦係数が計測され得るのは，滑り出す直前の最大静止摩擦係数のみであるので，簡単には摩擦力と抗力とを関係づけられない。それゆえ，ここでは剛体のつり合い問題の例とするために，壁面と棒との間には摩擦力が働かないほど，壁面が滑らかであるという仮定を設けることにする。すなわち $f_B = 0$ とする。その結果，

$$F_A = F_C, \quad F_B = (x/l\tan\theta)F_C, \quad f_A = F_B \qquad (1.57\text{a-c})$$

となる。床面と棒との間の最大静止摩擦係数を μ とすると，式（1.57b）の F_B が，$f_A = \mu F_A = \mu F_C$ を超えると剛体棒（はしご）が滑り落ちることになり，危険である。一般に，はしごの安全な使い方としては，立て掛けの角度を 75°すなわちはしごの長さの 1/4 だけ壁面から離すようにといわれている[115]。離しすぎても危ない。誰かに支えてもらうか，床面で滑らない工夫をしておくことが肝要である。

Chapter 2
Tension, Compression and Shear

2章 引張，圧縮，せん断

第1節　垂直ひずみと垂直応力，軸力

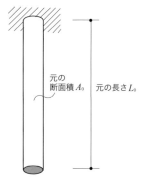

(a) 力（荷重）をかける前の真直棒

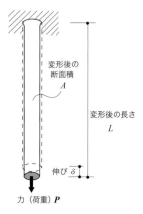

(b) 力（荷重）をかけた後の真直棒

図 2.1　真直棒の引張

フックは，物体に力 F をかけたとき，ある程度の変形まで，力 F と変形 d が比例関係にあることを実験的に確認し，次のように関係づけた。

$$F = kd \tag{2.1}$$

ここで，k は実験によって定まる比例定数である。この式によって，物体が荷重（部材や構造物にかける力）を受けてどれだけ変形するかを検討することができる。しかし，これだけでは「もの」をつくることはできない。なぜなら上式の k は実際に行った実験に特有の値であり，同じ材料であっても実験に用いる物体の大きさやかたちが異なれば，当然異なるからである。したがって，このままでは実際の「もの」と同じものをつくって安全性や使用具合を確かめるしかない。

ものをつくるときには，「かたち」とともに「材料」が選ばれる。「材料」は「かたち」を決定するときの大きな要因となる。材料を選び，実物を造る前に，そのものにかかると予想される力に対して，変形がある許される範囲内におさまり，壊れないことを何らかの方法で確認することが必要である。ここでは，まず棒材の引張実験を考えることから始める。

荷重−変形曲線

図 2.1 のように上端を固定した真直な棒の下端に，徐々に力（荷重）P を加えていくことを考えよう。この棒の材料は全体に均質で，断面の形は棒全体を通して一様であるとする。荷重をかける前の棒の断面積を A_0，長さを L_0 で表す。棒は自重があるので，図 2.1 のように上端を固定した段階で変形が生じるが，その状態を基準とし，以下，自重は考えないこととする。自重に対して，かかる荷重が十分に大きければ，自重を無視してもよいであろう。

棒の引張実験の力（荷重）Pの大きさと伸び変形（下端の変位）$δ$（デルタ）の大きさとの関係のイメージを図2.2に示す。このような曲線を荷重-変形曲線 load-deflection curve と呼ぶ。力（荷重）Pを加えると，荷重がある程度小さいときは，棒は式(2.1)にしたがって比例的に伸び変形$δ$が生じる。この領域で荷重を取り除くと，変形は回復して元の状態に戻る。このような部材の状態を弾性 elasticity と呼んでいる。荷重をさらに大きくすると，それを取り除いても元の状態に戻ることができず，変形が残るようになる。このような状態を塑性 plasticity と呼ぶ。荷重を取り除いても残っている変形を残留変形 residual deformation あるいは永久変形 peramanent set と呼ぶ。さらに荷重を増やし続けると，最終的に棒は引きちぎられることになる。すなわち破断 fracture である。実際に実験を行うとき，荷重となる錘（おもり）を段々と増やしていく方法だと，図2.2のように破断前に力が減じるような曲線は得られない。通常，棒を試験機で引っ張り，伸び変形を与え続けながら，抵抗力を計測する方法が採られている。

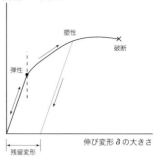

図2.2 荷重（力）-変形曲線

荷重 load … 構造物に作用する力，あるいはその大きさをいい，構造設計において考慮する力の総称である。構造実験においては試験体に作用する力をいう。外力 external force は構造物に外部から作用する力の総称であり，荷重に加えて構造物の支点における反力を含めることがある[201]。

ひずみ（歪み）

図2.1において，L_0が0.5m，A_0が100mm^{2}であったとし，力Pの大きさが10kNのとき伸び変形$δ$の大きさが1mm生じたとしよう。実際に使おうと思っている棒の長さが4mであったとしたら，自重の増加を無視して何mm伸びるであろうか。答えは，変形が比例的であるとすれば，8mmとなる。では，いろいろな長さも考えてL_0で表現したとき，伸びをどのように表すのが適当であろうか。図2.1の棒は，サンブナンの原理により下端の載荷点近傍および上端の固定部近傍を除いて，棒全体は一様に伸びていると考えてよい。そこで，次のように元の長さL_0を基準とする単位長さ当たり（1mm当たり，1m当たり，など）の伸び量$ε$（イプシロン）を考え，伸び変形の大きさを細字の$δ$で表すと，

$$δ = L - L_0 = εL_0 \tag{2.2}$$

サンブナンの原理 Saint-Venant's principle … サン-ブナン（1797-1886）が，ゴムの棒の実験で，大きさが等しい逆向きの力を加えても，力を加えた端部に局所的な変形を起こすのみで，端部以外のところにはほとんど影響しないことを観察した。この原理は，しばしば使われている[003,201]。

また ε は，次のように定義できる。

$$\varepsilon = \frac{L-L_0}{L_0} = \frac{\delta}{L_0} \tag{2.3}$$

この ε は，伸びひずみ strain と呼ばれる。式（2.3）のように変形前の長さを基準にして定義されるひずみ ε は公称ひずみ nominal strain と呼ばれている。図 2.1 のように力が棒に引張力として働いているとき，このひずみは引張ひずみ tensile strain とも呼ばれる。逆に，圧縮力として働いているときは，圧縮ひずみ compressive strain と呼ばれる。式（2.3）から引張ひずみは正の値，圧縮ひずみは負の値となる。これらは，後述する応力の概念に対応して垂直ひずみ normal strain と呼ばれる。

先に示した例では，

$$\varepsilon = \delta/L_0 = 1(\mathrm{mm})/500(\mathrm{mm}) = 0.002 = 0.2(\%)$$

となる。引張ひずみは，長さの単位を長さの単位でわるので，単位はなく無次元量である。また，$L_0 = 4\mathrm{m}$ の棒の伸びは式（2.2）より，

$$\delta = 0.002 \times 4000(\mathrm{mm}) = 8(\mathrm{mm})$$

と計算できる。

軸力

次に，この棒材の力のつり合いについて考えてみよう。図 2.3（b）は，棒を固定している上端を矢印で置き換えた自由体を示している。この置き換えた矢印は（図 2.3（b）の矢印の向きは，仮である），1 章で床や壁に物体が接しているところで考えた反力 reaction と同じであり，ここでは R で表すことにする。自由体に働くと考えられる力のベクトルのつり合いから，

ひずみ（歪）strain … 「建築学便覧 II 構造」[202] によると，「物体の変形を広くひずみという。ひずみの大きさをひずみ度，または単にひずみという。」とある。strain には，変形，ひずみのほか，筋肉・肉体，人間関係の緊張という意味もある。「歪み」を「ゆがみ」と読むことがある。「テレビ画面がゆがんでいる」とか「性格のゆがみ（こころが正しくないこと）」とか，の表現がある。

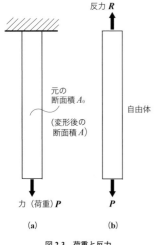

図 2.3 荷重と反力

$$P + R = 0, \quad P = -R \tag{2.4}$$

と書ける。反力を表すベクトル R は，外力ベクトル P と大きさが等しく，向きが反対で方向（作用線）が一致していることがわかる。

次に図 2.4（b），（c）のように，棒の途中の任意の位置で仮の切断面を考えてみよう。図 2.4（b），（c）の矢印の向きは意識して描かれている。図 2.4（b）と（c）は，同じ仮の切断面の下側を考えているか，上側を考えているかの違いであり，それぞれが自由体をなしている。仮の切断面を上面にもつ（b）の自由体は，仮の切断面を下面にもつ（c）の自由体から，引き上げるような内力 N が作用している。逆に，（c）の自由体は，仮の切断面で（b）の自由体から，引き下げるような内力 N が作用していると考えられる。これは，仮の切断面を通じた力学的相互作用（作用・反作用）であり，大きさが等しく向きが反対の力として（b），（c）のように表される。内力 N は自由体のつり合いから，

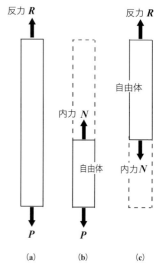

図 2.4 荷重，反力と内力

(b) では，$\quad N = P \tag{2.5a}$

(c) では，$\quad N = R = P \tag{2.5b}$

となる。当然であるが，(b) と (c) のどちらの自由体で考えてもよく，これらの自由体を見ると，引張状態にあることがよくわかる。

このように仮の切断面で材軸方向に作用する内力を軸力あるいは軸方向力 axial force, normal force と呼んでいる。単位は，力であるので N（ニュートン）を用いる。ところで材軸 axis of member とは，前章で述べた断面の図心を連ねた軸であり，断面形が一様な真直棒では当然，直線となる。

垂直応力

図 2.1 の実験で，力（荷重）P が，例えば最大荷重 40kN を記録した後に破断したとして，今度は安全性を考慮しながら同じ材料の棒で太さすなわち断面積 A_0 を設計してみたいとしよう。棒の内部には図 2.4 の

作用・反作用の法則 … ニュートンの運動の第三法則 Newton's third law である。一方から他方へ力を作用 action させれば，必ず反作用 reaction として，他方からその作用線上に，大きさ等しく方向反対の力を受ける[1]。

normal … 「標準的な，典型的な，正常な，普通の」の意味はよく知られている。数学や物理では，「垂直の，直角をなす，法線の」という意味で使われる。ここでは，断面の法線方向（断面と直角をなす方向）の力という意味で normal force と呼んでいる。

nominal … 英和辞典では,「名目上の,名ばかりの,有名無実の」のという訳が記されている。引張試験は JIS（日本工業規格 Japanese Industrial Standards）で定められており,式（2.3）,式（2.6）で求められるひずみ,応力を「公称ひずみ」,「公称応力」と呼んでいる。ということは,名目上でない他のひずみや応力の定義があることを意味している。

再び, サンブナンの原理 … 先に, 力を加えた近くの変形が全体の変形には影響しないことを記したが,応力についてもそのことは言える。すなわち,つり合った物体の一部に力を加えた場合,生じる応力は局所的であり,その影響は載荷点（力を加えた点）からの距離が増すにつれて小さくなり,載荷域の大きさの数倍も離れなくても局所応力の影響は無視できる。このことは,サン-ブナンの弟子のブジネスク（1797 - 1886）が理論解で例証している [003]。

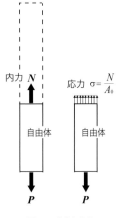

図 2.5　内力と応力

ように下端の力 P とつり合う内力 N が作用し, P の大きさが 40kN を超えなければ,棒の途中までを考えた自由体は落ちないはずである。なお,変形を考えたとき同様,自重を無視する。内力 N が,図 2.5 のようにサンブナンの原理により断面に一様に分布している単位面積当たり（1mm^2 当たり, 1m^2 当たり,など）の力の総和であるとして,その大きさを N で表すと,次のような単位面積当たりの内力 σ（シグマ）を考えてみる。

$$\sigma = \frac{N}{A_0} \tag{2.6}$$

この σ は公称応力 nominal stress と呼ばれている。またこの σ は,図 2.5 に示すように,断面に垂直な方向（法線方向）の応力であるので,垂直応力 normal stress という。σ は,図 2.4 のように力が棒に引張力として働いているとき,この応力は引張応力 tensile stress とも呼ばれる。逆に,圧縮力として働いているときは,圧縮応力 compressive stress と呼ばれる。通常,引張応力は正の値,圧縮応力は負の値となる。

この例題において,例えば $P = N = 10$kN のとき,

$$\sigma = 10000(\text{N}) / 100(\text{mm}^2) = 100(\text{N/mm}^2)$$

となり,最大荷重のときの σ_{max} は,

$$\sigma_{max} = 40000(\text{N}) / 100(\text{mm}^2) = 400(\text{N/mm}^2)$$

となる。10kN の荷重を吊ったとき破断までの安全性を 2 倍分確保するように設計すると,この材料の耐えられる最大応力が 400N/mm^2 であるので, 200N/mm^2 になるような棒の断面積は,式（2.6）より,

$$A_0 = N/\sigma = 10000(\text{N}) / 200(\text{N/mm}^2) = 50(\text{mm}^2)$$

とすればよいことがわかる。

単位は,力の単位を面積の単位でわっており,この場合は N/mm^2

（ニュートン・パー・平方ミリメートル）となる．付録の SI 単位系で，N/m^2（ニュートン・パー・平方メートル）を Pa（パスカル）と呼ぶことがある．N/mm^2 は MPa（メガパスカル）であり，しばしば使われている．単位面積当たりの力としては，圧力 pressure がよく知られている．圧力は，水圧や土圧など物体表面に外力として作用している単位面積当たりの力であり，単位は同じでも，物体内部の応力とは異なる．

応力−ひずみ曲線

実験から得た力と変形の情報を，式（2.3）によるひずみと式（2.6）による応力に規準化しておくと，その材料を用いた設計に役に立つ．図 2.6 に，図 2.2 の荷重（力）−変形曲線から求めた応力−ひずみ曲線 stress-strain curve を示す．図 2.1 のような引張実験のときは，力（荷重）−変形曲線と応力−ひずみ曲線は基本的に同じような様相となるが，材料の基本的力学特性を示す用語と対応してくる．ここで引張実験のイメージとして描いた図 2.2 は具体的な材料の棒ではなく，したがって図 2.6 も仮想の材料のものである．

ここでは基本的事項を説明するために，応力 σ もひずみ ε も正の領域を考える．応力は引張，ひずみは伸びを正としている．ひずみが小さ

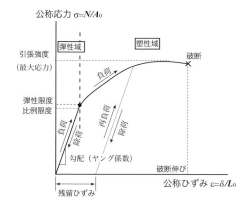

図 2.6 応力−ひずみ曲線

応力と応力度 stress … 「建築学便覧 II 構造」[202] によると，「外力に応じて，物体に生じる内力を応力という．…単位面積当たりの応力を応力度，通常単に応力といい，…」とある．日本建築学会の学術用語集 建築編には，前者の「応力」の英語は internal force，後者の「応力（度）」には stress とある．著者が手に入れている大正 7 年（1918）出版の内藤多仲博士の本 [203] では，前者を stress，後者を stress intensity となっている．英語の文献では，前者を stress resultants（合応力）あるいは generalized stress（一般化応力）と記されており，単位面積当たりの応力を基にしているようである．なお，建築の構造設計では，材料によって使用できる限度の単位面積当たりの内力が決められていることが多く，これを許容応力度 allowable stress と呼び，法律用語になっている．建築以外の工学分野では「度」を付けないのが一般的なようである．本書では，基本的に，単位面積当たりの内力を応力と記し，「度」は付けずに用いている．

再び，応力 … 日本建築学会編の「建築学用語集」[201] によると，〈1〉stress 外力作用する物体内に単位面積の任意の仮想面を考えたとき，これに作用する力．→応力度．単位面積あたりの力を強調するときに用いる表現．〈2〉internal force 外力が作用する物体の内部に生じる軸（方向）力，せん断力（後述），曲げモーメント（後述）などの総称．内力ともいう．また，応力については本章第 4 節で，より詳しく述べる．

ヤング Thomas Young, 1773-1829
　一様断面棒の基本的な変形を検討し，引張と圧縮について弾性係数という考え方を初めて取り入れた。しかし，その定義は式 (2.7) とは異なっていた [003]。

ストレス stress　…　1936年にカナダの大学で研究していたウィーン生まれのハンス・セリエ Hans Selye（1907～1982）が，「適応症候群」として，ある種の有害作用にさらされた人間または動物の体内に生じるひずみ strain に対する防衛反応をストレスと呼んだことにより，広まった。物体内の応力とひずみを比喩として援用したものであろう。現在では，実にいろいろな場面で使われている [204,205]。

い領域では，応力が増えるとひずみが増加し，応力が減るとひずみが減少し，応力が0まで戻るとひずみもなくなる。このような状態を荷重−変形曲線のときと同様に，弾性といい，弾性域の限界の応力を弾性限度 elastic limit と呼ぶ。弾性状態の範囲内には，応力 σ とひずみ ε とが比例関係となっている領域が観察できる，あるいは工学的に近似してもよいと考えられる領域が設定できる。この比例関係の限界の応力を比例限度 proportional limit と呼んでいる。応力 σ とひずみ ε との比例関係は次のように表される。

$$\sigma = E\varepsilon \quad (2.7)$$

ここで，E は比例定数を表し，（縦）弾性係数 elastic modulus あるいはヤング係数 Young's modulus と呼ばれる。式 (2.7) は，応力とひずみに関するフックの法則として知られている。σ が垂直応力と呼ばれるとき，式 (2.7) で対応する ε は垂直ひずみ normal strain と呼ばれる。

　図 2.6 のような場合，応力あるいはひずみが増加する状況を負荷 loading，減少する状況を除荷 unloading と呼ぶ。弾性域で負荷後，除

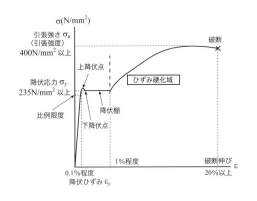
(a) 建築用鋼材の模式図

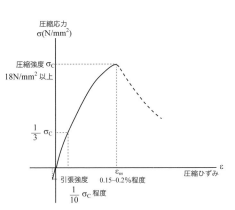
(b) 普通コンクリートの模式図

図 2.7　鋼とコンクリートの応力−ひずみ曲線の例

荷が生じると応力が0のときひずみも0となるが，弾性域を越えて除荷すると，塑性域に入り，応力が0になってもひずみは0とならず，残留ひずみ residual strain または永久ひずみ permanent strain が残る。いったん塑性域を経験すると，除荷，負荷の経路は材料によって様々である。図2.6の再負荷の経路は一例である。代表的な建築材料である鋼とコンクリートの応力-ひずみ曲線の模式図を図2.7に示す。

棒の伸縮を計算する式

式（2.7）のσおよびεに，式（2.3），式（2.6）を代入すると，

$$\frac{N}{A_0} = E\frac{\delta}{L_0} \tag{2.8}$$

となる。図2.3のように下端にのみ引張力Pがかかったときは，式（2.5）より$N=P$であるから，伸び変形δを求める次の式が得られる。

$$\delta = \frac{PL_0}{EA_0} \tag{2.9}$$

逆に，棒をδだけ伸ばすのに必要な力は，

$$P = \frac{EA_0}{L_0}\delta \tag{2.10}$$

となる。式（2.10）でEA_0/L_0を軸剛性 axial rigidity と呼んでいる。Pが圧縮力で座屈が生じないときは，式（2.9）のδは縮みを表す。

横方向ひずみとポアソン比

もう一度棒の引張を表す図2.1を見てみよう。棒は引張をうけて長さ方向（縦方向）に伸びているが，幅方向（横方向）には縮んでいる。圧縮をうけるときは逆に断面が大きくなる。横方向ひずみをε_lと表示すると，縦方向ひずみεに対する横方向ひずみの比をポアソン比

座屈 buckling … ここでは単純に引っ張ったり押したりという話をしているが，棒を押したときには「縮む」という一言では変形を説明できない。細長い棒を圧縮すると，縮むというより急に曲がってします。このような現象を座屈という。座屈の力学は7章で記す。

ポアソン S.D. Poisson, 1781-1840
　エコール・ポリテクニックに学び，ラグランジェとラプラスに見出され，数学者として認められた。棒を引っ張ったときには軸方向の伸びと横方向の縮みが生じることを指摘した [003]。

対数 logarithm　…　$x, y > 0, y \neq 1$ のとき，指数関数 $x = y^z$ のべき指数 z を対数という。この z を y を底とする x の対数とよび，$z = \log_y x$ と記す。底 y がネイピア数 e のとき自然対数 natural logarithm とよばれ，式 (2.14) のように底 e を略して $\ln x$ と記す。底 y が 10 のときは常用対数という。自然対数関数に関して，

微分　　　$\dfrac{\mathrm{d}}{\mathrm{d}x}\ln x = \dfrac{1}{x}$

不定積分　$\displaystyle\int \dfrac{1}{x}\mathrm{d}x = \ln|x| + \mathrm{C}$
　　　　　　　　　C は積分定数

関数 $\ln(1+x)$ の Macraurin 展開

$$\ln(1+x) = \sum_{n=1}^{\infty}(-1)^{n+1}\frac{1}{n}x^n$$

Poisson's ratio といい，通常 ν（ニュー）で表し，次式で定義される。

$$\nu = -\frac{\varepsilon_l}{\varepsilon} \tag{2.11}$$

鋼材で $\nu = 0.3$，　コンクリートで $\nu = 1/6$ 程度である。ポアソン比の逆数をポアソン数 Poisson's number と呼ぶ。

真応力と対数ひずみ

　棒は引張をうけると横方向に縮むので，初めの断面積 A_0 も変化している。その時々の断面積 A を用いて，変形に応じて計算した次の応力 s を真応力 true stress と呼んでいる。

$$s = \frac{N}{A} \tag{2.12}$$

ひずみが小さいときは，初期断面積 A_0 と A はほとんど等しいので，式 (2.6) の公称応力 σ を用いるのが一般的である。

　真応力 s と公称応力 σ の関係は，$N = sA = \sigma A_0$ から次のように表される。

$$s = \sigma\frac{A_0}{A} \tag{2.13}$$

　一方，ひずみも式 (2.3) のように，初めの長さ L_0 ではなく，その時々の長さ L'（$L_0 < L' < L$）を用いて定義することもできる。ある時点での長さ L' に対する伸びを $\mathrm{d}L'$ とし，その時点のひずみを $\mathrm{d}e = \mathrm{d}L'/L'$ とすると，長さが L_0 から L になったときのひずみは，

$$e = \int_{L_0}^{L}\frac{\mathrm{d}L'}{L'} = \ln L - \ln L_0 = \ln\frac{L}{L_0} = \ln\frac{L_0 + \varepsilon L_0}{L_0} = \ln(1+\varepsilon) \tag{2.14}$$

となる。上式で $\ln$ は自然対数であり，このひずみ e は対数ひずみ

logarithmic strain あるいは真ひずみ true strain と呼んでいる。式 (2.14) の自然対数をマクローリン展開すると,

$$e = \ln(1+\varepsilon) = \varepsilon - \frac{\varepsilon^2}{2} + \frac{\varepsilon^3}{3} - \frac{\varepsilon^4}{4} + \cdots \fallingdotseq \varepsilon \tag{2.15}$$

と書け,ひずみが小さい範囲では,ほとんど等しい。

鋼材のように,かなり大きなひずみが生じる材料では,図2.8のように σ-ε 曲線と s-e 曲線とでは違いが見られるようになる。

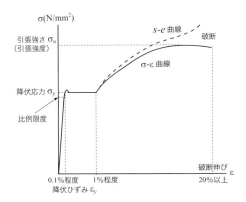

図 2.8　公称と真との応力-ひずみ曲線の例

第2節　せん断ひずみとせん断応力，せん断力

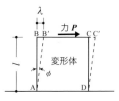

図 2.9　ずれ変形（せん断変形）

　前節では，伸び，縮みという変形を考えたが，ここでは「ずれ」という変形を考えよう。図 2.9 は，力 P をうけた変形体の上面と下面がずれるように変形していることをイメージしたものである。このような変形をせん断変形 shear（shear deformation）と呼んでいる。

せん断ひずみ

　図 2.9 では，高さ l の長方形 ABCD が上下面で λ（ラムダ）だけずれ平行四辺形 AB'C'D になっている。高さ方向の単位長さ当たりのずれ量として，前節とは変形の方向が異なるが，次のようなひずみが定義できる。

$$\gamma = \frac{\lambda}{l} \tag{2.16}$$

これをせん断ひずみ shear strain といい，上式のように通常 γ（ガンマ）で表す。変形量が小さいとすれば，次のようにせん断ひずみは，直角であった∠BAD が∠BAB' $= \phi$(ファイ) だけ角度変化した量とも言える。

$$\phi \fallingdotseq \tan\phi = \frac{\lambda}{l} = \gamma \tag{2.17}$$

せん断ひずみ γ も垂直ひずみ ε と同様，無次元量である。

せん断応力

　垂直応力 σ と垂直ひずみ ε との間にフックの法則があるように，せん断ひずみ γ にも比例関係のある応力を定義することができる。

$$\tau = G\gamma \tag{2.18}$$

ずれ shear … 広辞苑によると，物理において，固体の内部で，ある面の上下層が逆の方向に力を受けて上下層間に迄り（すべり）を生じるような変形。剪断（せんだん）とある。「剪断」は，はさみ切ること，ずれ，とある。「剪」の字は，部首は刀で，当用漢字ではないので，ひらがなで書く。

せん断弾性係数 G … ロシア政府の中央度量衡研究所（1849年設立）の所長を務めたクップファ（A.T. Kupffer, 1799-1865）が，金属の物理的性質に関し精力的に実験を行って G をねじり試験から求めた [003]。ねじりについては4章を参照。

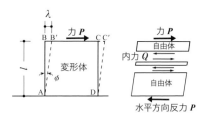

図 2.10　せん断力

この式で定義される τ（タウ）をせん断応力 shear stress と呼ぶ。ここに，G で表されている比例定数はせん断弾性係数 shear modulus と呼ばれている。

式（2.18）で定義されたせん断応力 τ とは，どのように作用している応力であろうか。

図 2.9 の変形体の内力を力のつり合いから考えてみよう。図 2.10 のような変形体の内部で上面に平行な仮の切断面を考える。上部の自由体を考えると，外力 P と水平方向のつり合いが満たされるように切断面には面全体のトータルで水平内力 Q が働いていなければならない。この内力 Q をせん断力 shear force と呼ぶことにする。図 2.10 に示すように，上部の自由体の仮の切断面と対応して，下側にも方向が反対で大きさの等しい内力 Q が作用しているはずである。図 2.11 は図 2.10 から極めて薄い自由体をとりだしたものである。せん断応力 τ は，図に示すように面に沿って（面に平行に，接線方向に）作用する内力（応力）と考えられ，仮の切断面の断面積を A とし，内力の大きさを Q で表すと，

$$\tau = \frac{Q}{A} \tag{2.16}$$

となり，垂直応力 σ 同様，単位面積当たりの力といえる。

なお，図 2.10 の自由体は，せん断力 Q のみでは回転のつり合いがとれていない。どのように考えればよいか，読者にゆだねよう。

せん断応力の共役性

図 2.11 の上面を含む，図 2.12（a）のような微小直方体を考えてみよう。上面にはせん断応力 τ が作用しており，上面の面積 bc を乗ずると，水平力 τbc が働いている。この微小直方体の自由体について水平方向の力のつり合いを考えると，図 2.12（b）のように下面にせん断応力 τ_1 が作用していなければならず，その大きさは τ でなければならない。

微小なオーダーで考えているので，上面と下面の，向きが反対の水平

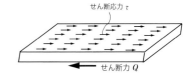

図 2.11　せん断応力のイメージ

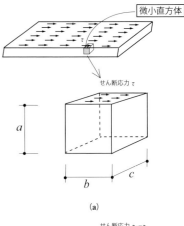

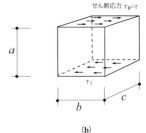

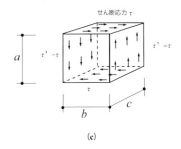

図 2.12　せん断応力の共役性

力 τbc による偶力モーメントを考えなければならない。この自由体の回転のモーメントのつり合いを考えると，図 2.12（c）のように両側面に偶力モーメントをなす鉛直方向力 $\tau'ca$ が働かなければならない。すなわち，

$$(\tau bc)a = (\tau' ca)b \qquad \therefore \tau = \tau' \qquad (2.20)$$

となる。したがって，「1 つの面にせん断応力が働くと，それに直交する面にもせん断応力が必ず存在し，その方向は互いに近づくように働くか，離れるように働くかのいずれかである。」といえる。この関係性をせん断応力の共役性といい，τ に対する τ' を，逆に τ' に対する τ を共役せん断応力 conjugate shear stress と呼ぶ。

このせん断応力の共役性は，興味深い事柄を教えてくれる。図 2.11 の板状の平行六面体の側表面は，せん断応力が存在しようがなく，それゆえ，例えば，上面の右端および左端の極近くでは，せん断応力 τ は 0 でなければならないことになる。したがって，式（2.19）で計算できるせん断応力 τ は，上面に作用するせん断応力の平均値である。

微小自由体のせん断応力とせん断ひずみを平面で考えてみると，図 2.13 のようになる。このとき，式（2.16）で定義したせん断ひずみ γ は，次のように関係づけられる。

$$\gamma = \alpha + \beta \qquad (2.21)$$

せん断弾性係数とヤング係数，ポアソン比

図 2.13 のように，微小材料要素にせん断応力のみが作用する応力状態を純せん断 pure shear 状態と呼んでいる。サン - ブナンは，図 2.14 に示すように，ある方向の引張とそれに直交する方向に引張と等しい大きさの圧縮を組み合わせると，この純せん断状態が得られることを指摘している[003]。このとき引張応力 σ と圧縮応力 $-\sigma$ に対応するせん断応力 τ の大きさは σ である。

せん断力の記号に Q が使われるわけ …
せん断力の英語は shear force であり，S が使われることもあるが，日本では Q が使われることが多い。これはドイツ語の Quelkraft（横力）によっている。

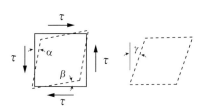

図 2.13　せん断応力とせん断ひずみ

サン - ブナン Barré de Saint-Venant, 1797-1886

数学の才能に長け，16 歳でエコール・ポリテクニックに合格。しかし，1884 年 3 月ナポレオンに対抗するヨーロッパ連合国のパリ侵攻時に防衛戦線を離脱したことでエコール・ポリテクニックを追放となった。1823 年にフランス政府は無試験でエコール・デ・ポン・エ・ショセへ入学を許可した。卒業後，技術者として働きながら，流体力学や力学の論文を発表し，エコール・デ・ポン・エ・ショセで材料力学の講義を行った。彼は工学上のいかなる進歩も経験による方法では不可能で，実験と理論的研究の組合せによってのみ可能であるという意見であった [003]。

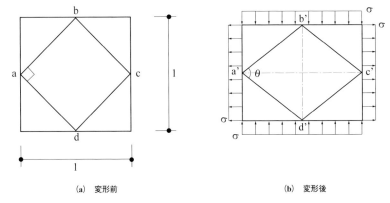

(a) 変形前　　　　　　　　(b) 変形後

図2.14　2軸応力変形と純せん断変形

　図2.14 (a) の正方形 abcd が同図 (b) のひし形 a'b'c'd' となることに着目しよう。正方形 abcd の一辺の長さを単位長さ1として考える。(b) のひし形の対角線 a'c' の長さは，引張による縦方向（伸び）ひずみ ε と，圧縮による横方向（膨らみ）ひずみ ε_l から，次のように表される。

$$\overline{a'c'} = 1+\varepsilon\cdot 1+\varepsilon_l\cdot 1 = 1+\frac{\sigma}{E}+\frac{-\nu(-\sigma)}{E} = 1+\frac{\sigma}{E}(1+\nu) \tag{2.22a}$$

ここで，ν はポアソン比である。もう一つの対角線 b'd' の長さは，圧縮応力による縦方向（縮み）ひずみ ε と，引張による横方向（痩せ）ひずみ ε_l から，

$$\overline{b'd'} = 1+\frac{-\sigma}{E}+\frac{-\nu\sigma}{E} = 1-\frac{\sigma}{E}(1+\nu) \tag{2.22b}$$

と表される。一方，せん断ひずみ γ は，

三角関数の加法定理 trigonometric addition formulas

$$\sin(\alpha+\beta) = \sin\alpha\cos\beta + \cos\alpha\sin\beta$$
$$\sin(\alpha-\beta) = \sin\alpha\cos\beta - \cos\alpha\sin\beta$$
$$\cos(\alpha+\beta) = \cos\alpha\cos\beta - \sin\alpha\sin\beta$$
$$\cos(\alpha-\beta) = \cos\alpha\cos\beta + \sin\alpha\sin\beta$$
$$\tan(\alpha+\beta) = \frac{\tan\alpha+\tan\beta}{1-\tan\alpha\tan\beta}$$
$$\tan(\alpha-\beta) = \frac{\tan\alpha-\tan\beta}{1+\tan\alpha\tan\beta}$$

$$\gamma = 2\left(\frac{\pi}{4} - \frac{\theta}{2}\right) \doteqdot 2\tan\left(\frac{\pi}{4} - \frac{\theta}{2}\right) = 2\cdot\frac{1-\tan(\theta/2)}{1+\tan(\theta/2)} \tag{2.23a}$$

であり，上式の $\tan(\theta/2)$ は，式 (2.22a,b) を用いると，

$$\tan\left(\frac{\theta}{2}\right) = \frac{\overline{\mathrm{b'd'}}}{\overline{\mathrm{a'c'}}} = \frac{E-\sigma(1+\nu)}{E+\sigma(1+\nu)} \tag{2.23b}$$

となる。これを式 (2.23a) に代入して整理すると γ は，

$$\gamma = \frac{2\sigma(1+\nu)}{E} \tag{2.23c}$$

と表される。ここで，せん断応力 τ の大きさが σ であるので，式 (2.21) より $\tau=\sigma=G\gamma$ を考慮すると，G と E と ν の次の関係式が得られる。

$$G = \frac{E}{2(1+\nu)} \tag{2.24}$$

Tension, Compression and Shear ｜ せん断ひずみとせん断応力，せん断力

第3節　引張をうける棒材の材軸に斜めの断面での応力

前節までに，応力には，面の法線方向の垂直応力 σ と面の接線方向のせん断応力 τ があることを学んだ。ここでは，材軸方向に引張力をうける棒材について，さらに考察してみよう。

図 2.15 (a) は，断面積 A の一様な矩形断面（ここでは，説明のため断面形を長方形（矩形）とした）をもつ棒材が引張力 P をうけている状況である。図 2.15 (b) のように，材軸に直交する断面（断面の法線方向が材軸方向と同じ）で応力を考えたときは，図 2.5 と同じで $\sigma = P/A$ である。次に，図 2.15 (c) のように断面の法線が材軸と θ の角度をもつ場合を考えてみよう。断面の内力は，自由体のつり合いから (b) の材軸に直交する断面でも (c) の斜交する断面でも同じ P であり，斜交断面積 A_θ は広くなって $A_\theta = A/\cos\theta$ となるので，単位面積当たりの内力 $\widetilde{\sigma}$ は，

$$\widetilde{\sigma} = \frac{N}{A_\theta} = \frac{P\cos\theta}{A} = \sigma\cos\theta \tag{2.25}$$

となる。この $\widetilde{\sigma}$ は断面の法線方向ではなく材軸方向を向いている。それゆえ断面に垂直である応力，垂直応力 σ とは呼べない。

そこで，内力 $N = P$ を図 2.16 のように，断面の法線方向と断面に沿う方向（接線方向）に分解して，それぞれを斜交断面積 A_θ で除して垂直応力 σ_θ とせん断応力 τ_θ を求めると，

$$\sigma_\theta = \frac{N\cos\theta}{A_\theta} = \frac{N\cos^2\theta}{A} = \sigma\cos^2\theta = \sigma\left\{\frac{1}{2}(1+\cos 2\theta)\right\} \tag{2.26a}$$

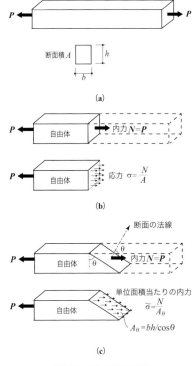

矩形（くけい）… 長方形。「矩（かね）」は垂直であること，直角であることであり，矩は「曲尺（かねじゃく）」（直角に折れ曲がった大工道具。差し金）のことでもある。

図 2.15　材軸に斜めの断面

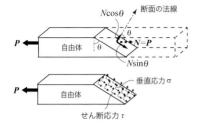

図 2.16 材軸に斜めの断面に作用する応力

三角関数の 2 倍角の公式 trigonometric double angle formulas

$$\sin 2\alpha = 2\sin\alpha\cos\beta$$
$$\cos 2\alpha = \cos^2\alpha - \sin^2\alpha$$
$$= 2\cos^2\alpha - 1$$
$$= 1 - 2\sin^2\alpha$$
$$\tan 2\alpha = \frac{2\tan\alpha}{1-\tan^2\alpha}$$

法線 normal と接線 tangent … 空間に面があると，その面に垂直な方向が定まる。それを矢印で示したものを法線ベクトル n と呼び，面上には接線ベクトル t が描ける。t は一つに定まらず無数にある。座標軸を設けると n と t は，その座標軸との角度を用いて表すことができる。

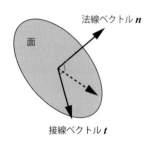

$$\tau_\theta = \frac{N\sin\theta}{A_\theta} = \frac{N\sin\theta\cos\theta}{A} = \sigma\sin\theta\cos\theta = \sigma\left(\frac{1}{2}\sin 2\theta\right) \tag{2.26b}$$

となる。上式は，断面の法線が材軸と θ の角度をもつ断面の垂直応力 σ_θ，せん断応力 τ_θ を，材軸に直交する断面の垂直応力 σ で表した式である。材軸に直交する断面のせん断応力は 0 であった。図 2.16 のように，垂直応力は考えている断面の法線方向によって変化する。また，せん断応力もその断面の接線方向で考えるので変化し，断面の角度を変えると現れてくることがわかる。応力を考えるときには，その応力が作用する断面の向き（断面の法線方向の向き）を考慮しておかなければならない。

式（2.26a,b）のそれぞれの式を 2 乗して，足し合わせると，次のように整理できる。

$$\left(\sigma_\theta - \frac{\sigma}{2}\right)^2 + \tau_\theta^2 = \left(\frac{\sigma}{2}\right)^2 \tag{2.27}$$

これは円の式であり，図 2.17 のように垂直応力 σ_θ とせん断応力 τ_θ を直交軸とする座標平面に描くことができる。このような円をモールの応力円 Mohr's stress circle と呼ぶ。この棒材の応力状態は，材軸に直交

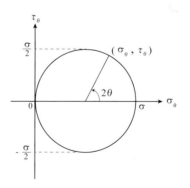

図 2.17 引張をうける棒材の断面に関するモールの応力円

Tension, Compression and Shear | 引張をうける棒材の材軸に斜めの断面での応力

する断面の応力（σ,0）を基準としており，σ_θ軸から反時計回りに2θの円周上の座標が，断面の法線が材軸とθの角度をもつ場合の応力状態を表している。式（2.26a,b）からもわかるが，図2.16のモールの応力円から，垂直応力の最大値はσであり，せん断応力の最大値は断面の法線が材軸と$\pi/4$（=45°）の角度をもつ断面で作用し，その値は$\sigma/2$であることが理解できる。

　ここでは，応力とは，考えている断面に依存するもので，面の法線方向の垂直応力σと面の接線方向のせん断応力τがあることが再認識されたことと思う。

モール Otto Mohr, 1835-1918

　16歳でハノーバー工科大学に入り，卒業後鉄道建設の構造技師として働いた後，23歳でシュトゥットガルト工科大学の教授に招かれ，その後ドレスデン工科大学で教授を勤めた [003]。ここに記したように，任意点の応力を図で求める解法を示した。また，棒材のたわみ（曲げによる変形）を求める解法も考案している。

第4節　ひずみと応力

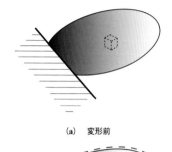

(a) 変形前

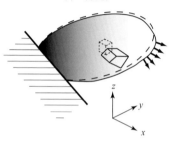

(b) 変形後

図 2.18　物体の変形

変形 deformation と変位 displacement …
「変形」とは大きさをもった物体の形や状態が移動も含めて変わることである。一方、「変位」とは物体内（表面も含む）の点の位置が移動することである。したがって、座標系を定めれば、点の移動を表す関数として数学的に記述することができる。

ここまでに、ひずみおよび応力について述べてきたが、もう少し一般的な物体内のひずみと応力の記述について述べておこう。

変形とひずみ

図 2.18（a）のような物体に、力が加わって（b）のように変形し、その状態で安定して静止している物体を考えてみよう。このような変形を的確に表現する言葉や数値を定めるのは容易ではない。ここでは、まず、立体内の微小部分の変形を記述することから始めてみる。立体的な変形を数値的に考えるためには、何らかの座標系を設ける必要があろう。図 2.18 では右手直交座標系 x-y-z を考えている。変形前の物体内に微小直方体を考え、その直方体が物体変形後にどのようになったかを考えよう。

しかしながら、いきなり3次元の立体の変形を幾何学的にわかりやすく記述することはかなり難しいので、ここでは図2.19 のように平面で考えることとする。変形前の微小な長方形 ABDC が、変形後 A'B'D'C' のような四角形になったとする。通常、変形前の長方形の四辺を構成していた直線が、変形後も直線の四辺をもつ四角形になっているとは考え難いが、微小な変形という条件の中での近似である。

変形前座標 (x,y) にあった A 点は、変形後 A' 点に移っている。このときの A 点の座標 (x,y) の x 方向変位を u とし、y 方向変位を v としよう。この変位 u, v は座標 (x,y) の関数であり、点の位置が変われば当然その点の変位は変わる。変形を記述するには、変形前の2点間の関係が変形後にどう変わったかに着目する必要がある。そこで、A 点から x 方向に微小長さ dx だけ離れた B 点の移動を考える。B 点の変位は A 点から微小長さ dx だけ異なるので、u の x 方向の変化率を考え、

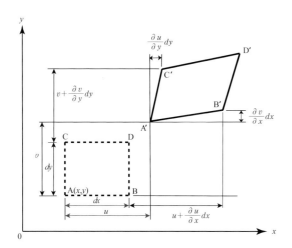

図 2.19　平面内の長方形要素の変形と変位

微小な infinitesimal … ここでいう「微小な」は「顕微鏡でしか見ることのできないような」という物理的な microscopic, minute とは異なり，数学的に無限に小さくしていくことができるということを含んでいる。したがって，ある大きさで目に見えるように描いた図を頭の中でどんどん小さくしていけるという便利な専門用語であり，縮小・拡大しながら考えるために役に立つ。

線形近似して記述すると次のように書ける。

$$u + \frac{\partial u}{\partial x} dx \tag{2.28}$$

ここでは，変位 u, v が，x および y の関数であるので，x 方向のみの変化率ということで偏微分を用いている。辺 AB は A'B' に変形したが，その A'B' を x 軸へ射影した長さから，元の AB からの変形量を Δ_x として記述すると，

$$\Delta_x = \left\{ dx + \left(u + \frac{\partial u}{\partial x} dx \right) - u \right\} - dx = \frac{\partial u}{\partial x} dx \tag{2.29}$$

となる。これを元の長さ dx でわると，第 1 節で記した「ひずみ」である。

$$\varepsilon_x = \frac{\Delta_x}{dx} = \frac{\partial u}{\partial x} \tag{2.30}$$

これは，x 軸方向の単位長さ当たりの伸びであり，すなわち第 1 節で記

微分 differential と偏微分 partial differentiation … 関数 f の変数が一つ，例えば x を変数とする関数 $f(x)$ であるとき，x の微小変化についての関数 f の変化率を求める演算を微分という。関数 f の変数が二つ以上のとき，例えば x, y を変数とする関数 $f(x,y)$ であるとき，x あるいは y のどちらかのみの微小変化についての関数 f の変化率を求める演算を偏微分という。

した「引張（圧縮）ひずみ」である。式（2.30）は点（x,y）での**x方向ひずみ** ε_x であり，点（x,y）での x 方向変位 u の x 方向変化率のことであることがわかる。同様にして，点（x,y）での **y 方向ひずみ** ε_y は次式となる。

$$\varepsilon_y = \frac{\partial v}{\partial y} \tag{2.31}$$

また，長方形 ABDC の A 点では，変形後に辺 AB と辺 CD のなす角度が直角でなくなっている。この角度の変化量は，A 点から x 方向に dx だけ離れた B 点の y 方向の移動と，A 点から y 方向に dy だけ離れた C 点の x 方向の移動とを考えることで評価することができる。すなわち，

$$\angle CAB - \angle C'A'B' \doteqdot \frac{\pi}{2} - \left\{ \frac{\pi}{2} - \left(\frac{\frac{\partial v}{\partial x}dx}{\left(1 + \frac{\partial u}{\partial x}\right)dx} + \frac{\frac{\partial u}{\partial y}dy}{\left(1 + \frac{\partial v}{\partial y}\right)dy} \right) \right\}$$

と書ける。これは第 2 節で記した「せん断ひずみ」である。上式において $\partial u / \partial x \ll 1$，$\partial v / \partial y \ll 1$ を考慮すると，点（x,y）での**せん断ひずみ** γ_{xy} は次式となる。

$$\gamma_{xy} = \frac{\partial v}{\partial x} + \frac{\partial u}{\partial y} \tag{2.32}$$

γ_{xy} は，下添え字の順番を入れ替えても同じであり，$\gamma_{yx} = \gamma_{xy}$ である。

式（2.30）および（2.31），式（2.32）の ε_x，ε_y，γ_{xy} が変形を x-y 平面内のみと考えたときのひずみであり，これらで表される 2 次元ひずみ状態を平面ひずみ plane strain という。

同様に，直交（デカルト）座標系 x-y-z における 3 次元ひずみ状態では，次の 6 つのひずみ成分を考えることになる。

平面ひずみ状態 … 堤防のように，一方向に長い構造物で，長手方向（z 方向とする）の変位が拘束（w = 0）されていると，

$$\varepsilon_z = \gamma_{yz} = \gamma_{zx} = 0$$

となる。このとき，後述の応力 - ひずみ関係式で示されるように，z 方向の応力 σ_z が 0 になるわけではない。

$$\varepsilon_x = \frac{\partial u}{\partial x}, \quad \varepsilon_y = \frac{\partial v}{\partial y}, \quad \varepsilon_z = \frac{\partial w}{\partial z} \qquad (2.33\text{a,b,c})$$

$$\gamma_{xy} = \gamma_{yx} = \frac{\partial v}{\partial x} + \frac{\partial u}{\partial y}, \quad \gamma_{yz} = \gamma_{zy} = \frac{\partial w}{\partial y} + \frac{\partial v}{\partial z} \qquad (2.33\text{d,e})$$

$$\gamma_{zx} = \gamma_{xz} = \frac{\partial u}{\partial z} + \frac{\partial w}{\partial x} \qquad (2.33\text{f})$$

上式において，u，v，w はある点の x 方向変位，y 方向変位，z 方向変位であり，座標 (x,y,z) の関数である。ひずみは物体内の点と設定する座標に依存している。式（2.30 ～ 2.33）のひずみは工学ひずみ engineering strain と呼ばれる。右に示す，より数理的に定義したひずみテンソル strain tensor というものもある（例えば，[206 ～ 208]）。

ひずみの適合条件式

式（2.33）にある点の変位 u，v，w を与えると，その点の 6 つのひずみ成分を得ることができる。一方，ひずみ成分を与えて，3 つの変位成分を偏微分方程式から求めようとすると，式が 6 個あるので，ひずみ成分の間に制約条件が必要となる。

式（2.33d）の両辺を x と y で偏微分し，偏微分の順序を入れ替えると，

$$\frac{\partial^2 \gamma_{xy}}{\partial x \partial y} = \frac{\partial^2}{\partial x \partial y}\left(\frac{\partial v}{\partial x} + \frac{\partial u}{\partial y}\right) = \frac{\partial^2}{\partial y^2}\left(\frac{\partial u}{\partial x}\right) + \frac{\partial^2}{\partial x^2}\left(\frac{\partial v}{\partial y}\right)$$

$$= \frac{\partial^2 \varepsilon_x}{\partial y^2} + \frac{\partial^2 \varepsilon_y}{\partial x^2} \qquad (2.34)$$

となり，1 つのひずみの関係式が得られる。次に，式（2.33d）を z と x で，式（2.33f）を x と y で偏微分すると，

$$\frac{\partial^2 \gamma_{xy}}{\partial z \partial x} = \frac{\partial^2}{\partial z \partial x}\left(\frac{\partial v}{\partial x} + \frac{\partial u}{\partial y}\right), \quad \frac{\partial^2 \gamma_{zx}}{\partial x \partial y} = \frac{\partial^2}{\partial x \partial y}\left(\frac{\partial w}{\partial x} + \frac{\partial u}{\partial z}\right)$$

直交（デカルト）座標系における微小ひずみテンソル表示

$$\varepsilon = \begin{bmatrix} \varepsilon_x & \varepsilon_{xy} & \varepsilon_{zx} \\ \varepsilon_{xy} & \varepsilon_y & \varepsilon_{yz} \\ \varepsilon_{zx} & \varepsilon_{yz} & \varepsilon_z \end{bmatrix}$$

$$\varepsilon_x = \frac{\partial u}{\partial x}, \quad \varepsilon_y = \frac{\partial v}{\partial y}, \quad \varepsilon_z = \frac{\partial w}{\partial z},$$

$$\varepsilon_{xy} = \frac{1}{2}\left(\frac{\partial u}{\partial y} + \frac{\partial v}{\partial x}\right),$$

$$\varepsilon_{yz} = \frac{1}{2}\left(\frac{\partial v}{\partial z} + \frac{\partial w}{\partial y}\right),$$

$$\varepsilon_{zx} = \frac{1}{2}\left(\frac{\partial w}{\partial x} + \frac{\partial u}{\partial z}\right)$$

となり，2つの式を辺々足し合わせると，

$$\frac{\partial^2 \gamma_{xy}}{\partial z \partial x} + \frac{\partial^2 \gamma_{zx}}{\partial x \partial y} = \frac{\partial^2}{\partial z \partial x}\left(\frac{\partial v}{\partial x} + \frac{\partial u}{\partial y}\right) + \frac{\partial^2}{\partial x \partial y}\left(\frac{\partial w}{\partial x} + \frac{\partial u}{\partial z}\right)$$

$$= \frac{\partial^2}{\partial y \partial z}\left(\frac{\partial u}{\partial x} + \frac{\partial u}{\partial x}\right) + \frac{\partial^2}{\partial x^2}\left(\frac{\partial w}{\partial y} + \frac{\partial v}{\partial z}\right)$$

$$= 2\frac{\partial^2 \varepsilon_x}{\partial y \partial z} + \frac{\partial^2 \gamma_{yz}}{\partial x^2}$$

が得られる。この式から，次のひずみの関係式が得られる。

$$2\frac{\partial^2 \varepsilon_x}{\partial y \partial z} = \frac{\partial^2 \gamma_{xy}}{\partial z \partial x} - \frac{\partial^2 \gamma_{yz}}{\partial x^2} + \frac{\partial^2 \gamma_{zx}}{\partial x \partial y}$$

$$= \frac{\partial}{\partial x}\left(-\frac{\partial \gamma_{yz}}{\partial x} + \frac{\partial \gamma_{zx}}{\partial y} + \frac{\partial \gamma_{xy}}{\partial z}\right) \qquad (2.35)$$

式(2.34)はせん断ひずみ γ_{xy} が垂直ひずみ $\varepsilon_x, \varepsilon_y$ と関係し，一方，式(2.35)は垂直ひずみ ε_x がせん断ひずみの3成分と関係していることを示している。同様にして，式 (2.34)，(2.35) を含めて次の6式が得られる。

$$2\frac{\partial^2 \varepsilon_x}{\partial y \partial z} = \frac{\partial}{\partial x}\left(-\frac{\partial \gamma_{yz}}{\partial x} + \frac{\partial \gamma_{zx}}{\partial y} + \frac{\partial \gamma_{xy}}{\partial z}\right) \qquad (2.36a)$$

$$2\frac{\partial^2 \varepsilon_y}{\partial z \partial x} = \frac{\partial}{\partial y}\left(\frac{\partial \gamma_{yz}}{\partial x} - \frac{\partial \gamma_{zx}}{\partial y} + \frac{\partial \gamma_{xy}}{\partial z}\right) \qquad (2.36b)$$

$$2\frac{\partial^2 \varepsilon_z}{\partial x \partial y} = \frac{\partial}{\partial z}\left(\frac{\partial \gamma_{yz}}{\partial x} + \frac{\partial \gamma_{zx}}{\partial y} - \frac{\partial \gamma_{xy}}{\partial z}\right) \qquad (2.36c)$$

$$\frac{\partial^2 \gamma_{xy}}{\partial x \partial y} = \frac{\partial^2 \varepsilon_x}{\partial y^2} + \frac{\partial^2 \varepsilon_y}{\partial x^2} \qquad (2.36d)$$

$$\frac{\partial^2 \gamma_{yz}}{\partial y \partial z} = \frac{\partial^2 \varepsilon_y}{\partial z^2} + \frac{\partial^2 \varepsilon_z}{\partial y^2} \qquad (2.36e)$$

$$\frac{\partial^2 \gamma_{zx}}{\partial z \partial x} = \frac{\partial^2 \varepsilon_z}{\partial x^2} + \frac{\partial^2 \varepsilon_x}{\partial z^2} \qquad (2.36f)$$

Tension, Compression and Shear｜ひずみと応力

式（2.36）は，ひずみの適合条件式 compatibility euation あるいは連続性条件式 continuity equation と呼ばれる。これらの偏微分方程式は，ひずみが積分可能であることを前提にしており，物体が連続であることと対応している。

応　力

物体内の応力は，ひずみ同様，物体内の位置に依存している。図2.20 (a) のように物体内部のある点Pで，その点を含む面を考えよう。その面を含む仮想切断面Sには，外力とつり合うように内力が作用し，図2.20 (b) のように点Pで単位面積当たりの内力（これを応力ベクトル stress vector と呼ぶ）を描くことができる。応力ベクトル $\tilde{\sigma}$（シグマ・チルダー）の方向は，一般に面の法線方向や接線方向ではない。図2.20 (b) には，応力を表現するための準備として，直交座標軸を設け，面Sと同一法線をもつ面ABCを含む微小四面体OABCが示されている。

図2.21には微小四面体OABCの各面に働くと考えられる単位面積当たりの内力を x, y, z の成分で示している。面ABC以外の面は，座標軸に垂直な面，平行な面であり，これらの面では，面の法線方向の垂直応力 σ と面の接線方向のせん断応力 τ が考えられ，図2.21のように下添え字で面と方向を示すこととする。すなわち最初の添え字が考えている面を示し2番目の添え字が方向である。σ と τ の矢印の向きはそれぞれ正の向きである。正負のきまりについては後述する。△ABCの面積を ΔS とし法線ベクトル $\boldsymbol{n}$ の x, y, z 成分である方向余弦を n_x, n_y, n_z で示すと，微小四面体OABCの各面の三角形の面積は，次のようになる。

$$\Delta S_x = (\triangle \text{OBC の面積}) = n_x \Delta S \tag{2.37a}$$
$$\Delta S_y = (\triangle \text{OAC の面積}) = n_y \Delta S \tag{2.37b}$$
$$\Delta S_z = (\triangle \text{OAB の面積}) = n_z \Delta S \tag{2.37c}$$

この四面体の自重は考えないで，x, y, z 方向の力のつり合いを考えると，

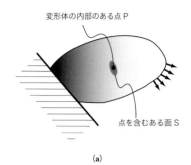

(a)

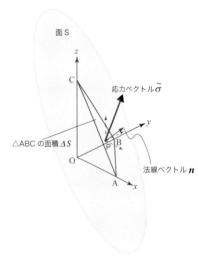

(b)

図2.20　物体内の応力

方向余弦 direction cosine … 単位長さをもち方向を示すベクトルが座標軸となす角の余弦（コサイン）のこと。

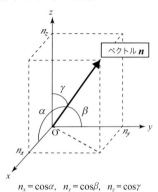

$n_x = \cos\alpha,\ n_y = \cos\beta,\ n_z = \cos\gamma$

$|\boldsymbol{n}|^2 = n_x^2 + n_y^2 + n_z^2 = 1$

方向余弦と△ABCの面積の射影面積

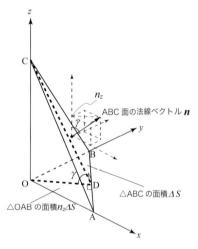

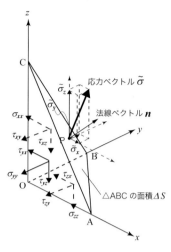

図2.21　微小四面体のつり合い

$$\widetilde{\sigma_x}\Delta S - \sigma_{xx}\Delta S_x - \tau_{yx}\Delta S_y - \tau_{zx}\Delta S_z = 0 \tag{2.38a}$$

$$\widetilde{\sigma_y}\Delta S - \tau_{xy}\Delta S_x - \sigma_{yy}\Delta S_y - \tau_{zy}\Delta S_z = 0 \tag{2.38b}$$

$$\widetilde{\sigma_z}\Delta S - \tau_{xz}\Delta S_x - \tau_{yz}\Delta S_y - \sigma_{zz}\Delta S_z = 0 \tag{2.38c}$$

となる．式（2.38）に式（2.37）を代入して整理すると，微小四面体OABCの大きさによらない表現として，

$$\widetilde{\sigma_x} = \sigma_{xx} n_x + \tau_{yx} n_y + \tau_{zx} n_z \tag{2.39a}$$

$$\widetilde{\sigma_y} = \tau_{xy} n_x + \sigma_{yy} n_y + \tau_{zy} n_z \tag{2.39b}$$

$$\widetilde{\sigma_z} = \tau_{xz} n_x + \tau_{yz} n_y + \sigma_{zz} n_z \tag{2.39c}$$

が得られる．式（2.39）を，方向余弦 n_x, n_y, n_z を成分とする法線ベクトル $\boldsymbol{n}$ と，応力を成分とする行列を用いて表すと，次のように書ける．

$$\begin{Bmatrix} \widetilde{\sigma_x} \\ \widetilde{\sigma_y} \\ \widetilde{\sigma_z} \end{Bmatrix} = \begin{bmatrix} \sigma_{xx} & \tau_{yx} & \tau_{zx} \\ \tau_{xy} & \sigma_{yy} & \tau_{zy} \\ \tau_{xz} & \tau_{yz} & \sigma_{zz} \end{bmatrix} \begin{Bmatrix} n_x \\ n_y \\ n_z \end{Bmatrix} \tag{2.40}$$

式（2.40）は，点 P での応力ベクトル $\widetilde{\sigma}$ が，点 P で考えている面の法線ベクトル n を，3 つの x-y-z 直交面における垂直応力 σ とせん断応力 τ を成分とする係数行列によって線形変換することで表されることを示している。前述したせん断応力の共役性を考慮し，さらに垂直応力の添え字は一つにしても判断可能であることを考慮すると，式（2.40）は次のようになる。

$$\widetilde{\sigma} = \begin{bmatrix} \sigma_x & \tau_{xy} & \tau_{zx} \\ \tau_{xy} & \sigma_y & \tau_{yz} \\ \tau_{zx} & \tau_{yz} & \sigma_z \end{bmatrix} n = Tn \tag{2.41}$$

ここに，

$$T = \begin{bmatrix} \sigma_x & \tau_{xy} & \tau_{zx} \\ \tau_{xy} & \sigma_y & \tau_{yz} \\ \tau_{zx} & \tau_{yz} & \sigma_z \end{bmatrix} \tag{2.42}$$

である。式（2.42）の対角成分は垂直応力を，非対角成分はせん断応力成分を表している。この行列 T は応力テンソル stress tensor, コーシーの応力テンソル Cauchy stress tensor と呼ばれている。物体が微小変形より大きな変形によって面が方向を変えたり，その面積の大きさが変わったりして，それらが無視できないようなときの応力テンソルは式（2.42）とは異なる定義が必要となる（例えば，[206,207]）。

　応力テンソル T を直交（デカルト）座標系で図化してみよう。図 2.22 に示すようにある点 P の応力テンソルを示す正六面体を考えておくと，任意の面についての図 2.21 のような微小四面体を考えるのに都合がよい。図 2.22 は，x, y, z 軸の正の位置にある面が見えるように描いている。これらを「正の面」と呼ぶと，それぞれの反対側が「負の面」になる。正の面では応力の 3 成分が，それぞれ正の向きを正とし，負の面では負の向きを正とするように描かれていることに注意しよう。図 2.22 の正六面体は，具体的な大きさをもっているわけではなく，あく

直応力　…　垂直応力を「直応力」，垂直ひずみを「直ひずみ」と記す文献もある[2,213]。

テンソル tensor　…　応力やひずみは 2 階のテンソルである。あるベクトル y がベクトル x の関数として次のように書け，

$$y = Tx$$

かつ T が次の関係を満たす線形の関数であるとき，T を 2 階のテンソルという。

$$T(x_1 + x_2) = Tx_1 + Tx_2, \quad T(ax) = aTx$$
$$a はスカラー$$

tensor の語源は tension と同じである。2 階のテンソルということは，0, 1, …階テンソルもある。
　大辞泉には，「ベクトル量が三方向の成分で決定されるのに対して，ある定点の状態が各方向について三つずつの 9 成分によって定義されるときの，この成分の組合せ。固体内の応力やひずみの状態を表すのに用いられる。」と記され，本書で記述したそのままの説明がされている。もちろんベクトル量は三方向の成分とは限らない。

コーシー Augustin Cauchy, 1789-1857
　1805 年にエコール・ポリテクニックに合格，1807 年にエコール・デ・ポン・エ・ショセに推薦入学，1810 年に卒業した。入学試験および卒業試験とも首席であった。実務についたが，工学的な仕事より数学に関心があり，科学アカデミーに論文を提出し，1816 年にはアカデミー会員となった。1813 年からエコール・ポリテクニックとソルボンヌで教えることとなり，独創的な講義内容はその後の数学の流れに大きな影響を与えた。1821 年のナヴィエの弾性論の論文に啓発され，現在の応力の基礎を築いた。彼は，面へ

の圧力という考えをとり，弾性体内での圧力は必ずしも面に垂直ではないと仮定した．図 2.21 の三角錐要素を用いた考察は彼による [003]．現在のものづくりにおいて，設計が出来ているのは，コーシーのおかげと言っても過言ではない．

物体力 body force と表面力 surface traction ⋯ 物体に作用する外力は「物体表面を通して作用する表面力」と「重力，電磁力，慣性力など，物体内部の物質に（外部から）直接作用する物体力（体積力）」に分類できる．物体力は物体内部に作用する力ではあるが，内力ではなく外力である [208]．

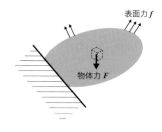

応力の境界条件 ⋯ 単位面積当たりの表面力の成分が f_x, f_y, f_z で与えられたとき，境界表面の面素を図 2.21 の △ABC と考えると，応力ベクトル $\widetilde{\sigma}$ を表面力ベクトル f に置き換えれば，表面近くの応力成分が満たすべき応力の境界条件式が式 (2.41) のように書ける．なお，n は面素の方向余弦ベクトルである [209]．

$$Tn = f$$

成分で書くと，

$$\sigma_x n_x + \tau_{xy} n_y + \tau_{zx} n_z = f_x$$
$$\tau_{xy} n_x + \sigma_y n_y + \tau_{yz} n_z = f_y$$
$$\tau_{zx} n_x + \tau_{yz} n_y + \sigma_z n_z = f_z$$

となる．

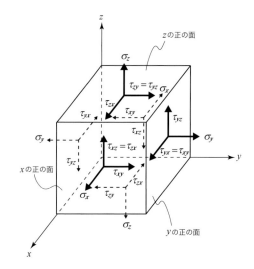

図 2.22　物体内のある点における応力テンソル成分の正六面体による表示

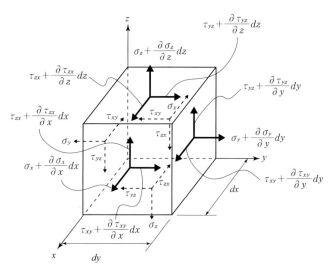

図 2.23　物体内の微小六面体のつり合い

Tension, Compression and Shear　ひずみと応力

まで応力テンソル **T** を図示するためのものである。

　一方，図 2.23 は具体的な大きさをもった物体内の微小六面体である。正の面と負の面との間には微小な距離があり，したがってそれぞれの対応する面の応力は変化している。この微小六面体のつり合いを考えてみよう。単位体積当たりの物体力 body force の x, y, z 方向の成分を F_x, F_y, F_z とすると，x 方向については次のように書ける。

$$\left(\sigma_x + \frac{\partial \sigma_x}{\partial x}dx - \sigma_x\right)dydz + \left(\tau_{xy} + \frac{\partial \tau_{xy}}{\partial y}dy - \tau_{xy}\right)dzdx$$

$$+ \left(\tau_{zx} + \frac{\partial \tau_{zx}}{\partial z}dz - \tau_{zx}\right)dxdy + F_x dxdydz = 0$$

これを整理すると，x 方向についてのつり合い式は，

$$\frac{\partial \sigma_x}{\partial x} + \frac{\partial \tau_{xy}}{\partial y} + \frac{\partial \tau_{zx}}{\partial z} + F_x = 0 \tag{2.43a}$$

となる。y, z 方向も同様に考えると，

$$\frac{\partial \tau_{xy}}{\partial x} + \frac{\partial \sigma_y}{\partial y} + \frac{\partial \tau_{zy}}{\partial z} + F_y = 0 \tag{2.43b}$$

$$\frac{\partial \tau_{zx}}{\partial x} + \frac{\partial \tau_{yz}}{\partial y} + \frac{\partial \sigma_z}{\partial z} + F_z = 0 \tag{2.43c}$$

が得られる。式（2.43）が微小六面体のつり合い方程式である。

　なお，式（2.42）において σ_x, σ_y, τ_{xy} のみが存在すると考えたときの応力状態を平面応力 plane stress という。

応力−ひずみ関係式（線形等方弾性体の場合）

　応力とひずみは，本章の第 1 節，第 2 節に示したようにヤング係数 E，せん断弾性係数 G を比例定数とするフックの法則によって関係づけられている。一般的に応力とひずみを関係づけるものを構成式

平面応力状態 　…　比較的薄い平板で，平板面に直交する方向を z 方向としたとき，

$$\sigma_z = \tau_{yz} = \tau_{zx} = 0$$

と考えてもよい状態。z 方向のひずみ ε_z が 0 になるわけではない。

線形 linear 　…　関数 $f(x)$ が，任意の a, b について，

$$f(ax_1 + bx_2) = af(x_1) + bf(x_2)$$

を満たすとき線形性があるという。テンソルの項目でも記した関係でもある。この性質が満たされないものを非線形 non-linear という。線形代数という演算も同様の性質に基づいている。上式は，2 つの変数 x_1, x_2 について「重ね合わせ」ができることを示している。

　1 次関数では，原点を通る直線の式である。原点を通らない直線や区分毎に直線をつないだ折れ線，曲線は線形性をもたない。

等方性 isotropy と異方性 anisotropy ···
対象物の性質が方向に依存しないとき等方性をもつといい，方向に依存するときは異方性を有するという。鋼材は等方性材料として扱われるが，正確には違うし，意図的に異方性のある鋼材として製鋼されることもある。木材は異方性材料として扱われる。

constitutive equation と呼んでいる。この第4節で論じてきた応力とひずみの関係はどのように記述されるのであろうか。

引張，圧縮において垂直応力 σ が作用するときは，第1節に記したようにその方向の垂直ひずみ ε とポアソン比 ν で関係づけられる横ひずみも生じている。したがって，x, y, z 方向の垂直ひずみは次のように表される。

$$\varepsilon_x = \frac{1}{E}\{\sigma_x - \nu(\sigma_y + \sigma_z)\}, \quad \varepsilon_y = \frac{1}{E}\{\sigma_y - \nu(\sigma_z + \sigma_x)\} \quad (2.44\mathrm{a,b})$$

$$\varepsilon_z = \frac{1}{E}\{\sigma_z - \nu(\sigma_x + \sigma_y)\} \quad (2.44\mathrm{c})$$

一方，せん断ひずみについてはこのような連成はないので，

$$\gamma_{xy} = \frac{1}{G}\tau_{xy}, \quad \gamma_{yz} = \frac{1}{G}\tau_{yz}, \quad \gamma_{yz} = \frac{1}{G}\tau_{yz} \quad (2.44\mathrm{d\text{-}f})$$

と書ける。式 (2.44) を応力成分について書き直すと，

$$\sigma_x = \frac{\nu E}{(1+\nu)(1-2\nu)}(\varepsilon_x + \varepsilon_y + \varepsilon_z) + \frac{E}{1+\nu}\varepsilon_x \quad (2.45\mathrm{a})$$

$$\sigma_y = \frac{\nu E}{(1+\nu)(1-2\nu)}(\varepsilon_x + \varepsilon_y + \varepsilon_z) + \frac{E}{1+\nu}\varepsilon_y \quad (2.45\mathrm{b})$$

$$\sigma_z = \frac{\nu E}{(1+\nu)(1-2\nu)}(\varepsilon_x + \varepsilon_y + \varepsilon_z) + \frac{E}{1+\nu}\varepsilon_z \quad (2.45\mathrm{c})$$

$$\tau_{xy} = G\gamma_{xy}, \quad \tau_{yz} = G\gamma_{yz}, \quad \tau_{zx} = G\gamma_{zx} \quad (2.45\mathrm{d\text{-}f})$$

となる。式 (2.44) あるいは式 (2.45) は，3次元線形等方弾性体の一般化されたフックの法則である。

応力の6成分とひずみの6成分を，それぞれベクトル表示して式 (2.45) を整理すると次のように書ける。

$$\begin{Bmatrix} \sigma_x \\ \sigma_y \\ \sigma_z \\ \tau_{xy} \\ \tau_{yz} \\ \tau_{zx} \end{Bmatrix} = \begin{bmatrix} \lambda+2\mu & \lambda & \lambda & 0 & 0 & 0 \\ \lambda & \lambda+2\mu & \lambda & 0 & 0 & 0 \\ \lambda & \lambda & \lambda+2\mu & 0 & 0 & 0 \\ 0 & 0 & 0 & \mu & 0 & 0 \\ 0 & 0 & 0 & 0 & \mu & 0 \\ 0 & 0 & 0 & 0 & 0 & \mu \end{bmatrix} \begin{Bmatrix} \varepsilon_x \\ \varepsilon_y \\ \varepsilon_z \\ \gamma_{xy} \\ \gamma_{yz} \\ \gamma_{zx} \end{Bmatrix} \quad (2.46)$$

ここに,

$$\lambda = \frac{\nu E}{(1+\nu)(1-2\nu)}, \quad \mu = \frac{E}{2(1+\nu)} \quad (2.47\text{a,b})$$

である。式（2.47）の λ（ラムダ）と μ（ミュー）はラメの定数 Lamé's cnstants と呼ばれ，これも弾性定数である。μ は式（2.24）の G である。

体積ひずみと体積弾性係数

図 2.24 に示すように，平面問題における微小四角形はせん断ひずみ γ によって面積変化は生じないと考えてよい。同様に，立体問題では微小六面体の体積変化はせん断ひずみによって生じないと考えてよいであろう。一方，垂直ひずみは図 2.25 に示すように，体積変化をもたらす。すなわち，垂直ひずみが生じた微小六面体の体積 V' は，

$$\begin{aligned} V' &= (1+\varepsilon_x)dx \cdot (1+\varepsilon_y)dy \cdot (1+\varepsilon_z)dz \\ &= \{1+(\varepsilon_x+\varepsilon_y+\varepsilon_z)+(\varepsilon_x\varepsilon_y+\varepsilon_y\varepsilon_z+\varepsilon_z\varepsilon_x)+\varepsilon_x\varepsilon_y\varepsilon_z\}dxdydz \\ &\fallingdotseq \{1+(\varepsilon_x+\varepsilon_y+\varepsilon_z)\}dxdydz = \{1+(\varepsilon_x+\varepsilon_y+\varepsilon_z)\}V \quad (2.48) \end{aligned}$$

となる。V は変形前の体積であり，ひずみの 2 次以上の項は無視されている。ε_V を体積ひずみ bulk strain とすると，

$$\varepsilon_V = \frac{V'-V}{V} = \varepsilon_x + \varepsilon_y + \varepsilon_z \quad (2.49)$$

ラメ Gabriel Lamé, 1795-1870

エコール・ポリテクニック（1818），鉱山学校（1820）を卒業後，ロシアのペテルブルグ交通工科大学に派遣され，教育のかたわらロシア政府の建築物の設計に協力した。ロシア製の鉄の機械的性質を調べるために試験機を製作し，鉄は耐力の約 3 分の 2 の荷重で急に伸び始め，この降伏点を過ぎると，酸化被膜の剥落とか，くびれが発生することを観察している。1831 年にフランスに戻り，エコール・ポリテクニックの物理の教授を勤めた。1852 年にラメの弾性論の著書で，等方弾性体の特性を定めるには 2 つの弾性定数が必要であることを述べている［003］。

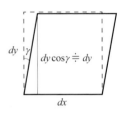

図 2.24 平面問題のせん断ひずみ

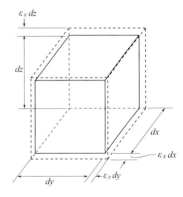

図 2.25 垂直ひずみによる体積変化

熱応力（温度応力）thermal stress … 物体に温度変化があると，熱膨張，熱収縮がある。この変形が拘束されると，そのときの熱ひずみに対応する応力が発生する。

温度変化 ΔT による長さ変化 ΔL が線形関係であるとすると，熱膨張係数 coefficient of thermal expansion α を用いて，元の長さが L_0 の ΔL は，次のように表される。

$$\Delta L = \alpha \, L_0 \Delta T$$

線形弾性体で，この ΔL が生じないように拘束されていれば，

$$\sigma = -E(\Delta L/L_0) = -E\alpha_0\Delta T$$

の熱応力が生じる。

鋼材（鉄筋）とコンクリートの α は，いずれも約 $1.2 \times 10^{-5}/\text{℃}$ であり，鉄筋コンクリートの成立要件の1つになっている。

熱応力は，全体が一様な温度変化でないときにも発生する。熱間圧延で製作される H 形鋼などでは一様に冷めないので残留応力 residual stress が生じる。溶接時にも注意が必要である。

と書ける。式（2.49）に式（2.44）を代入して整理すると，次のような表現を得ることができる。

$$\varepsilon_V = \frac{1}{K}\sigma_m \quad \text{または} \quad \sigma_m = K\varepsilon_V \tag{2.50a,b}$$

ここに，

$$\sigma_m = \frac{\sigma_x + \sigma_y + \sigma_z}{3} \tag{2.51}$$

$$K = \frac{E}{3(1-2\nu)} \tag{2.52}$$

である。式（2.51）の σ_m は，垂直応力成分 σ_x, σ_y, σ_z の平均垂直応力であることを示しており，式（2.50），（2.52）の K は体積弾性係数 bulk modulus と呼ばれる弾性定数の一つである。

等方弾性体では，独立な弾性定数は2個であり，2つの弾性定数を定めると他の弾性定数を求めることができる（例えば，[207,208]）。

第5節　主応力

主応力と主軸

　応力は垂直応力とせん断応力があり，それぞれの大きさと向きは物体内の点と考えている面で定められるものであることが，第3，4節で理解されたと思う。では，物体内の点の応力を考える面として，図2.21の応力ベクトル$\widetilde{\sigma}$が面の法線ベクトルnと一致しているような面（垂直応力のみが存在するような面）があるか，あるとすればそれをどのようにして見つけることができるのであろうか。

　垂直応力のみが存在する面の法線ベクトルをnとし，その大きさをσとすると，式（2.39）は次のように書ける。

$$\sigma n_x = \sigma_x n_x + \tau_{xy} n_y + \tau_{zx} n_z \tag{2.53a}$$

$$\sigma n_y = \tau_{xy} n_x + \sigma_y n_y + \tau_{yz} n_z \tag{2.53b}$$

$$\sigma n_z = \tau_{zx} n_x + \tau_{yz} n_y + \sigma_z n_z \tag{2.53c}$$

これらの式をベクトルと行列を用いて表すと，次のようになる。

$$\sigma \begin{Bmatrix} n_x \\ n_y \\ n_z \end{Bmatrix} = \begin{bmatrix} \sigma_x & \tau_{xy} & \tau_{zx} \\ \tau_{xy} & \sigma_y & \tau_{yz} \\ \tau_{zx} & \tau_{yz} & \sigma_z \end{bmatrix} \begin{Bmatrix} n_x \\ n_y \\ n_z \end{Bmatrix} \quad \text{もしくは} \quad Tn = \sigma n \tag{2.54}$$

と書ける。ここに，Tは式（2.42）で定義した応力テンソルである。

　式（2.54）は，係数行列Tによってベクトルnが線形変換されたとき，単にnがスカラーσ倍となることを示している。これは線形代数における固有値問題となっている。すなわち直交（デカルト）座標系で表される点Pの応力テンソル（行列）Tについて，その点を含む面のうち法線ベクトルnと一致する方向の応力ベクトル$\widetilde{\sigma}$となる法線ベクトル（固

固有値問題 eigenvalue problem … 行列Aと定数λについて，

$$Ax = \lambda x$$

であるような0でないベクトルxが存在するとき，λをAの固有値 eigenvalue，xをλに属する固有ベクトル eigenvector という。換言すると，行列Aによって線形変換しても，方向が変わらず大きさだけが変わるベクトルが，行列Aの固有ベクトルであり，そのときの大きさがAの固有値である。

　λをAの固有値とすれば，上式を書き直した次の同次形連立1次方程式

$$(A - \lambda I)x = 0$$

は自明でない解（$x \neq 0$）をもつ。そのとき，連立1次方程式に関するクラメルの公式より，行列式 determinant $|A - \lambda I|$ が，次式を満たさなければならない。

$$|A - \lambda I| = 0$$

なお，Iは単位行列である。この式はλの高次方程式（次数は行列の次数）となる。

行列式 determinant … 行列 matrix と行列式は違う。行列式は，連立方程式の解法に有用で，例えば 2 元 1 次連立方程式

$$\begin{cases} a_1 x + b_1 y = c_1 \\ a_2 x + b_2 y = c_2 \end{cases}$$

を考える。行列とベクトルで表示すると，

$$\begin{bmatrix} a_1 & b_1 \\ a_2 & b_2 \end{bmatrix} \begin{Bmatrix} x \\ y \end{Bmatrix} = \begin{Bmatrix} c_1 \\ c_2 \end{Bmatrix}$$

である。これらより y，x を消去すると，

$$(a_1 b_2 - a_2 b_1)x = c_1 b_2 - c_2 b_1$$
$$(a_1 b_2 - a_2 b_1)y = a_1 c_2 - a_2 c_1$$

となる。したがって，

$$a_1 b_2 - a_2 b_1 \neq 0$$

ならば，解は，次のようになる。

$$x = \frac{c_1 b_2 - c_2 b_1}{a_1 b_2 - a_2 b_1}, \quad y = \frac{a_1 c_2 - a_2 c_1}{a_1 b_2 - a_2 b_1}$$

ここで，次のような演算式を定義する。

$$\begin{vmatrix} a_1 & b_1 \\ a_2 & b_2 \end{vmatrix} = a_1 b_2 - a_2 b_1$$

これを 2 行 2 列の，あるいは 2 次の行列式と呼ぶ。連立方程式の解が存在するならば，

$$\begin{vmatrix} a_1 & b_1 \\ a_2 & b_2 \end{vmatrix} \neq 0$$

であり，y 解は次のように書くことができる。

$$x = \frac{\begin{vmatrix} c_1 & b_1 \\ c_2 & b_2 \end{vmatrix}}{\begin{vmatrix} a_1 & b_1 \\ a_2 & b_2 \end{vmatrix}}, \quad y = \frac{\begin{vmatrix} a_1 & c_1 \\ a_2 & c_2 \end{vmatrix}}{\begin{vmatrix} a_1 & b_1 \\ a_2 & b_2 \end{vmatrix}}$$

これは，クラメル Cramer の公式として知られている。n 次でも同様である。日本の江戸時代の数学者関孝和も独自に「交式斜乗の法」として導いている [111]。

有ベクトル）をもつ面とその応力ベクトルの大きさ σ（固有値）を求める問題となっている。式（2.54）を書き換えると，次のようになる。

$$\begin{bmatrix} \sigma_x - \sigma & \tau_{xy} & \tau_{zx} \\ \tau_{xy} & \sigma_y - \sigma & \tau_{yz} \\ \tau_{zx} & \tau_{yz} & \sigma_z - \sigma \end{bmatrix} \begin{Bmatrix} n_x \\ n_y \\ n_z \end{Bmatrix} = \begin{Bmatrix} 0 \\ 0 \\ 0 \end{Bmatrix} \tag{2.55}$$

式（2.55）において，$\boldsymbol{n} = \boldsymbol{0}$ でない解をもつためには，係数行列の行列式が 0 でなければならない。すなわち，

$$\begin{vmatrix} \sigma_x - \sigma & \tau_{xy} & \tau_{zx} \\ \tau_{xy} & \sigma_y - \sigma & \tau_{yz} \\ \tau_{zx} & \tau_{yz} & \sigma_z - \sigma \end{vmatrix} = 0 \tag{2.56}$$

である。上式を展開すると，

$$\sigma^3 - (\sigma_x + \sigma_y + \sigma_z)\sigma^2 + (\sigma_x \sigma_y + \sigma_y \sigma_z + \sigma_z \sigma_x - \tau_{xy}^2 - \tau_{yz}^2 - \tau_{zx}^2)\sigma$$
$$- (\sigma_x \sigma_y \sigma_z + 2\tau_{xy}\tau_{yz}\tau_{zx} - \sigma_x \tau_{yz}^2 - \sigma_y \tau_{zx}^2 - \sigma_z \tau_{yz}^2) = 0 \tag{2.57}$$

となり，3 つの解 σ_1，σ_2，σ_3（$\sigma_1 \geqq \sigma_2 \geqq \sigma_3$）が得られる。これらは応力テンソル（行列）$\boldsymbol{T}$ の固有値であり，σ_1，σ_2，σ_3 のそれぞれに対応する固有ベクトルが得られることになる。すなわち，σ_1 の垂直応力のみが存在する面の法線ベクトル $\boldsymbol{n}_1$ が見つかる。同様に，σ_2 には $\boldsymbol{n}_2$，σ_3 には $\boldsymbol{n}_3$ の面が対応している。$\boldsymbol{n}_1$，$\boldsymbol{n}_2$，$\boldsymbol{n}_3$ は互いに直交しており [209]，これらを法線とする面で応力テンソルを表すと，次のようになる。

$$\begin{bmatrix} \sigma_1 & 0 & 0 \\ 0 & \sigma_2 & 0 \\ 0 & 0 & \sigma_3 \end{bmatrix} \tag{2.58}$$

これを図 2.22 の正六面体で表示すると，図 2.26 のように描ける。

σ_1，σ_2，σ_3 は主応力 principal stress と呼ばれ，$\boldsymbol{n}_1$，$\boldsymbol{n}_2$，$\boldsymbol{n}_3$ は応力の主軸 principal axis of stress，それらを法線とする面は主応力面

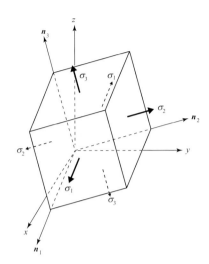

図 2.26 主応力と主軸

3 次の行列式の計算

$$\begin{vmatrix} a_1 & b_1 & c_1 \\ a_2 & b_2 & c_2 \\ a_3 & b_3 & c_3 \end{vmatrix} =$$

$$= a_1 b_2 c_3 + a_2 b_3 c_1 + a_3 b_1 c_2 \\ - a_1 b_3 c_2 - a_2 b_1 c_3 - a_3 b_2 c_1$$

2 次の行列式も含め，このように左上から右斜めにかけるとき「＋」，右上からに左斜めにかけるとき「－」とする方法をサラスの展開という。3 次以上には使えない。

principal plane と呼ばれる。

式（2.57）の解（根）が σ_1, σ_2, σ_3 であるので，根と係数の関係から次の 3 つの式が得られる。

$$\sigma_1 + \sigma_2 + \sigma_3 = \sigma_x + \sigma_y + \sigma_z = I_1$$
$$\sigma_1 \sigma_2 + \sigma_2 \sigma_3 + \sigma_3 \sigma_1 = \sigma_x \sigma_y + \sigma_y \sigma_z + \sigma_z \sigma_x - \tau_{xy}^2 - \tau_{yz}^2 - \tau_{zx}^2 = I_2$$
$$\sigma_1 \sigma_2 \sigma_3 = \sigma_x \sigma_y \sigma_z + 2\tau_{xy}\tau_{yz}\tau_{zx} - \sigma_x \tau_{yz}^2 - \sigma_y \tau_{zx}^2 - \sigma_z \tau_{xy}^2 = I_3$$

(2.59a-c)

I_1, I_2, I_3 は，応力テンソル $\boldsymbol{T}$ の x, y, z の直交座標軸をどう回転変換しても主応力は変わらないので，応力の不変量 stress invariant と呼ばれている。

2 次元の平面応力問題では，応力テンソル $\boldsymbol{T}$ は次のように書け，

$$T = \begin{bmatrix} \sigma_x & \tau_{xy} \\ \tau_{xy} & \sigma_y \end{bmatrix} \qquad (2.60)$$

根と係数の関係 relations between roots and coefficients … 2 次方程式 $ax^2 + bx + c = 0$ の解を α, β とおくと，

$$\alpha + \beta = -\frac{b}{a}, \quad \alpha\beta = \frac{c}{a}$$

となる。これは $a(x-\alpha)(x-\beta) = 0$ という因数定理により容易に導ける。

3 次方程式 $ax^3 + bx^2 + cx + d = 0$ の解を α, β, γ とおくと，

$$\alpha + \beta + \gamma = -\frac{b}{a},$$
$$\alpha\beta + \beta\gamma + \gamma\alpha = \frac{c}{a},$$
$$\alpha\beta\gamma = -\frac{d}{a}$$

となる。4 次以上の高次方程式についても根と係数の関係は得られる。

その主応力 σ_1, σ_2 ($\sigma_1 \geqq \sigma_2$) は，

$$\left.\begin{matrix}\sigma_1\\\sigma_2\end{matrix}\right\} = \frac{\sigma_x + \sigma_y}{2} \pm \sqrt{\left(\frac{\sigma_x - \sigma_y}{2}\right)^2 + \tau_{xy}^2} \tag{2.61}$$

となる．式（2.59）の応力の不変量は，

$$\sigma_1 + \sigma_2 = \sigma_x + \sigma_y = I_1 \tag{2.62a}$$
$$\sigma_1 \sigma_2 = \sigma_x \sigma_y - \tau_{xy}^2 = I_2 \tag{2.62b}$$

と書ける．第 3 節で示したモールの応力円は，主応力を用いれば容易に描くことができ，例えば図 2.27 のようになる．

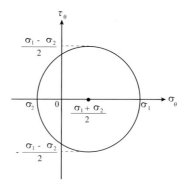

図 2.27　2 次元の平面応力のモールの応力円

第6節　降伏条件

鋼材のような金属材料では，図2.7（a）に示したような引張試験の応力-ひずみ曲線において，弾性限界を超えると応力がほぼ一定のままでひずみが増加する現象が観察される。このような現象を降伏 yield と呼んでいる。降伏現象が材料粒子のずれ（すべり）によって起こると仮定すると，せん断応力あるいはせん断ひずみを用いて降伏現象が起こるときの条件（降伏条件 yield condition あるいは yield criterion と呼ぶ）を記述できるのでは，と推測できる。ここでは，金属材料に関してよく知られた二つの説を紹介しておこう。

トレスカの降伏条件

最大せん断応力がある値 τ_0 に達すると降伏するというトレスカ Tresca の説による条件である。最大せん断応力は，図2.27のように主応力 σ_1, σ_2, σ_3 の2つの組合せから見つけられる。すなわち，

$$\tau_{\max} = \max\left(\left|\frac{\sigma_1-\sigma_2}{2}\right|, \left|\frac{\sigma_2-\sigma_3}{2}\right|, \left|\frac{\sigma_3-\sigma_1}{2}\right|\right) = \tau_0 \quad (2.63)$$

と書け，対応する一つの主応力面と45°の角度をもつ面で最大となる。なお，1軸の降伏応力を σ_Y と記すと τ_0 は $\sigma_Y/2$ と考えられる。

2次元の応力問題では $\sigma_3=0$ であり，式 (2.63) は，

$$\max(|\sigma_1|, |\sigma_2|, |\sigma_1-\sigma_2|) = \sigma_Y \quad (2.64)$$

となる。これを図示すると，図2.28のようになる。2つの主応力のどちらかの大きさが σ_Y となるか，主応力面と45°の角度をもつ面でせん断応力が $\sigma_Y/2$ となるかで降伏が生じるということである。

> トレスカ Henri Édouard Tresca, 1814-1885
>
> フランスの機械工学者，パリの国立工芸学校の教授。1868年に高圧下での金属の塑性変形の実験についての論文をフランスアカデミーに提出した。1864年に提案されたという記述もある [210]。この分野はまったく新しい分野であり，彼の論文を査読したサン-ブナンに影響を与え，塑性学が始まった [003]。メートル原器，Xを変形したようなメートル原器の断面を考案した。

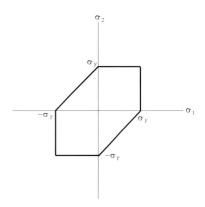

図2.28　2次元のトレスカの降伏条件

ミーゼスの降伏条件

ミーゼス Richard von Mises, 1883 -1953
オーストリア・ハンガリー帝国出身の工学者, 数学者である。ウィーン工科大学で学び, ベルリン大学を経て 1939 年にアメリカ合衆国のハーバード大学教授となった。1913 年に多くの金属材料の挙動によく合う降伏条件を発表した [210～212]。ミーゼスは, この条件を純数学的考察で提案したが, その後 Hencky が弾性せん断ひずみエネルギーが限界値に達したときに降伏が起こることを示した。

ひずみエネルギー strain energy … 物体が変形する (ひずむ) とき内部に蓄えられるエネルギー (物体が物理的な仕事をすることのできる能力) で, 弾性体の場合は式 (2.65) で定義される。

エネルギー energy … ギリシア語の ergon (仕事) からの語で, 一般的には活力, 活動力をさす。歴史的には力 force, Kraft (独) などがそれを代表し, 19 世紀初頭に, トーマス・ヤングが「エネルギー」を「力」に代わってはじめて用いた [002]。

変形に要したせん断ひずみエネルギーがある値 k_0 に達したときに降伏するというミーゼス von Mises の説による条件である。せん断ひずみエネルギーは, 全弾性ひずみエネルギーから体積変化に関係するひずみエネルギーを除いたものである。

全弾性ひずみエネルギー U_T は, 次のように書ける。

$$U_T = \frac{1}{2}(\sigma_x \varepsilon_x + \sigma_y \varepsilon_y + \sigma_z \varepsilon_z + \tau_{xy} \gamma_{xy} + \tau_{yz} \gamma_{yz} + \tau_{zx} \gamma_{zx})$$

(2.65)

体積変化に関係するひずみエネルギー U_V は, 第 4 節の体積ひずみに関する式 (2.49), (2.50) を用いて次のように表される。

$$U_V = \frac{1}{2}\sigma_m \varepsilon_V = \frac{1}{6}(\sigma_x + \sigma_y + \sigma_z)(\varepsilon_x + \varepsilon_y + \varepsilon_z)$$

(2.66)

したがって, せん断ひずみエネルギー U_S によるミーゼスの降伏条件は,

$$U_S = U_T - U_V = k_0$$

(2.67)

となる。U_T, U_S の式 (2.65), (2.66) に, ひずみ成分を応力成分で表す式 (2.44) を代入して整理すると, 次の表現が得られる。

$$U_S = \frac{1}{12G}\{(\sigma_x - \sigma_y)^2 + (\sigma_y - \sigma_z)^2 + (\sigma_z - \sigma_x)^2 + 6(\tau_{xy}{}^2 + \tau_{yz}{}^2 + \tau_{zx}{}^2)\}$$
$$= k_0$$

(2.68)

1 軸の降伏応力を σ_Y と記すと, 式 (2.68) は,

$$U_S = \frac{1}{12G}(2\sigma_x{}^2) = \frac{\sigma_Y{}^2}{6G} = k_0$$

(2.69)

となり，ミーゼスの降伏条件は次のように書けることがわかる。

$$\frac{1}{2}\{(\sigma_x-\sigma_y)^2+(\sigma_y-\sigma_z)^2+(\sigma_z-\sigma_x)^2+6(\tau_{xy}{}^2+\tau_{yz}{}^2+\tau_{zx}{}^2)\}=\sigma_Y{}^2$$

$$(2.70)$$

式（2.70）を主応力（せん断応力のない座標軸）で記述すると，より簡潔に書くことができる。すなわち，

$$\frac{1}{2}\{(\sigma_1-\sigma_2)^2+(\sigma_2-\sigma_3)^2+(\sigma_3-\sigma_1)^2\}=\sigma_Y{}^2 \qquad (2.71)$$

である。

　なお，次式によって定義される応力 σ_M をミーゼス応力と呼んでいる。このミーゼス応力 σ_M が σ_Y となれば，降伏である。

$$\sigma_M=\sqrt{\frac{1}{2}\{(\sigma_x-\sigma_y)^2+(\sigma_y-\sigma_z)^2+(\sigma_z-\sigma_x)^2+6(\tau_{xy}{}^2+\tau_{yz}{}^2+\tau_{zx}{}^2)\}}$$

$$(2.72)$$

ミーゼス応力は，6個の成分のテンソルで算定される一つのスカラー量となっていることに注意しよう。

　2次元の応力問題では，式（2.70）～（2.72）は次のようになる。

$$\sigma_x{}^2-\sigma_x\sigma_y+\sigma_y{}^2+3\tau_{xy}{}^2=\sigma_Y{}^2 \qquad (2.73)$$

$$\sigma_1{}^2-\sigma_1\sigma_2+\sigma_2{}^2=\sigma_Y{}^2 \qquad (2.74)$$

$$\sigma_M=\sqrt{\sigma_x{}^2-\sigma_x\sigma_y+\sigma_y{}^2+3\tau_{xy}{}^2} \qquad (2.75)$$

式（2.74）を $(\sigma_1,\ \sigma_2)$ 平面に図示すると，図 2.29 に示すように 45° 回転した直交軸で楕円を描くことがわかる。なお，図 2.29 には，図 2.28 に示したトレスカの降伏条件も示してある。

　ミーゼスの降伏条件は，トレスカの降伏条件よりも扱いやすく，実在する金属材料の実験の結果とも比較的よく合っている[003,211]。ミーゼス

と同様のせん断変形のエネルギーに基づく降伏条件は，1904年にポーランドのM. T. Huber（1872-1950）によって提唱されていた[003,211]。せん断ひずみエネルギー説としてミーゼスの名前をあえて使わない本もある。

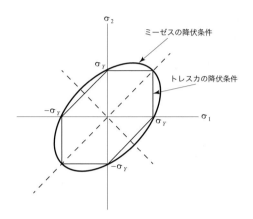

図2.29　2次元のミーゼスの降伏条件

第7節　断面力（合応力）

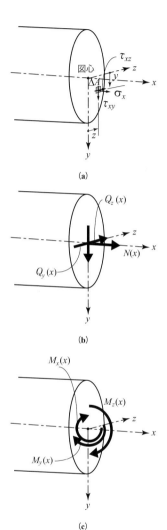

　前節まで述べてきたように，物体内の位置と面，その面の法線方向（面に垂直）と接線方向（面に平行）に直交座標軸を設定することによって応力は定められ，法線方向の応力は垂直応力，接線方向の応力はせん断応力と呼ばれる。

　建物のはりや柱，筋かいなどの棒状の部材では，部材の長手方向を材軸（断面の図心を連ねた軸）とし，材軸に直交する断面に図 2.30 (a) に示すように直交座標軸 x-y-z を設定すると，垂直応力 σ_x およびせん断応力 τ_{xy}, τ_{xz} が断面のあらゆる位置に存在する可能性がある。それぞれの位置の微小断面積 ΔA を応力に乗じた力を次式のように断面全体について足し合わせると，図 2.30 (b) に示すように x, y, z 方向の断面全体の力となる。

$$N = \lim_{\substack{n \to \infty \\ \Delta A \to 0}} \sum_{i=1}^{n} \sigma_x(y_i, z_i) \Delta A_i = \int_A \sigma_x dA \qquad (2.76)$$

$$Q_y = \lim_{\substack{n \to \infty \\ \Delta A \to 0}} \sum_{i=1}^{n} \tau_{xy}(y_i, z_i) \Delta A_i = \int_A \tau_{xy} dA \qquad (2.77)$$

$$Q_z = \lim_{\substack{n \to \infty \\ \Delta A \to 0}} \sum_{i=1}^{n} \tau_{xz}(y_i, z_i) \Delta A_i = \int_A \tau_{xz} dA \qquad (2.78)$$

式（2.76）は，既に第 1 節で述べた軸力（軸方向力）N であり，式（2.77）および式（2.78）は，既に第 2 節で述べたせん断力 Q である。

　また，垂直応力 σ_x，せん断応力 τ_{xy}, τ_{xz} に微小断面積 ΔA を乗じた力は，それぞれ x, y, z 軸まわりにモーメントを生じさせている。これらを次式のように断面全体について足し合わせると，図 2.30 (c) に示すように x, y, z 軸まわりのモーメントとなる。

図 2.30　棒材の断面力

$$M_x = \lim_{\substack{n \to \infty \\ \Delta A \to 0}} \sum_{i=1}^{n} (\tau_{xz}(y_i,\ z_i)\Delta A_i \cdot y_i - \tau_{xy}(y_i,\ z_i)\Delta A_i \cdot z_i)$$

$$= \int_A (y\tau_{xz} - z\tau_{xy})dA \tag{2.79}$$

$$M_y = \lim_{\substack{n \to \infty \\ \Delta A \to 0}} \sum_{i=1}^{n} \sigma_x(y_i,\ z_i)\Delta A_i \cdot z_i = \int_A \sigma_x z\, dA \tag{2.80}$$

$$M_z = -\lim_{\substack{n \to \infty \\ \Delta A \to 0}} \sum_{i=1}^{n} \sigma_x(y_i,\ z_i)\Delta A_i \cdot y_i = -\int_A \sigma_x y\, dA \tag{2.81}$$

式 (2.79) で表される x 軸まわりのモーメント M_x は，棒をねじるような内力モーメントとなっている。また，式 (2.80) および式 (2.81) で表される y，z 軸まわりのモーメント M_y，M_z は，棒を曲げるような内力モーメントとなっている。

　図 2.30（b）に示す 3 つの内力と，図 2.30（c）に示す 3 つの内力モーメントは総じて断面力 stress resultants と呼ばれる。それぞれの断面力の名称も含め，以下にまとめておく。

$$N = \int_A \sigma_x\, dA \ \text{：軸力（軸方向力）axial force,\ normal force}$$

$$Q_y = \int_A \tau_{xy}\, dA,\ \ Q_z = \int_A \tau_{xz}\, dA \ \text{：せん断力 shear force}$$

$$M_y = \int_A z\sigma_x\, dA,\ \ M_z = -\int_A y\sigma_x\, dA$$

$$\text{：曲げモーメント bending moment}$$

$$M_x = \int_A (y\tau_{xz} - z\tau_{xy})dA$$

$$\text{：ねじりモーメント torque,\ twisting moment}$$

Tension, Compression and Shear ｜ 断面力（合応力）

Chapter 3
Bending

3章　曲げ

第1節　軸力と曲げによる棒材の垂直応力，断面2次モーメント

曲げる bend … 広辞苑によると「曲ぐ」の口語表現で，「曲がるようにする」という力の作用を言っている。したがって「曲（ま げ）」は「曲げること」となる。現象は「曲がる」で，「まっすぐでなくなる。しないたわむ。ゆがむ」を表している。『曲げ変形』は「曲り変形」という方がよいのかも知れない。あるいは「曲げによる変形」という使い方がよいようである。

ベルヌイ Jacob Bernoulli, 1654-1705

　微分法は，ヨーロッパ大陸ではライプニッツ（Leibnitz, 1646-1716）によって始められ，イギリスではニュートンが独立に基礎を築いたが，大陸において17世紀から18世紀に微分法が急速に進歩した。これに貢献したのがヤコブとヨハンのベルヌイ兄弟である。スイスのバーゼルを拠点として活躍している。ヤコブ・ベルヌイははりのたわみを研究し，はりの曲げによる断面間の伸縮がはりの材軸と直交する軸方向の距離に比例するとし，たわみの曲率はその点の曲げモーメントに比例するという式を示した [003]。

　図3.1のような真直で一様断面をもつ棒を考えよう。棒は，図（a）のように力や力のモーメントをうけて自由体としてつり合い状態にある。なお，棒は2章で定義した材軸（図心を連ねた軸）を含む平面で描かれており，ここでは図（a）の上部に示した平面内の変形を考えることとする。図（a）は変形前であり，説明のため材軸に直角に均等な間隔で線が引いてある。材軸方向の長さがΔxの長方形要素 ABDC に着目する。棒は軸方向の引張力により少し伸ばされ，両端の時計まわりの力のモーメントにより図（b）のような変形となる。図（b）の変形の様子は，少し大げさに描いている。図（a）の長方形要素 ABDC は，図（b）の円弧の一部を形成する台形状の A'B'D'C' になっている。大げさに描いているが，ここで考える変形は微小変形の近似が成立する範囲とする。なお，両端の材軸に垂直な力によるせん断変形は無視している。

　図（c）は，A'B'D'C' を拡大したものである。変形前の材軸に垂直な AB，CD を含む材軸に直交する断面は，変形後のたわんだ材軸に対して A'B'，C'D' を含み材軸に直交する平面のままの断面であると仮定して描かれている。この仮定は，次のようにまとめられ，工学的に十分な精度をもち，有用である。

> 平面保持 - 法線保持の仮定 Bernoulli-Euler hypothesis：変形前に材軸に直交していた断面は，変形後も平面を保ち，変形後の材軸に直交する断面に移行する。

通常，「平面保持の仮定」と略して呼ばれることが多い。

　図3.1（c）を用いて，軸力と曲げによる変形における断面に垂直方向のひずみを記述してみよう。変形前，材軸からのy方向位置にかかわらずΔxの幅であったものが，引張軸力により一律に$\Delta \delta$だけ伸ばされ，

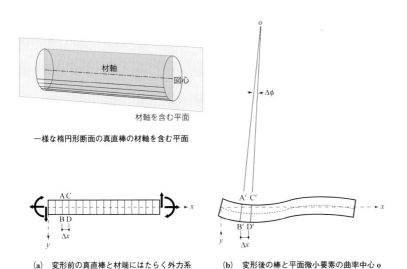
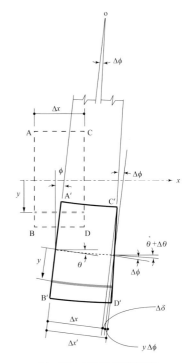

(a) 変形前の真直棒と材端にはたらく外力系　(b) 変形後の棒と平面微小要素の曲率中心 o　(c) 拡大した平面微小要素の変形

図 3.1 真直棒の伸びと曲げによる変形（せん断変形を無視）

加えて材軸の曲りによってA'B'，C'D'を含む平面に角度差 $\Delta\phi$ が生じ，次のように y 方向位置によって異なる幅になっている。

$$\Delta x' = \Delta x + \Delta\delta + y \cdot \tan\Delta\phi \fallingdotseq \Delta x + \Delta\delta + y\Delta\phi \tag{3.1}$$

したがって，x 位置の断面で材軸から y の位置の垂直ひずみ $\varepsilon(y)$ は，次のように書ける。

$$\varepsilon(y) = \lim_{\Delta x \to 0}\frac{\Delta x' - \Delta x}{\Delta x} = \lim_{\Delta x \to 0}\frac{\Delta\delta}{\Delta x} + y \cdot \lim_{\Delta x \to 0}\frac{\Delta\phi}{\Delta x} = \kappa(x)y + \varepsilon_0 \tag{3.2}$$

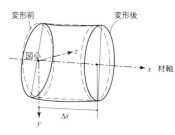

(d) 棒の一部の変形イメージ

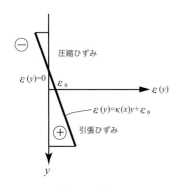

(a) 垂直ひずみ分布

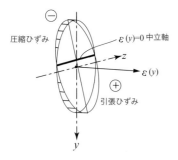

(b) 断面上での垂直ひずみ分布と中立軸

図 3.2　垂直ひずみ分布と中立軸

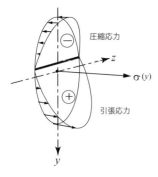

図 3.3　断面上の垂直応力分布

ここに，

$$\varepsilon_0 = \lim_{\Delta x \to 0} \frac{\Delta \delta}{\Delta x}, \quad \kappa(x) = \lim_{\Delta x \to 0} \frac{\Delta \phi}{\Delta x} \quad (3.3\text{a,b})$$

である。軸力による伸びひずみ ε_0 は棒内で一様である。$\kappa(x)$ は断面の回転角 $\Delta \phi$ の x に関する変化率である。(c) 図からわかるように，$\Delta \phi$ は次のように曲がった材軸の接線の角の変化分である。

$$\Delta \phi = -\{(\theta + \Delta \theta) - \theta\} = -\Delta \theta \quad (3.3)$$

式 (3.3) を x に関する変化率にするために，Δx で除して Δx を 0 に近づけると，

$$\kappa(x) = \lim_{\Delta x \to 0} \frac{\Delta \phi}{\Delta x} = -\lim_{\Delta x \to 0} \frac{(\theta + \Delta \theta) - \theta}{\Delta x} = -\lim_{\Delta x \to 0} \frac{\Delta \theta}{\Delta x} = -\frac{d\theta}{dx} \quad (3.4)$$

となる。これは，曲げられた材軸曲線の曲率 curvature である。

　式 (3.2) で示される垂直ひずみ分布を図示すると，図 3.2 (a) のようになる。$\varepsilon(y) = 0$ となる位置は伸びも縮みもしていないところであり，これを断面平面で表すと，図 3.2 (b) のように断面内の直線となる。これを中立軸 neutral axis と呼ぶ。材軸位置の伸縮がなく $\varepsilon_0 = 0$ のときは，中立軸は図心を通る。

垂直応力 σ と軸力 N，曲げモーメント M_z

　この棒の材料がフックの法則に従うものとすると，垂直応力 $\sigma(y)$ は，$\varepsilon(y)$ にヤング係数 E をかけることによって得られる。すなわち，

$$\sigma(y) = E\varepsilon(y) = E\{\kappa(x)y + \varepsilon_0\} \quad (3.5)$$

となる。これを図示すると，図 3.3 のようになる。y 軸について対称となる変形を考えているので，$\varepsilon(y)$，$\sigma(y)$ とも z 方向には変化しない。

　図 3.4 のように $\sigma(y)$ に微小面積 ΔA をかけて，断面全体について足

し合わせると，2章第7節で示した軸力 N となり，式（3.5）を代入して整理すると，

$$N = \lim_{\substack{n \to \infty \\ \Delta A \to 0}} \sum_{i=1}^{n} \sigma(y_i) \Delta A_i = \int_A \sigma(y) dA$$
$$= \int_A E(\kappa(x)y + \varepsilon_0) dy dz = E\kappa(x) \int_A y dA + E\varepsilon_0 \int_A dA$$
$$= E\kappa(x) S_z + E\varepsilon_0 A \qquad (3.6)$$

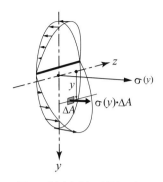

図3.4 垂直応力分布から軸力 N と曲げモーメント M_z を考える

となる。ここで，1章第4節に示した以下の式が用いられている。

$$A = \int_A dA, \quad S_z = \int_A y dA \qquad (3.7\text{a,b})$$

S_z は z 軸に関する断面1次モーメントであるが，z 軸は材軸と直交し図心を通る軸であるので $S_z = 0$ である。したがって，式（3.6）は，

$$N = EA\varepsilon_0 \qquad (3.8)$$

となる。また，ε_0 は次のように表される。

$$\varepsilon_0 = \frac{N}{EA} \qquad (3.9)$$

次に，$\sigma(y)$ に微小面積 ΔA を乗じた力に，z 軸からの距離（座標）y をかけ，断面全体について足し合わせると，2章第7節で示した z 軸まわりの曲げモーメント M_z となる。

$$M_z = -\lim_{\substack{n \to \infty \\ \Delta A \to 0}} \sum_{i=1}^{n} \sigma(y_i) \Delta A_i \cdot y_i = -\int_A \sigma(y) y dA$$
$$= -\int_A E(\kappa(x)y + \varepsilon_0) y dy dz = -E\kappa(x) \int_A y^2 dA - E\varepsilon_0 \int_A y dA$$
$$= -E\kappa(x) I_z - E\varepsilon_0 S_z = -EI_z \kappa(x) \qquad (3.10)$$

ここで,

$$I_z = \int_A y^2 dA \tag{3.11}$$

とおいている。I_z は,微小断面積に z 軸からの距離(座標)y の2乗をかけて全断面積について積分したものであり,z 軸に関する断面2次モーメント geometrical moment of inertia と呼ばれている。なお,図 3.5 に示すように右手直交座標系では,右ねじが進む方向のモーメントが正であるので,式(3.10)ではマイナスの符号がつくことになる。

式(3.10)から曲率 $\kappa(x)$ が次のように表される。

$$\kappa(x) = -\frac{M_z}{EI_z} \tag{3.12}$$

式(3.9)と(3.12)を式(3.5)に代入すると,次の式が得られる。

$$\sigma(y) = \frac{N}{A} - \frac{M_z}{I_z} y \tag{3.13}$$

式(3.13)は,軸力 N と曲げモーメント M_z が与えられれば,垂直応力 $\sigma(y)$ が求められることを示している。

なお,5 章の平面梁では曲げモーメントの正の向きを図 3.6 に示すように決めている。その場合は,式(3.13)は下添え字の z を記さずに次式を用いる。

$$\sigma(y) = \frac{N}{A} + \frac{M}{I} y \tag{3.14}$$

上式で曲げモーメント M が支配的となる「曲げ」という状態は,応力が引張から圧縮へと変化するような状況にあり,材料の強度が効果的に使えていない部分が存在する状態である。H 形鋼材のような断面形状では,材料が曲げに有効になるよう工夫されている。一方,枝を折っ

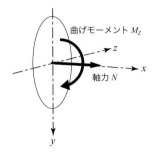

図 3.5 右手直交座標系における軸力 N と曲げモーメント M_z の正の向き

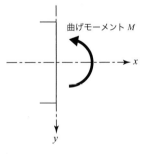

図 3.6 平面梁における曲げモーメントの正の向き

たりするときには，縁の応力が最大になることで曲げの効果が発揮されている。断面2次モーメントIが大きくなると，垂直応力の大きさは小さくなる。

長方形断面の断面2次モーメントと垂直応力

図3.7に示す長方形断面の図心を通るz, y軸に関する断面2次モーメントI_z, I_yを求めてみよう。式(3.11)より，

$$I_z = \int_A y^2 dA = \int_{-\frac{B}{2}}^{\frac{B}{2}} \int_{-\frac{H}{2}}^{\frac{H}{2}} y^2 dy dz$$

$$= \int_{-\frac{B}{2}}^{\frac{B}{2}} \left[\frac{y^3}{3}\right]_{-\frac{H}{2}}^{\frac{H}{2}} dz = \frac{H^3}{12}[z]_{-\frac{B}{2}}^{\frac{B}{2}} = \frac{BH^3}{12} \quad (3.15\text{a})$$

$$I_y = \int_A z^2 dA = \int_{-\frac{B}{2}}^{\frac{B}{2}} \int_{-\frac{H}{2}}^{\frac{H}{2}} z^2 dy dz$$

$$= \int_{-\frac{B}{2}}^{\frac{B}{2}} [y]_{-\frac{H}{2}}^{\frac{H}{2}} z^2 dz = H\left[\frac{z^3}{3}\right]_{-\frac{B}{2}}^{\frac{B}{2}} = \frac{HB^3}{12} \quad (3.15\text{b})$$

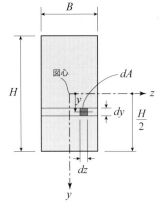

図3.7 長方形断面

となる。

$B = 200\text{mm}$, $H = 300\text{mm}$とすると，

$$I_z = 45 \times 10^7 \text{mm}^4, \quad I_y = 20 \times 10^7 \text{mm}^4$$

である。断面2次モーメントの単位が長さの4乗，ここではmm^4であることに注意しておこう。式(3.14)において，軸力Nと曲げモーメントMが，それぞれ60kN，3kN mであったとすると，断面の下縁すなわち$y = 150$（mm）の位置での垂直応力$\sigma(150)$は，

$$\sigma(150) = \frac{60 \times 10^3}{200 \times 300} + \frac{3 \times 10^3 \times 10^3}{45 \times 10^7} \times 150 = 2\,(\text{N/mm}^2)$$

断面係数 section modulus … 断面の図心を通る軸に対する断面2次モーメントをこの軸から断面の上下縁までの距離で除した値［201］。通常，記号はzを用いる。図3.7の矩形断面では，

$$z_{1,2} = \frac{BH^2}{6}$$

となる。ここで，下添字1が下縁，2が上縁を示す。

となり，引張応力である。計算では，単位の換算を注意深く行わなければならない。なお，上縁では，$y = -150$ (mm) であり，

$$\sigma(-150) = \frac{60 \times 10^3}{200 \times 300} + \frac{3 \times 10^3 \times 10^3}{45 \times 10^7} \times (-150) = 0$$

となる。ちなみに，z, y 軸に関する断面1次モーメント S_z, S_y を求めてみると，z, y 軸が図心を通っているので，次のように0となる。

$$S_z = \int_A y dA = \int_{-\frac{B}{2}}^{\frac{B}{2}} \int_{-\frac{H}{2}}^{\frac{H}{2}} y dy dz = \int_{-\frac{B}{2}}^{\frac{B}{2}} \left[\frac{y^2}{2}\right]_{-\frac{H}{2}}^{\frac{H}{2}} dz = 0$$

$$S_y = \int_A z dA = \int_{-\frac{B}{2}}^{\frac{B}{2}} \int_{-\frac{H}{2}}^{\frac{H}{2}} z dy dz = \int_{-\frac{B}{2}}^{\frac{B}{2}} [y]_{-\frac{H}{2}}^{\frac{H}{2}} z dz = H\left[\frac{z^2}{2}\right]_{-\frac{B}{2}}^{\frac{B}{2}} = 0$$

三角形断面の断面2次モーメント

図3.8 に示す三角形断面の図心を通る z, y 軸に関する断面2次モーメント I_z, I_y を求めてみよう。まず I_z は，y の座標に応じて三角形の幅が1次関数として表されることに着目して $b(y)dy$ の帯状の面積から，

$$I_z = \int_A y^2 dA = \int_{-\frac{H}{3}}^{\frac{2H}{3}} y^2 b(y) dy = B \int_{-\frac{H}{3}}^{\frac{2H}{3}} y^2 \left(\frac{2}{3} - \frac{y}{H}\right) dy$$
$$= B \left[\frac{2}{9} y^3 - \frac{y^4}{4H}\right]_{-\frac{H}{3}}^{\frac{2H}{3}} = \frac{1}{36} BH^3 \qquad (3.16)$$

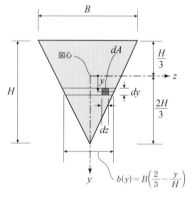

図 3.8　三角形断面

となる。次に，I_y は，式 (3.16) と後述する第5節の座標変換を利用して，次のように求められる。

$$I_y = 2\left\{\frac{H}{36}\left(\frac{B}{2}\right)^3 + \frac{1}{2}\frac{HB}{2}\left(\frac{B}{6}\right)^2\right\} = \frac{3}{144} HB^3 \qquad (3.17)$$

円形断面の断面2次モーメント

図3.9 (a) に示す円形断面の図心（中心）を通る z 軸に関する断面2次モーメント I_z を求めてみよう。三角形断面のときと同様に，$b(y)dy$ の帯状の面積を用いるが，$y = R\sin\theta$ であることを利用して，

$$\begin{aligned}
I_z &= \int_A y^2 dA = \int_{-R}^{R} y^2 b(y)dy = \int_{-R}^{R} y^2 (2\sqrt{R^2-y^2})dy \\
&= 2\left(2R^4 \int_0^{\frac{\pi}{2}} \sin^2\theta \cdot \cos^2\theta d\theta\right) = R^4 \int_0^{\frac{\pi}{2}} \sin^2(2\theta)d\theta \\
&= \frac{R^4}{2} \int_0^{\frac{\pi}{2}} \{1-\cos(4\theta)\}d\theta = \frac{R^4}{2}\left[\theta - \frac{1}{4}\sin(4\theta)\right]_0^{\frac{\pi}{2}} = \frac{\pi R^4}{4}
\end{aligned} \quad (3.18)$$

となる。ここでは，三角関数の2倍角の公式が用いられている。

円形断面では，図3.9 (b) のような求め方もある。

$$2I_z = I_z + I_y = \int_A (y^2+z^2)dA = \int_A r^2 dA = I_P \quad (3.19)$$

$$I_P = \int_A r^2 dA = \int_0^R r^2 (2\pi r \cdot dr) = 2\pi\left[\frac{r^4}{4}\right]_0^R = \frac{\pi R^4}{2} \quad (3.20)$$

上式の I_P は，断面極2次モーメント polar moment of inertia と呼ばれ，円形断面のときは，容易に求めることができる。したがって，式 (3.19)，(3.20) より I_z が求まり，式 (3.18) と等しいことが確かめられる。

H形断面の断面2次モーメントと垂直応力

次に，図3.10に示すH形断面の図心を通る z，y 軸に関する断面2次モーメント I_z，I_y を求めてみよう。

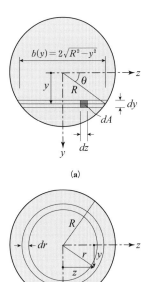

図 3.9 円形断面

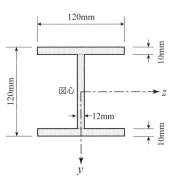

図 3.10 H形断面

$$I_z = \frac{120 \times 120^3}{12} - 2 \times \frac{(60-6) \times (120-2 \times 10)^3}{12} = 828 \times 10^4 \, (\text{mm}^4)$$

$$I_y = \frac{10 \times 120^3}{12} \times 2 + \frac{(120-2 \times 10) \times 12^3}{12} = 289.44 \times 10^4 \, (\text{mm}^4)$$

I_z を求めるときには，外縁の正方形の断面 2 次モーメントから，両側の長方形の 2 つの断面 2 次モーメントを引いて計算している。一方 I_y を求めるときには，3 つの長方形の足し算で計算している。同じ軸に関する断面 2 次モーメントは足し算，引き算ができる。また，I_z を次のように求めることができる。

$$I_z = \left(\frac{120 \times 10^3}{12} + 1200 \times 55^2 \right) \times 2 + \frac{12 \times 100^3}{12} = 828 \times 10^4 \, (\text{mm}^4)$$

この計算法は，式（3.17）に示した三角形断面の I_y と同じ方法であり，本章第 5 節を参照されたい。

このH形断面において軸力 N と曲げモーメント M が，それぞれ 20kN，20kN m であったとすると，断面の下縁すなわち $y = 60$ （mm）の位置での垂直応力 $\sigma(60)$ は，

$$\sigma(60) = \frac{20 \times 10^3}{3600} + \frac{20 \times 10^3 \times 10^3}{828 \times 10^4} \times 60 = 150.49 \, (\text{N/mm}^2)$$

となり，引張応力である。上縁では，

$$\sigma(-60) - \frac{20 \times 10^3}{3600} + \frac{20 \times 10^3 \times 10^3}{828 \times 10^4} \times (-60) = -139.37 \, (\text{N/mm}^2)$$

となり，圧縮応力になっている。

同じ断面積をもつ長方形断面として，図 3.7 において $B = 30$mm，$H = 120$mm だったとすると，$I_z = 432 \times 10^4 \text{mm}^4$ であり，断面の下縁では，

$$\sigma(60) = \frac{20 \times 10^3}{3600} + \frac{20 \times 10^3 \times 10^3}{432 \times 10^4} \times 60 = 277.78 \,(\text{N/mm}^2)$$

となる。H 形断面とすることが，曲げに対して垂直応力の大きさを小さくするのに効果的であることがわかる。

異なる材料からなる部材の曲げによる垂直応力

図 3.11 (a) に示すようなヤング係数の異なる 2 種類の線形弾性材料を堅固に接着してできている部材に，図 3.11 (b) に示すように曲げモーメント M が作用しているときの垂直応力を求めてみよう。

平面保持の仮定のもと，x 位置の断面で材軸から y の位置の垂直ひずみ $\varepsilon(y)$ は，次のように書ける。

$$\varepsilon(y) = \kappa y + \varepsilon_0$$

ここで，材料が一様でないので，図心を通る z 軸上の伸びひずみ ε_0 は軸力 N はないが 0 とは限らないことに注意しなければならない。

フックの法則により，材料の異なる 2 つの断面それぞれの垂直応力 $\sigma(y)$ は，次のようになる。

$$\sigma(y) = E(\kappa y + \varepsilon_0) \qquad -h/2 \leq y \leq h/3$$
$$\sigma(y) = 10E(\kappa y + \varepsilon_0) \qquad h/3 \leq y \leq h/2$$

これらを断面全体で積分して断面力の表現にすると，

$$N = \int_A \sigma(y) dA = \int_{-h/2}^{h/3} E(\kappa y + \varepsilon_0) b dy + \int_{h/3}^{h/2} 10 E(\kappa y + \varepsilon_0) b dy$$
$$= Ebh\left(\frac{5h}{8}\kappa + \frac{5}{2}\varepsilon_0\right) = 0$$
$$M = -M_z = \int_A \sigma(y) y dA = \int_{-h/2}^{h/3} E(\kappa y + \varepsilon_0) by dy + \int_{h/3}^{h/2} 10 E(\kappa y + \varepsilon_0) by dy$$

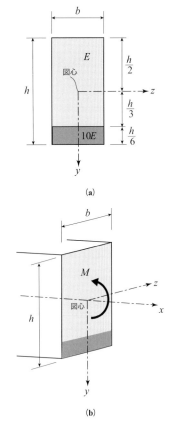

図 3.11 2 種の材料からなる部材の曲げ

$$= \frac{Ebh^2}{12}\left(h\kappa + \frac{10}{3h}\varepsilon_0\right)$$

となる。これらより，κ および ε_0 を求めると，次のようになる。

$$\kappa = \frac{6M}{EI} \quad , \quad \varepsilon_0 = -\frac{3Mh}{2EI} \qquad ここに，I = \frac{bh^3}{12}$$

垂直ひずみ分布，垂直応力分布は，図 3.12 のようになる。

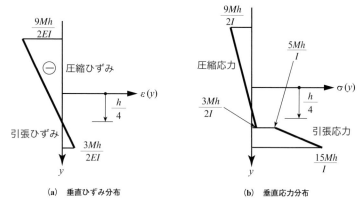

(a) 垂直ひずみ分布　　(b) 垂直応力分布

図 3.12　2 種の材料からなる部材の曲げによる垂直ひずみ分布と垂直応力分布

第2節　軸力と2方向曲げをうけるときの棒材の垂直応力，断面相乗モーメント

図3.13のような軸力 N と曲げモーメント M_z および M_y に対して，垂直応力 $\sigma(y, z)$ はどのように表すことができるかを考えてみよう。

平面保持の仮定に従うとすれば，変形後の垂直ひずみ分布 $\varepsilon(y, z)$ は，図3.14のようになり，次の平面の式で表される。

$$\varepsilon(y, z) = ay + bz + \varepsilon_0 \tag{3.21}$$

ここで，a, b は未定係数である。材料は一様でフックの法則に従うものとすると，垂直応力 $\sigma(y, z)$ は，次のように書ける。

$$\sigma(y, z) = E\varepsilon(y, z) = E(ay + bz + \varepsilon_0) \tag{3.22}$$

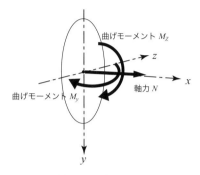

図3.13　軸力 N と曲げモーメント M_z, M_y

したがって，2章第7節の軸力 N，曲げモーメント M_z, M_y は，

$$\begin{aligned} N &= \int_A \sigma(y, z) dA = E\varepsilon_0 \int_A dA + Ea \int_A y dA + Eb \int_A z dA \\ &= E\varepsilon_0 A + EaS_z + EbS_y = EA\varepsilon_0 \end{aligned} \tag{3.23}$$

$$\begin{aligned} M_z &= -\int_A \sigma(y, z) y dA = -E\varepsilon_0 \int_A y dA - Ea \int_A y^2 dA - Eb \int_A yz dA \\ &= -E\varepsilon_0 S_z - EaI_z - EbI_{yz} = -EaI_z - EbI_{yz} \end{aligned} \tag{3.24}$$

$$\begin{aligned} M_y &= \int_A \sigma(y, z) z dA = E\varepsilon_0 \int_A z dA + Ea \int_A yz dA + Eb \int_A z^2 dA \\ &= E\varepsilon_0 S_y + EaI_{yz} + EbI_y = EaI_{yz} + EbI_y \end{aligned} \tag{3.25}$$

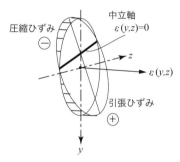

図3.14　垂直ひずみ分布と中立軸

となる。ここに，y, z 軸は図心を通る軸なので断面1次モーメント $S_y = S_z = 0$ である。また，

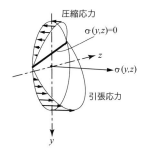

図 3.15 垂直応力分布

$$I_{yz} = \int_A yz \, dA \tag{3.26}$$

は，y, z 軸に関する断面相乗モーメント product moment of inertia of area と呼ばれる．

式 (3.23) 〜 (3.25) より，ε_0 および a, b を N および M_z, M_y で表すと，

$$\varepsilon_0 = \frac{N}{EA}, \quad a = -\frac{1}{E} \cdot \frac{M_z I_y + M_y I_{yz}}{I_y I_z - I_{yz}^2}, \quad b = \frac{1}{E} \cdot \frac{M_y I_z + M_z I_{yz}}{I_y I_z - I_{yz}^2}$$

となる．これらを式 (3.22) に代入すると，垂直応力 $\sigma(y, z)$ の表現が次のように得られる．垂直応力分布は図 3.15 のようになる．

$$\sigma(y, z) = \frac{N}{A} - \frac{M_z I_y + M_y I_{yz}}{I_y I_z - I_{yz}^2} y + \frac{M_y I_z + M_z I_{yz}}{I_y I_z - I_{yz}^2} z \tag{3.27}$$

長方形断面の断面相乗モーメントと垂直応力の計算例

図 3.7 に示した長方形断面の図心を通る z, y 軸に関する断面相乗モーメント I_{yz} を求めてみよう．

$$I_{yz} = \int_A yz \, dA = \int_{-\frac{B}{2}}^{\frac{B}{2}} \int_{-\frac{H}{2}}^{\frac{H}{2}} yz \, dy \, dz = \int_{-\frac{B}{2}}^{\frac{B}{2}} \left[\frac{y^2}{2}\right]_{-\frac{H}{2}}^{\frac{H}{2}} z \, dz = 0 \tag{3.28}$$

したがって，長方形断面においては N および M_z, M_y に対して，垂直応力 $\sigma(y, z)$ は次のように書ける．

$$\sigma(y, z) = \frac{N}{A} - \frac{M_z}{I_z} y + \frac{M_y}{I_y} z \tag{3.29}$$

例えば，図 3.16 (a) のような $B = 40$cm, $H = 60$cm の柱だったとすると，

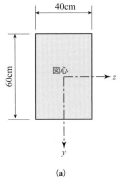

(a)

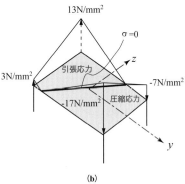

(b)

図 3.16 長方形断面柱の例題

$A = 24 \times 10^4 \text{mm}^2$, $I_z = 72 \times 10^8 \text{mm}^4$, $I_y = 32 \times 10^8 \text{mm}^4$

である。軸力 $N = -480\text{kN}$（圧縮力），曲げモーメント $M_z = 240\text{kN m}$ および $M_y = 80\text{kN m}$ であったとすると，長方形の4隅の垂直応力は，

$$\sigma(300, 200) = \frac{-480 \times 10^3}{24 \times 10^4} - \frac{240 \times 10^6}{72 \times 10^8} \times 300 + \frac{80 \times 10^6}{32 \times 10^8} \times 200$$
$$= -2 - 10 + 5 = -7 (\text{N/mm}^2)$$
$$\sigma(300, -200) = -2 - 10 - 5 = -17 (\text{N/mm}^2)$$
$$\sigma(-300, 200) = -2 + 10 + 5 = 13 (\text{N/mm}^2)$$
$$\sigma(-300, -200) = -2 + 10 - 5 = 3 (\text{N/mm}^2)$$

となる。これを図示すると図 3.16 (b) のようになる。$\sigma = 0$ のところは，弾性であれば $\varepsilon = 0$ となる中立軸である。

断面相乗モーメントと主軸

図 3.17 の断面について断面相乗モーメントを求めてみよう。まず (a) の y, z 軸に関する I_{yz}, I_z および I_y は，

$$I_{yz} = \int_{-b}^{0} \int_{-z-b}^{0} yz\, dy\, dz + \int_{0}^{b} \int_{0}^{-z+b} yz\, dy\, dz = \frac{b^4}{12},$$
$$I_z = 2\int_{0}^{b} y^2(b-y)\, dy = \frac{b^4}{6}, \quad I_y = 2\int_{0}^{b} z^2(b-z)\, dz = \frac{b^4}{6}$$

となる。(b) のように座標軸を 45° 回転させた η, ζ 軸に関する $I_{\eta\zeta}$, I_ζ および I_η は，

$$I_{\eta\zeta} = \int_{-\frac{b}{\sqrt{2}}}^{\frac{b}{\sqrt{2}}} \int_{-\zeta}^{\zeta} \eta\, d\eta\, d\zeta = 0, \quad I_\zeta = 2\int_{0}^{\frac{b}{\sqrt{2}}} \eta^2 \cdot 2\eta\, d\eta = \frac{b^4}{4},$$
$$I_\eta = 2\int_{0}^{\frac{b}{\sqrt{2}}} \zeta^2 (\sqrt{2}\, b - \zeta)\, d\zeta = \frac{b^4}{12}$$

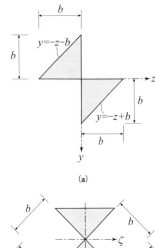

図 3.17 断面相乗モーメントの例題

となり，断面相乗モーメントが0となる。

断面2次モーメントおよび断面相乗モーメントは座標軸の方向に依存し，その値は変化する。断面2次モーメントの値は常に正であるが，断面相乗モーメントは座標軸に応じて正，負の値をとり，ちょうど0となる座標軸の方向がある。そのときの直交2軸を断面の主軸 principal axis と呼ぶ。座標軸の回転による値の変化については，第5節を参照されたい。

図3.17（b）のζ軸まわりに$M_\zeta = M^*$で$N = M_\eta = 0$であるとき，最下縁中央の垂直応力は，

$$\sigma\left(\frac{b}{\sqrt{2}}, 0\right) = -\frac{4M^*}{b^4} \cdot \frac{b}{\sqrt{2}} = -\frac{2\sqrt{2}}{b^3}M^*$$

となり，圧縮応力である。これを図3.17（a）のy, z軸で考えてみよう。M^*は，図3.18のように分解される。したがって，式（3.26）より，

$$\sigma\left(\frac{b}{2}, \frac{b}{2}\right) = -\frac{(M^*/\sqrt{2})I_y + (-M^*/\sqrt{2})I_{yz}}{I_y I_z - I_{yz}^2} \cdot \frac{b}{2}$$
$$+ \frac{(-M^*/\sqrt{2})I_z + (M^*/\sqrt{2})I_{yz}}{I_y I_z - I_{yz}^2} \cdot \frac{b}{2} = -\frac{2\sqrt{2}}{b^3}M^*$$

となり，当然同じになる。

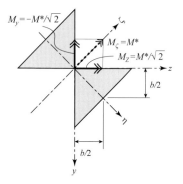

図3.18 座標軸による曲げモーメントの例題

第3節 棒材の曲げに伴うせん断応力, せん断中心

応力には, 前節までの断面に垂直な応力成分 σ のほか, 2章第2節および第4節で述べたせん断応力 τ_{xy}, τ_{zx} が図 3.19 のように断面に沿って存在する可能性がある。このことを平面曲げをうける図 3.1 (d) の棒の部分要素で考えてみよう。図 3.1 では曲げ変形は考えるが, せん断変形を無視するとしていた。したがって, せん断応力に対応するせん断ひずみは図中には現れていない。それにもかかわらず, 以下に述べるようにせん断応力について議論することができる。

本章第1節の軸力と z 軸まわりの曲げによって垂直応力 $\sigma(y)$ が存在する図 3.20 の微小要素を考える。第1節同様, 断面の z 軸方向の応力変化のない問題とする。x 位置の断面とそこから Δx だけ離れた断面では, 一般に曲り具合（断面の傾き）は少し異なっており, それゆえ垂直応力 $\sigma_x(y)$, $\sigma_{x+\Delta x}(y)$ も少し異なることになる。$\sigma_x(y)$, $\sigma_{x+\Delta x}(y)$ は式 (3.14) にしたがうと, 次のように書くことができる。

$$\sigma_x(y) = \frac{N}{A} + \frac{M(x)}{I} y \tag{3.30a}$$

$$\sigma_{x+\Delta x}(y) = \frac{N}{A} + \frac{M(x+\Delta x)}{I} y \tag{3.30b}$$

微小要素の左右の断面で軸力 N は, 自由体の材軸方向の力のつり合いから大きさが等しく, 向きが反対のはずである。一方, 曲げモーメント $M(x)$ と $M(x+\Delta x)$ は少し異なる。x 位置の断面の図心を通る z 軸まわりの回転に関するモーメントのつり合いは, $M(x)$ と $M(x+\Delta x)$ だけではとれず, $x+\Delta x$ 位置の断面に沿って存在するせん断応力 τ_{xy} に伴う y 軸方向のせん断力 Q によるモーメントが必要である。すなわち, 図 3.21 を参考にすると次の式が成り立っていなければならない。

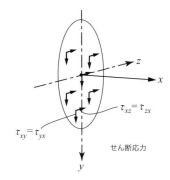

図 3.19 断面のせん断応力

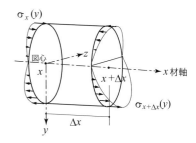

図 3.20 微小要素の曲げによる垂直応力

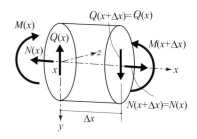

図 3.21 微小要素の力のつり合いを考えるための自由体

$$M(x) - M(x+\Delta x) + Q\Delta x = 0 \tag{3.31}$$

ここで，せん断力 Q は2章第7節で示したように，せん断応力 τ_{xy} に微小面積 ΔA を乗じた力を断面全体について積分したものである。

$$Q = \int_A \tau_{xy} \, dA \tag{3.32}$$

なお，$x+\Delta x$ 位置の断面にせん断力 Q があるならば，自由体の y 軸方向の力のつり合いから x 位置の断面においても大きさが等しく，向きが反対のせん断力 Q が存在しているはずである。

さて，せん断応力 τ_{xy} を断面全体について一定として，次のように計算してもよいであろうか。

$$\tau_{xy} = \frac{Q}{A} \tag{3.33}$$

せん断応力には，2章第2節で述べたように共役性があり，断面の上縁と下縁では，その値は0になっていなければならない。それゆえ，式 (3.33) は平均値にはなっていても正しいとは言えない。すなわち τ_{xy} は y の関数となっていなければならない。そこで，次に図 3.22 (a) のような部分要素を材軸から y_1 だけ離れ y 軸に平行な面も考える自由体を取り出してみよう。y 軸に平行な面には，図 3.22 (b) に示すように y_1 位置の断面のせん断応力 $\tau_{xy}(y_1)$ と共役なせん断応力 $\tau_{yx}(y_1) = \tau_{xy}(y_1)$ があると考えられる。

図 3.22 (c) の自由体の x 方向の力のつり合い式は，次のように書ける。

$$\int_{y_1}^{C_1} \sigma_x(y) \, dA - \int_{y_1}^{C_1} \sigma_{x+\Delta x}(y) \, dA + \tau_{yx}(y_1) b(y_1) \Delta x = 0$$

上式に，式 (3.30a,b) を代入して整理すると，

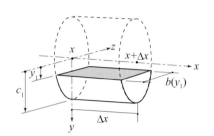

(a) 微小部分要素

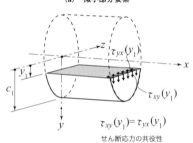

(b) $y = y_1$ の位置のせん断応力

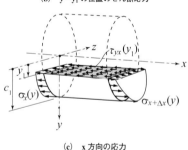

(c) x 方向の応力

図 3.22 せん断応力を求めるための微小部分要素

$$\tau_{yx}(y_1) = \frac{1}{b(y_1)I} \cdot \frac{M(x+\Delta x) - M(x)}{\Delta x} \int_{y_1}^{C_1} y dA$$

となる。さらに式 (3.31) を考慮すると，$\tau_{xy}(y_1)$ に関して次式が得られる。

$$\tau_{xy}(y_1) = \tau_{yx}(y_1) = \frac{QS(y_1)}{b(y_1)I} \qquad (3.34)$$

ここに，

$$S(y_1) = \int_{y_1}^{C_1} y dA \qquad (3.35)$$

であり，下縁から y_1 位置までの部分断面の z 軸に関する断面1次モーメントである。

長方形断面のせん断応力分布

式 (3.34) を使って図 3.23 (a) の長方形断面のせん断応力を求めてみよう。式 (3.35) の $S(y_1)$ は，

$$S(y_1) = \int_{y_1}^{\frac{h}{2}} by dy = \frac{1}{2} b\left\{\left(\frac{h}{2}\right)^2 - y_1^2\right\} \qquad (3.36)$$

であるから，

$$\tau_{xy}(y_1) = \frac{QS(y_1)}{bI} = \frac{6Q}{bh^3}\left\{\left(\frac{h}{2}\right)^2 - y_1^2\right\} = \frac{3Q}{2A}\left\{1 - \left(\frac{2y_1}{h}\right)^2\right\} \qquad (3.37)$$

となる。これを図に表すと図 3.23 (b) のようになり，$y_1 = 0$ のとき最大の大きさとなる。その値は Q を断面積で除した平均値の 1.5 倍である。

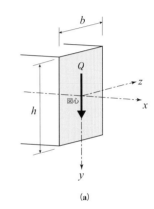

(a)

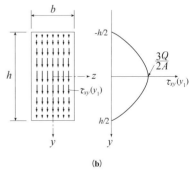

(b)

図 3.23 長方形断面のせん断応力分布

45°傾いた正方形断面のせん断応力分布

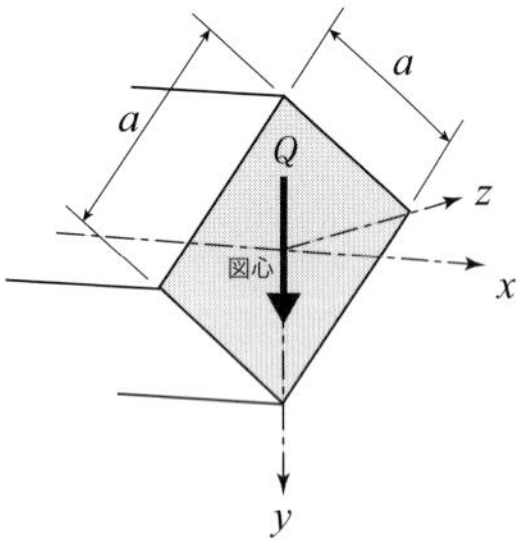

　図3.24のような45°傾いた正方形断面について考えてみよう。これを式（3.34）を使って求めると，興味深い結果が得られる[202]。

　z軸に関する断面2次モーメントIは，次のようになる。

$$I = 2\int_0^{\frac{a}{\sqrt{2}}} \sqrt{2}\, a\left(1 - \frac{\sqrt{2}}{a}y\right)y^2\, dy = \frac{a^4}{12}$$

このIは，図のy, z軸を45°回転させても変わらない。$I_y = I_z = I$であり，かつ$I_{yz} = 0$であり，正方形断面では値が変化しない。

　一方，$S(y_1)$は，次のように表される。

$0 \leq y_1 \leq \dfrac{a}{\sqrt{2}}$　のとき，

$$\begin{aligned}
S(y_1) &= \int_{y_1}^{\frac{a}{\sqrt{2}}} \sqrt{2}\, a\left(1 - \frac{\sqrt{2}}{a}y\right)y\, dy \\
&= \frac{\sqrt{2}\, a}{6}\left(\frac{a}{\sqrt{2}}\right)^2\left(1 - \frac{\sqrt{2}\, y_1}{a}\right)^2\left(1 + \frac{2\sqrt{2}\, y_1}{a}\right)
\end{aligned}$$

$-\dfrac{a}{\sqrt{2}} \leq y_1 \leq 0$　のとき，

$$S(y_1) = \frac{\sqrt{2}\, a}{6}\left(\frac{a}{\sqrt{2}}\right)^2\left(1 + \frac{\sqrt{2}\, y_1}{a}\right)^2\left(1 - \frac{2\sqrt{2}\, y_1}{a}\right)$$

となる。したがって式（3.34）より$\tau_{xy}(y_1)$は，

$0 \leq y_1 \leq \dfrac{a}{\sqrt{2}}$　のとき，

$$\tau_{xy}(y_1) = \frac{QS(y_1)}{b(y_1)I} = \frac{Q}{A}\left(1 - \frac{\sqrt{2}\, y_1}{a}\right)\left(1 + \frac{2\sqrt{2}\, y_1}{a}\right)$$

図3.24　45°傾いた正方形断面のせん断力

$-\dfrac{a}{\sqrt{2}} \leq y_1 \leq 0$ のとき,

$$\tau_{xy}(y_1) = \dfrac{QS(y_1)}{b(y_1)I} = \dfrac{Q}{A}\left(1 + \dfrac{\sqrt{2}\,y_1}{a}\right)\left(1 - \dfrac{2\sqrt{2}\,y_1}{a}\right)$$

となる。これらを図に表すと図 3.25 のようになり,最大の大きさとなるのは $y_1=0$ のときではなく,正の側では,

$$\dfrac{d}{dy_1}\tau_{xy}(y_1) = \dfrac{\sqrt{2}}{a}\dfrac{Q}{A}\left(1 - \dfrac{4\sqrt{2}\,y_1}{a}\right) = 0$$

より,$y_1 = \dfrac{a}{4\sqrt{2}}$ の位置で $\tau_{xy\,\mathrm{max}} = \dfrac{9Q}{8A}$ となる。

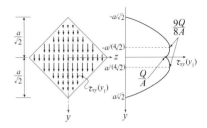

図 3.25 45°傾いた正方形断面のせん断応力分布（I）

図 3.25 は果たしてせん断応力の最大値を与えているであろうか。横幅の変化が比較的大きいと,せん断応力の大きさの変化と横幅の変化の関係で,上記のようなことが生じる。

それでは,この問題のときはどのように考えればよいであろうか。図 3.26 (a) のように,y 軸方向のせん断力 Q を 45°回転した Y, Z 軸方向に分解して,それぞれのせん断力 $Q/\sqrt{2}$ についてせん断応力分布を考える。このときのせん断応力分布は前述の長方形断面についての式を利用して,Y 軸方向のせん断力応力 $\tau_{XY}(Y_1)$ は次のようになる。

$$\tau_{XY}(Y_1) = \dfrac{3Q}{2\sqrt{2}\,A}\left\{1 - \left(\dfrac{2Y_1}{a}\right)^2\right\}$$

また,Z 軸方向のせん断力応力 $\tau_{XZ}(Z_1)$ は,

$$\tau_{XZ}(Z_1) = \dfrac{3Q}{2\sqrt{2}\,A}\left\{1 - \left(\dfrac{2Z_1}{a}\right)^2\right\}$$

となる。これらを断面上の点で合成すると,図 3.26 (b) のようなせん断応力の状況が得られる。最大は図心位置で y 軸方向に存在し,その値

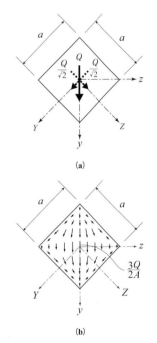

図 3.26 45°傾いた正方形断面のせん断応力分布（II）

は，1.5Q/A となり図 3.23（b）の長方形断面のときと最大値は同じ表現となる．

H 形断面のせん断応力分布

図 3.27 の H 形断面のせん断応力を式（3.34）を使って求めてみよう．このとき式（3.35）の $S(y_1)$ は，

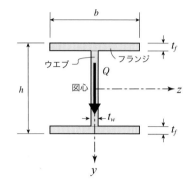

図 3.27　H 形断面のせん断力

$\dfrac{h}{2}-t_f \leq |y_1| \leq \dfrac{h}{2}$　のとき，すなわち y_1 がフランジ内にあるとき，

$$S(y_1) = \int_{y_1}^{\frac{h}{2}} by\,dy = \frac{1}{2}b\left\{\left(\frac{h}{2}\right)^2 - y_1^2\right\}$$

$|y_1| \leq \dfrac{h}{2}-t_f$　のとき，すなわち y_1 がウエブ内にあるとき，

$$S(y_1) = \int_{\frac{h}{2}-t_f}^{\frac{h}{2}} by\,dy + \int_{y_1}^{\frac{h}{2}-t_f} t_w y\,dy$$
$$= \frac{1}{2}bt_f(h-t_f) + \frac{1}{2}t_w\left\{\left(\frac{h}{2}-t_f\right)^2 - y_1^2\right\}$$

となる．したがって式（3.34）より $\tau_{xy}(y_1)$ は，

$\dfrac{h}{2}-t_f \leq |y_1| \leq \dfrac{h}{2}$　のとき，

$$\tau_{xy}(y_1) = \frac{QS(y_1)}{bI} = \frac{Q}{2I}\left\{\left(\frac{h}{2}\right)^2 - y_1^2\right\}$$

$|y_1| \leq \dfrac{h}{2}-t_f$　のとき，

$$\tau_{xy}(y_1) = \frac{QS(y_1)}{t_w I} = \frac{Q}{t_w I}\left[\frac{1}{2}bt_f(h-t_f) + \frac{1}{2}t_w\left\{\left(\frac{h}{2}-t_f\right)^2 - y_1^2\right\}\right]$$

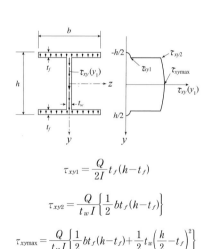

$$\tau_{xy1} = \frac{Q}{2I}t_f(h-t_f)$$
$$\tau_{xy2} = \frac{Q}{t_w I}\left\{\frac{1}{2}bt_f(h-t_f)\right\}$$
$$\tau_{xy\max} = \frac{Q}{t_w I}\left\{\frac{1}{2}bt_f(h-t_f) + \frac{1}{2}t_w\left(\frac{h}{2}-t_f\right)^2\right\}$$

図 3.28　H 形断面のせん断応力分布（Ⅰ）

となる．なお，z 軸に関する断面 2 次モーメント I は，

$$I = \frac{bh^3}{12} - \frac{1}{12}(b-t_w)(h-2t_f)^3 \tag{3.38}$$

で表される。$\tau_{xy}(y_1)$ を図に表すと図 3.28 のようになる。

式 (3.34) では，断面の内側になるほどせん断応力は大きくなる。H 形断面のフランジとウエブの境界では大きな不連続が生じ，接合面での応力の作用・反作用性に矛盾している。また，フランジの内側の面は自由表面であるにもかかわらず τ_{xy} は 0 になっておらず，2 章第 2 節で述べたせん断応力の共役性に反している。

それでは，H 形断面ではせん断応力はどのようになっていると考えればよいのであろうか。ここで，図 3.29 のようにフランジ部の微小要素を考えてみる。この長さ Δx の微小部分要素の両側の断面には，垂直応力 $\sigma_x(y)$，$\sigma_{x+\Delta x}(y)$ があり，材軸方向の力のつり合いを考えると，垂直応力による力の差を相殺できるのは，図中に示した側面のせん断応力 $\tau_{zx}(z_1)$ しか考えられない。したがって，フランジ部の微小要素の x 方向の力のつり合い式は，次のように書ける。

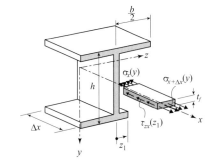

図 3.29　H 形断面フランジのせん断応力

$$\int_{\frac{h}{2}-t_f}^{\frac{h}{2}} \sigma_{x+\Delta x}(y)\left(\frac{b}{2}-z_1\right)dy - \int_{\frac{h}{2}-t_f}^{\frac{h}{2}} \sigma_x(y)\left(\frac{b}{2}-z_1\right)dy - \tau_{zx}(z_1)t_f \cdot \Delta x = 0$$

本節の初めに記した式 (3.30) から式 (3.35) までと同様の手順で，$\tau_{zx}(z_1)$ について次の表現が得られる。

下フランジ：　$\tau_{xz}(z_1) = \tau_{zx}(z_1) = \dfrac{QS(z_1)}{t_f I} = \dfrac{Q}{2I}\left(\dfrac{b}{2}-z_1\right)(h-t_f)$

上フランジ：　$\tau_{xz}(z_1) = \dfrac{QS(z_1)}{t_f I} = -\dfrac{Q}{2I}\left(\dfrac{b}{2}-z_1\right)(h-t_f)$

ここに，

下フランジでは，$S(z_1) = \displaystyle\int_{\frac{h}{2}-t_f}^{\frac{h}{2}}\left(\dfrac{b}{2}-z_1\right)y\,dy = \dfrac{1}{2}\left(\dfrac{b}{2}-z_1\right)(h-t_f)t_f$

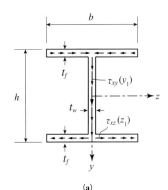

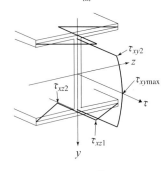

$$\tau_{xz1} = -\tau_{xz2} = \frac{Q}{4I} b(h - t_f)$$

$$\tau_{xy}(y_1) = \frac{QS(y_1)}{bI} = \frac{Q}{2I}\left\{\left(\frac{h}{2}\right)^2 - y_1^2\right\}$$

$$\tau_{xy\max} = \frac{Q}{t_w I}\left\{\frac{1}{2} bt_f(h - t_f) + \frac{1}{2} t_w\left(\frac{h}{2} - t_f\right)^2\right\}$$

(b)

図 3.30　H 形断面のせん断応力分布（Ⅱ）

となる。上フランジでは，マイナスの符号がつく。$S(z_1)$ は，フランジの z_1 から $b/2$ までの部分断面の z 軸に関する断面 1 次モーメントである。このフランジのせん断応力と先のウエブのせん断応力を図示すると，図 3.30（a），（b）のようになる。この H 形断面のような比較的薄い板厚の断面のせん断応力は，板の厚さ方向のせん断応力は無視して，図 3.30（a）のように板厚の中央をせん断応力があたかも流れているかのように考える。これをせん断流 shear flow と呼んでいる。フランジからウエブへの流れ量は，図 3.30（b）の τ_{xz1}，τ_{xz2} とフランジ厚 t_f を用いて，

$$(\tau_{xz1} + |\tau_{xz2}|)t_f = 2 \cdot \frac{Q}{4I} b(h - t_f)t_f = \frac{Q}{I}\left\{\frac{1}{2} bt_f(h - t_f)\right\}$$

となる。これは，ウエブ端部 τ_{xy2} にウエブ厚 t_w を乗じた値と等しくなり，先の矛盾は解消されている。

なお，鋼材の H 形断面では，せん断力 Q を次のようにウエブ断面積で除した平均せん断応力で評価して設計に用いることもある。

$$\tau_{web} \approx \frac{Q}{t_w(h - 2t_f)} \tag{3.39}$$

薄肉溝形断面のせん断応力分布とせん断中心

図 3.31 の薄肉溝形断面のせん断応力を H 形断面に関する図 3.29，図 3.30 と同様に考えて求めてみよう。薄肉ということで，t_w および t_f は，b，h に比して十分小さいものとする。その結果，フランジのせん断応力 $\tau_{xz}(z_1)$ およびウエブのせん断応力 $\tau_{xy}(y_1)$ は次のようになる。

下フランジ：　$\tau_{xz}(z_1) = \frac{Q}{2I}(b - c - z_1)(h - t_f)$

上フランジ：　$\tau_{xz}(z_1) = -\frac{Q}{2I}(b - c - z_1)(h - t_f)$

ウエブ： $\tau_{xy}(y_1) = \dfrac{QS(y_1)}{t_w I} = \dfrac{Q}{2I}\left[\dfrac{bt_f}{t_w}(h-t_f) + \left\{\left(\dfrac{h}{2}-t_f\right)^2 - y_1^2\right\}\right]$

なお，c および断面2次モーメント I は，

$$c \approx \dfrac{b^2 t_f}{2bt_f + ht_w} \quad , \quad I \approx \dfrac{1}{2}bh^2 t_f + \dfrac{1}{12}h^3 t_w$$

となる。ここで t_w, t_f の2乗，3乗の項を無視している。

　図3.32の上下フランジのせん断応力 $\tau_{xz}(z_1)$，ウエブのせん断応力 $\tau_{xy}(y_1)$ をそれぞれの断面で積分すると，

下フランジ： $Q_{Lf} = \displaystyle\int_{-c}^{b-c}\tau_{xz}(z_1)t_f dz_1 = \dfrac{Q(h-t_f)}{4I}\cdot b^2 t_f = Q_f$

上フランジ： $Q_{Uf} = \displaystyle\int_{-c}^{b-c}\tau_{xz}(z_1)t_f dz_1 = -\dfrac{Q(h-t_f)}{4I}\cdot b^2 t_f = -Q_f$

ウエブ： $Q_w = \displaystyle\int_{-\frac{h}{2}+t_f}^{\frac{h}{2}-t_f}\tau_{xy}(y_1)t_w dy_1 \approx Q$

となる。これを図示すると図3.33 (a) となる。ウエブの合応力は，せん断力 Q となっているが，上下フランジの合応力は大きさが等しく方向は逆で，z 方向のつり合いはとれているが偶力を形成している。また，ウエブの合応力は，次の図心を通る材軸である x 軸まわりのモーメント M_x を形成している。すなわち，

$$M_x \approx Q_{Lf}\cdot h + Q_w\cdot c \approx Q\cdot e_S$$

となる。ここに，

$$e_S = \dfrac{b^2 h^2}{4I}t_f + \dfrac{b^2 t_f}{2bt_f + ht_w}$$

である。図3.33 (a) と静的等価な力系として，図心に作用する Q と

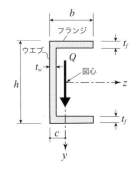

図3.31　薄肉溝形断面のせん断力

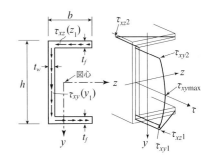

$\tau_{xz1} = -\tau_{xz2} = \dfrac{Q}{2I}b(h-t_f)$

$\tau_{xy1} = \tau_{xy2} = \dfrac{Qb}{2I}\cdot\dfrac{t_f}{t_w}(h-t_f)$

図3.32　薄肉溝形断面のせん断応力分布

マイヤール Robert Maillart, 1872-1940
　溝形断面はりの薄肉断面においてねじれが起こらず曲げのみが生ずるようにするには図心よりずらして載荷すればよい。このことを「せん断中心」という概念を導入して整理したのは，鉄筋コンクリート橋で著名なスイスの構造家であるマイヤールである [003, 301]。

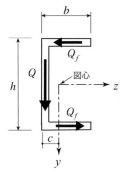

$$Q_f = \frac{Q(h-t_f)}{4I} \cdot b^2 t_f$$

(a)

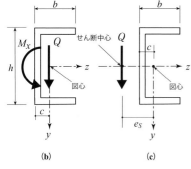

(b) (c)

図 3.33 薄肉溝形断面のせん断応力分布に対する断面力系

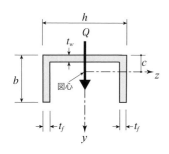

図 3.34 薄肉溝形断面のせん断力

M_x で表すと図 3.33 (b) となる。

図 3.32 のせん断応力の分布状態は，平面曲げ変形において，平面保持の仮定のもとで断面形も変わらないとして求められたものであり，図 3.33 (b) のように図心を通る材軸についてねじりモーメントがあってはじめて，ねじれ変形を生じない曲げ変形となるはずである。せん断力 Q のみで図 3.33 (b) と静的等価な力系となるようにするには，Q の作用線位置を，図心を通るのではなく，図 3.33 (c) のように e_s だけずらさなければならない。

次に，図 3.34 のように溝形断面を用いたときのせん断応力分布はどのようになるであろうか。図 3.31 の上下のフランジ部，ここでは左右の板部となる $S(y_1)$ およびせん断応力 $\tau_{xy}(y_1)$ は，

$$S(y_1) = \int_{y_1}^{b-c} 2t_f y dy = t_f\{(b-c)^2 - y_1^2\}$$

$$\tau_{xy}(y_1) = \frac{QS(y_1)}{t_f I} = \frac{Q}{2I}\{(b-c)^2 - y_1^2\}$$

となる。図 3.31 のウエブ部となる上の板部の $S(z_1)$ およびせん断応力 $\tau_{xz}(z_1)$ は次のようになる。左側は，

$$S(z_1) = \int_{-c}^{-c+t_f}\left(\frac{h}{2}-z_1\right)ydy + bt_f\left(\frac{b}{2}-c\right)$$

$$= t_f\left\{\left(\frac{h}{2}-z_1\right)(t_f-2c) + b\left(\frac{b}{2}-c\right)\right\}$$

$$\tau_{xz}(z_1) = \frac{QS(z_1)}{t_w I} = \frac{Q}{I}\frac{t_f}{t_w}\left\{\left(\frac{h}{2}-z_1\right)(t_f-2c) + b\left(\frac{b}{2}-c\right)\right\}$$

となり，右側は次のように表される。

$$\tau_{xz}(z_1) = -\frac{QS(z_1)}{t_w I} = -\frac{Q}{I}\frac{t_f}{t_w}\left\{\left(-\frac{h}{2}-z_1\right)(t_f-2c) + b\left(\frac{b}{2}-c\right)\right\}$$

なお，断面2次モーメント I は，

$$I = 2\left\{\frac{t_f b^3}{12} + t_f b\left(\frac{b}{2}-c\right)^2\right\} + \frac{ht_w^3}{12} + t_w h\left(c-\frac{t_w}{2}\right)^2$$

$$\approx \frac{t_f b^3}{6} + 2t_f b\left(\frac{b}{2}-c\right)^2 + t_w hc^2$$

である。t_w および t_f は，b, h に比して十分小さいものとして，t_w, t_f の2乗，3乗の項を無視している。以上を図示すると，図3.35のようになる。t_w と t_f が等しければ，せん断流は鉛直部から水平部につながっている。なお，水平部の中央でせん断応力の符号が変わる。ここでは，せん断応力によるねじりモーメントは生じておらず，Q の作用線位置は図心を通っている。

せん断応力の合力によってねじり変形を生じず曲げ変形のみを実現するようなせん断力（断面力）の作用線位置の交点で，図3.33に示す図心から e_s だけずれた位置のことをせん断中心 shear center と呼んでいる[201,301]。言い換えれば，せん断中心に材軸に直交する外力を作用させることによって，図心軸まわりにねじりモーメントを生じさせれば，そのことによって，ねじり変形を伴わない曲げ変形のみを実現することができる[1]。

薄肉等辺山形断面のせん断応力分布とせん断中心

薄肉等辺山形断面（$t<<a$）をもつ部材に，図3.36に示すようにせん断力 Q が作用する場合のせん断応力分布を求めてみよう。

座標軸と断面を構成している板の方向が異なることを注意して，まず $S(y_1)$ および座標軸に対応する断面の接線方向の応力 $\tau'_{xy}(y_1)$ を求めると，

$$S(y_1) = \frac{t}{\sqrt{2}}\left\{\left(\frac{a}{\sqrt{2}}\right)^2 - y_1^2\right\}$$

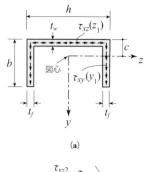

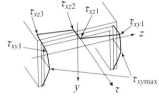

$$\tau_{xymax} = \frac{Q}{2I}(b-c)^2$$

$$\tau_{xy1} = \frac{Q}{2I}(b-2c)b$$

$$\tau_{xz1} = -\tau_{xz2}$$

$$\tau_{xz1} = \frac{Q}{I}\frac{t_f}{t_w}\left\{\frac{h}{2}(t_f-2c)+b\left(\frac{b}{2}-c\right)\right\}$$

$$\tau_{xz3} = -\frac{Q}{I}\frac{t_f}{t_w}b\left(\frac{b}{2}-c\right)$$

図3.35 薄肉溝形断面のせん断力応力分布

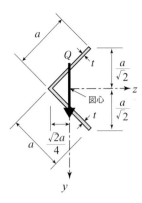

図 3.36　薄肉等辺山形断面のせん断力

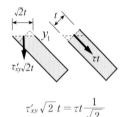

図 3.37　断面に沿う y 軸向き応力とせん断流

$$\tau'_{xy}(y_1) = \frac{QS(y_1)}{b(y_1)I} = \frac{3Q}{2a^3 t}\left\{\left(\frac{a}{\sqrt{2}}\right)^2 - y_1^2\right\}$$

となる。ここに，断面 2 次モーメント I は，

$$I = \frac{a^3 t}{3}$$

である。この y 軸向きの応力 $\tau'_{xy}(y_1)$ は，図 3.37 に示すように向きを考慮すると，板方向のせん断流 $\tau(y_1)$ となる。

$$\tau(y_1) = 2\tau'_{xy}(y_1)$$

この $\tau(y_1)$ を図示すると，図 3.38（a）のようになる。さらに，せん断流分布を積分して各板の合力として表示すると図 3.38（b）のようになる。

図 3.38（b）と静的等価な力系として，図心に作用する Q と M_x で表すと図 3.39（a）となる。このとき M_x は，

$$M_x = \frac{Q}{\sqrt{2}} \cdot \frac{a}{4} \times 2 = \frac{Qa}{2\sqrt{2}}$$

である。せん断力 Q のみで図 3.39（a）と静的等価な力系となるように

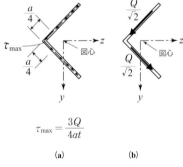

$$\tau_{\max} = \frac{3Q}{4at}$$

図 3.38　薄肉等辺山形断面のせん断流と合力

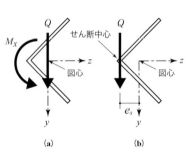

図 3.39　せん断応力分布に対する断面力系

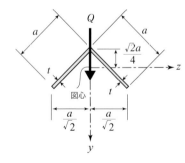

図 3.40　薄肉等辺山形断面のせん断力

するには，Q の作用線位置を図心から次の e_s だけずらして図 3.39 (b) のようにすればよい．

$$e_s = \frac{\sqrt{2}\,a}{4}$$

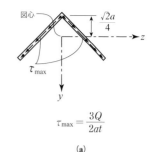

この薄肉等辺山形断面を図 3.40 のようにした場合のせん断流は図 3.41 のようになる．2 枚の板の合力ではねじりモーメントは生じず，せん断力の作用線は図 3.40 のように図心を通り，図 3.34 の溝形断面と同様な 1 軸対称となる軸上にある．したがって，せん断中心は図 3.39 (b) に示したように 2 枚の板要素の交点である．

y 軸，z 軸方向のせん断力 Q_y，Q_z が図 3.42 (a) のようにせん断中心に作用するような場合，これらのせん断力が曲げに伴うものであることから，図 3.42 (b) に示す z 軸，y 軸まわりの曲げモーメント M_z，M_y が作用する 2 軸曲げ問題であり，ねじり変形を伴わない曲げ変形が実現していることになる．y 軸および z 軸は図心を原点に材軸としているが，せん断中心を原点にしても差し支えない．したがって，せん断中心を材軸とすると，ねじり変形を伴わない曲げの断面力表示が描ける．

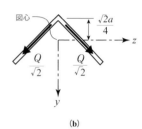

図 3.41　薄肉等辺山形断面のせん断流と合力

次に，薄肉等辺山形断面を図 3.43 に示すように用いた場合には，せん断応力はどのように表現されるかを考えてみよう．これまでと同様に，鉛直方向の板要素の $S(y_1)$ および座標軸に対応する断面の接線方向の応力 $\tau_{xy}(y_1)$ を求めると，

$$S(y_1) = \frac{t}{2}\left\{\left(\frac{3a}{4}\right)^2 - y_1^2\right\}$$

$$\tau_{xy}(y_1) = \frac{12Q}{5a^3 t}\left\{\left(\frac{3a}{4}\right)^2 - y_1^2\right\}$$

となる．ここに，断面 2 次モーメント I は，

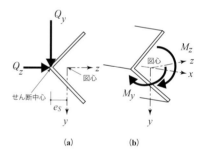

図 3.42　薄肉等辺山形断面のせん断中心

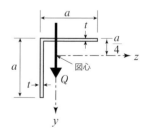

図 3.43　薄肉等辺山形断面のせん断力

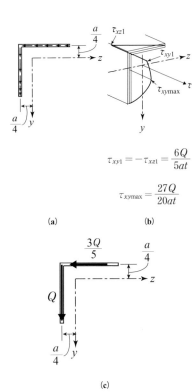

図 3.44 薄肉山形断面のせん断応力分布に対する断面力系

$$I \approx \frac{5}{24}a^3 t$$

である。水平部の $S(z_1)$ およびせん断応力 $\tau_{xz}(z_1)$ は次のようになる。

$$S(z_1) = -\frac{at}{4}\left(\frac{3a}{4} - z_1\right)$$

$$\tau_{xz}(z_1) = -\frac{6Q}{5a^2 t}\left(\frac{3a}{4} - z_1\right)$$

これらのせん断応力分布あるいはせん断流を図示すると，図 3.44 に示すようになる。このせん断応力を積分して各板の合力として表示すると図 3.44（c）のようになる。y 軸方向のせん断力は Q となるが，z 軸方向にもせん断力が存在することになり，図 3.43 とは明らかに異なる力系となる。2 つのせん断力の作用線は板の交点を通り，交点を通る軸まわりのねじりモーメントは生じさせないが，平面保持を仮定した曲げに伴うせん断応力の解としては正しくない。

　平面保持の仮定のもとで曲げに伴うせん断力に対応して求められるせん断中心は，断面形だけによって定められるものではなく，せん断力の作用の仕方にも依存している。すなわち，曲げが生じるような荷重がかかる部材において図心まわりではねじりモーメントが生じるが，せん断中心を考慮すれば，材軸まわりのねじりモーメントは生じず，対応するねじれ変形が生じないように部材断面の配置を考えることができる。

　なお，この章ではせん断応力に対応するせん断ひずみ，せん断変形を考慮していない。したがって，ここで求められる垂直応力 σ，せん断応力 τ のいずれも工学的近似である。

第4節　塑性曲げ

前節までは，材料は線形弾性で，平面保持の仮定が成立するものとして，曲げに伴う垂直応力 σ とせん断応力 τ を求めてきた。この節では，曲げによって，垂直応力 σ が弾性限度を越えて塑性化するときについて考える。

2章の応力-ひずみ関係を図 3.45 のように直線でモデル化して簡単に扱えるようにする。このような応力-ひずみ関係モデルを完全弾塑性モデル elastic perfectly-plastic model と呼んでいる。

全塑性曲げモーメントと塑性ヒンジ

完全弾塑性モデルに従う材料で構成された図 3.46 の長方形断面の材において，曲げモーメント M が徐々に大きくなっていく過程を考えよう。なお，ここでは平面保持の仮定は曲げ変形が大きくなっても成立し続けるとする。

最初，全断面が弾性のとき，図 3.47（a）のように上，下縁の垂直ひずみの大きさは ε_y 未満であり，垂直応力分布は図 3.48（a）のようになる。このとき上，下縁の垂直応力の大きさを σ_1 とすると，M は図 3.49 を参考に，

$$M = \frac{\sigma_1 B H^2}{6}$$

のように表される。変形が進み上，下縁の垂直ひずみの大きさが図 3.47（b）のように ε_y に達すると，M は次のようになる。

$$M_Y = \frac{\sigma_y B H^2}{6} \tag{3.40}$$

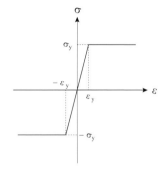

図 3.45　完全弾塑性応力-ひずみモデル

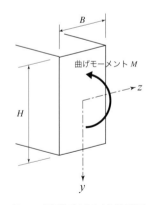

図 3.46　平面曲げをうける長方形断面

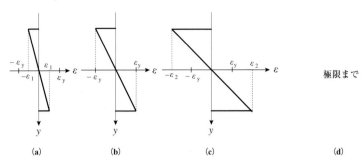

図 3.47 平面曲げをうけるときの垂直ひずみ分布

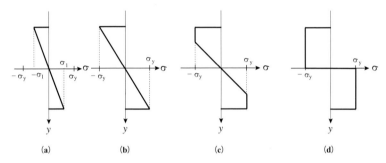

図 3.48 平面曲げをうけるときの垂直応力分布

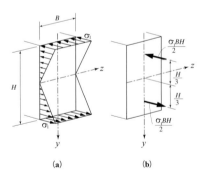

図 3.49 長方形断面の弾性時垂直応力

この M_y を降伏曲げモーメント bending moment of yield stage と呼んでいる。さらに，変形が進んでも垂直ひずみは平面をあくまで保持し続けるとしているので，図 3.47（c）のように ε 分布の直線の傾きは大きくなるが，垂直応力 σ は，ε が ε_y を越える位置から図 3.48（c）のように σ_y で一定となる。

理想的かつ近似的に，垂直ひずみ分布が平面保持し続け，極限として水平軸にほぼ重なるまでに至ったとすると，最大曲げモーメントとして以下の M_P が定義される。

$$M_P = \frac{\sigma_y B H^2}{4} \tag{3.41}$$

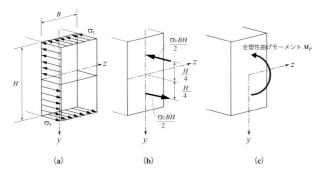

図 3.50 長方形断面の全塑性時垂直応力と全塑性モーメント

この M_P を全塑性曲げモーメント full plastic moment と呼ぶ。このときの垂直応力の状況は図 3.50 のようになる。曲げモーメントが M_P に達した後は，それ以上の垂直応力の増加を伴わないで，その後の曲げ変形位置のどこでも M_P で静止できる状態であることを意味している。このような断面の状態を塑性ヒンジ plastic hinge 状態という。

部材が完全弾塑性モデルで近似可能な材料で構成される種々の断面形においても，同様に全塑性モーメント M_P を求めることができる。

H 形断面，T 形断面の降伏モーメントと全塑性モーメント

図 3.51 の H 形断面について，降伏モーメント M_y および全塑性モーメント M_P を求めてみよう。弾性時の曲げモーメント M のみがあるときの垂直応力 σ は，式（3.14）より，

$$\sigma = \frac{M}{I} y$$

となる。降伏モーメント M_y は，弾性時の σ の最大値が σ_y に達したときである。σ の最大値は，図 3.52（a）のように図心を通る軸から最外縁の位置で生じる。したがって，M_y は，

ヒンジ hinge … ドアなどの開閉を容易にするちょうつがい，丁番。回転への抵抗が小さいよう工夫されている。建築構造学等では，節点または支点で，回転が自由と考えられる点として「ピン pin」と同様に使われている。

塑性ヒンジは，全塑性モーメント一定のもと回転が可能という状態を意味している。

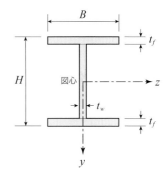

図 3.51 H 形断面

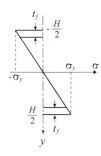

(a) M_y のときの σ 分布

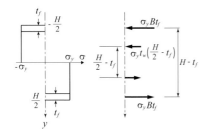

(b) M_P のときの σ 分布　(c) M_P のときの偶力

図 3.52　H 形断面の M_y と M_P

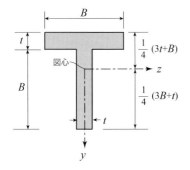

図 3.53　T 形断面

$$M_y = \sigma_y I \cdot \frac{2}{H}$$

となる。ここに，I は図 3.10 でも示したが，

$$I = \frac{1}{12}\{BH^3 - (B-t_w)(H-2t_f)^3\}$$
$$= \frac{1}{12}t_w(H-2t_f)^3 + 2\left\{\frac{1}{12}Bt_f^3 + Bt_f\left(\frac{H}{2}-\frac{t_f}{2}\right)^2\right\}$$

である。全塑性モーメント M_P は，図 3.52 (b), (c) から，

$$M_P = \sigma_y\left\{Bt_f(H-t_f) + t_w\left(\frac{H}{2}-t_f\right)^2\right\}$$

となる。

次に，図 3.53 の T 形断面について求めてみよう。図心位置は 1 章第 4 節もしくは本章の第 5 節で求めることができる。M_y は σ の最大値が図 3.54 (a) のように最下縁で生じることから，

$$M_y = \sigma_y I \cdot \frac{4}{(3B+t)}$$

となる。ここに I は，

$$I = \frac{1}{6}bt(2b^2 + 3bt + 2t^2)$$

である。M_P は，軸力 N が 0 でなければならないことから，図 3.54 (b), (c) のような応力分布でなければならない。よって，

$$M_P = \frac{1}{2}\sigma_y Bt(B+t)$$

となる。中立軸は図心を通らず，上縁から厚み t だけ下がった接続面の位置にあることに注意しよう。

軸力と曲げモーメントがあるときの塑性状態

今度は，完全弾塑性モデルに従う材料で構成された図 3.55 の長方形断面の材において，一定軸力 N のもと曲げモーメント M が徐々に大きくなっていく過程を考えてみよう。

全断面が弾性のとき，N による垂直ひずみ ε_0 は，

$$\varepsilon_0 = \frac{N}{EA} = \frac{N}{EBH}$$

となる。垂直ひずみ分布を表す直線は，曲げによる平面保持の仮定を維持する図 3.56 のように ε_0 の点を通り，傾きが大きくなっていく。対応する垂直応力分布は，図 3.57 のように垂直ひずみの大きさが ε_y を越えた位置から外縁側は降伏応力 σ_y の一定値をとり，最終的に図 3.57（d）のようになる。

このとき一定軸力 N は，$y=0$ の図心を通る軸まわりに曲げモーメントに寄与しない図 3.57（d）の網掛け部となり，それ以外の部分が曲げモーメント M となる。すなわち，

$$N = 2\sigma_y B y_1, \quad M = \sigma_y B \left(\frac{H}{2} - y_1\right)\left(\frac{H}{2} + y_1\right) = \sigma_y B \left(\frac{H^2}{4} - y_1^2\right)$$
(3.42a,b)

となる。ここで，次のように全断面が降伏応力 σ_y となる N_Y を定義し，

$$N_Y = \sigma_y A = \sigma_y B H \tag{3.43}$$

とする。この N_Y は降伏軸力と呼ばれる。式（3.42a,b）の N，M をそれぞれ式（3.43）の N_Y，式（3.41）の M_P で無次元化すると，

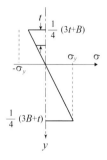

(a) M_y のときの σ 分布

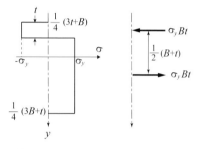

(b) M_P のときの σ 分布　　(c) M_P のときの偶力

図 3.54　T形断面の M_y と M_P

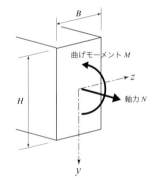

図 3.55　平面曲げと軸力をうける長方形断面

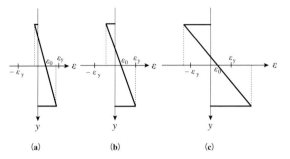

figure 3.56 軸力と平面曲げをうけるときの垂直ひずみ分布

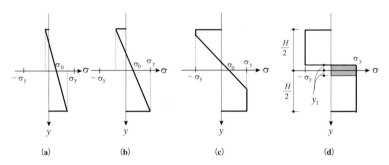

図 3.57 軸力と平面曲げをうけるときの垂直応力分布

$$\frac{N}{N_Y} = \frac{2y_1}{H} \quad , \quad \frac{M}{M_P} = 1 - \left(\frac{2y_1}{H}\right)^2$$

これらの式より,

$$\frac{M}{M_P} + \left(\frac{N}{N_Y}\right)^2 = m + n^2 = 1 \tag{3.44}$$

を得る。ここで, $m = M/M_P$ は全塑性モーメント比, $n = N/N_Y$ は降伏軸力比と呼ばれる。また式 (3.44) は m-n 相関降伏曲線と呼ばれ, それを図示すると, 図 3.58 のようになる。

部材が完全弾塑性モデルで近似可能な材料で構成される種々の断面形

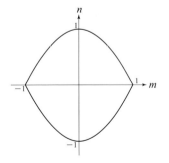

図 3.58 長方形断面の *m-n* 相関降伏曲線

Bending | 塑性曲げ

においても，同様な手順で m-n 相関降伏曲線を求めることができる[303]。また，鉄骨鉄筋コンクリート部材のように複数の材料で構成される断面については各材料部分の m-n 相関降伏曲線を累加することによって「終局曲げ耐力」が求められている[304]。

第5節　断面諸量と座標変換

この章では，棒材の断面力から材軸に直交する断面での垂直応力およびせん断応力の求め方を述べた．その際，断面の形のみに応じて定まる次のような断面量を定義した．座標軸 y, z は，図 3.59 のように図心を通るように設定していた．

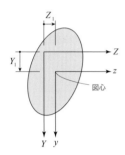

図 3.59　座標軸の平行移動

断面積： $$A = \int_A dA \tag{3.45}$$

断面1次モーメント： $$S_y = \int_A z\,dA = 0, \quad S_z = \int_A y\,dA = 0 \tag{3.46a,b}$$

断面2次モーメント： $$I_y = \int_A z^2 dA, \quad I_z = \int_A y^2 dA \tag{3.47a,b}$$

断面相乗モーメント： $$I_{yz} = \int_A yz\,dA \tag{3.48}$$

断面極2次モーメント： $$I_p = \int_A r^2 dA \tag{3.49}$$

断面積 A，断面極2次モーメント I_p を除く断面量が，座標軸 y, z を変換したときにどのように表されるかを示しておこう．

座標軸の平行移動

図 3.59 において，Y, Z 軸は図心を通る y, z 軸にそれぞれ平行な軸である．このとき，

$$Y = Y_1 + y, \quad Z = Z_1 + z \tag{3.50a,b}$$

であり，Y, Z 軸について式 (3.45) ～式 (3.48) と同様に断面量を求めると，次のように表される．まず，断面1次モーメントは，

$$S_Y = \int_A Z\,dA = \int_A (Z_1 + z)\,dA = \int_A Z_1\,dA + \int_A z\,dA = Z_1 A$$

$$S_Z = \int_A Y\,dA = \int_A (Y_1 + y)\,dA = Y_1 A \qquad (3.51\text{a,b})$$

となる。ここで，図心を通る $y,\ z$ 軸に関する断面1次モーメントが0であることを利用している。式（3.51）から，$Y,\ Z$ 軸から図心までの距離 $Y_1,\ Z_1$ が次のように求められる。

$$Y_1 = \frac{S_Z}{A} \quad , \quad Z_1 = \frac{S_Y}{A} \qquad (3.52\text{a,b})$$

これらは，1章第4節で述べた図心を求める式（1.43）と同じである。
次に，断面2次モーメントは，

$$I_Y = \int_A Z^2\,dA = \int_A (Z_1 + z)^2\,dA$$

$$= Z_1^2 \int_A dA + 2Z_1 \int_A z\,dA + \int_A z^2\,dA = I_Y + Z_1^2 A$$

$$I_Z = \int_A Y^2\,dA = \int_A (Y_1 + y)^2\,dA = I_Z + Y_1^2 A \qquad (3.53\text{a,b})$$

となる。この式はH形断面の断面2次モーメントを求めるときに既に用いている。式（3.53）から，図心を通る軸に関する断面2次モーメントが，それに平行な軸に関するものの中で最小であることがわかる。
断面相乗モーメントは，

$$I_{YZ} = \int_A YZ\,dA = \int_A (Y_1 + y)(Z_1 + z)\,dA$$

$$= Y_1 Z_1 \int_A dA + Y_1 \int_A z\,dA + Z_1 \int_A y\,dA + \int_A yz\,dA$$

$$= I_{yz} + Y_1 Z_1 A \qquad (3.54)$$

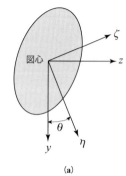

(a)

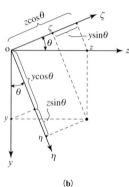

(b)

図3.60 座標軸の平行移動

となる。

座標軸の回転

図3.60において，η, ζ軸は図心を通るy, z軸とθの角度をなす直交2軸とする。このとき，

$$\eta = y\cos\theta + z\sin\theta \quad , \quad \zeta = -y\sin\theta + z\cos\theta \quad (3.55\text{a,b})$$

であり，η, ζ軸について式（3.46）〜式（3.48）の断面量は次のように表される。断面1次モーメントは，

$$\begin{aligned}
S_\eta &= \int_A \zeta dA = -\sin\theta \int_A y dA + \cos\theta \int_A z dA \\
&= S_y \cos\theta - S_z \sin\theta = 0
\end{aligned} \quad (3.56\text{a})$$

$$\begin{aligned}
S_\zeta &= \int_A \eta dA = \cos\theta \int_A y dA + \sin\theta \int_A z dA \\
&= S_y \sin\theta + S_z \cos\theta = 0
\end{aligned} \quad (3.56\text{b})$$

である。図心を通る軸に関する断面1次モーメントは常に0であることを示している。断面2次モーメントおよび断面相乗モーメントは，

$$\begin{aligned}
I_\eta &= \int_A \zeta^2 dA = \int_A (-y\sin\theta + z\cos\theta)^2 dA \\
&= I_z \sin^2\theta + I_y \cos^2\theta - 2\sin\theta\cos\theta I_{yz} \\
&= I_z \cdot \frac{1}{2}(1-\cos 2\theta) + I_y \cdot \frac{1}{2}(1+\cos 2\theta) - I_{yz}\sin 2\theta \\
&= \frac{1}{2}(I_y + I_z) + \frac{1}{2}(I_y - I_z)\cos 2\theta - I_{yz}\sin 2\theta \\
&= \frac{1}{2}(I_y + I_z) + \sqrt{\frac{(I_y - I_z)^2}{4} + I_{yz}^2} \cos\left[2\theta + \tan^{-1}\left(\frac{2I_{yz}}{I_y - I_z}\right)\right] \\
&= C + R\cos(2\theta + \alpha)
\end{aligned} \quad (3.57\text{a})$$

$$I_\zeta = \int_A \eta^2 \, dA = \int_A (y\cos\theta + z\sin\theta)^2 \, dA$$

$$= C - R\cos(2\theta + \alpha) \qquad (3.57\text{b})$$

$$I_{\eta\zeta} = \int_A \eta\zeta \, dA = \int_A (y\cos\theta + z\sin\theta)(-y\sin\theta + z\cos\theta) \, dA$$

$$= (I_y - I_z)\sin\theta\cos\theta + I_{yz}(\cos^2\theta - \sin^2\theta)$$

$$= R\sin(2\theta + \alpha) \qquad (3.58)$$

と表される。ここで，R，C および α は以下である。

$$C \equiv \frac{I_y + I_z}{2}, \quad R \equiv \sqrt{\frac{(I_y - I_z)^2}{4} + I_{yz}{}^2}, \quad \alpha \equiv \tan^{-1}\left(\frac{2I_{yz}}{I_y - I_z}\right)$$

Chapter 4
Torsion

4章 ねじり

第1節　円形断面棒材のねじれ

クーロン C.A. Coulomb, 1736-1806

　フランスの建築・土木技術者であり，構造力学者・物理学者である。初等教育をパリで受けた後，陸軍士官学校を経て工兵隊に入り，カリブ海のフランス領マルティーニ島で9年間様々な建設作業に従事した。これらに関連して材料の機械的性質と構造力学を研究した。18世紀の科学者で彼ほど弾性体の力学に貢献した人はいないとS.P.Timoshenkoは述べている。その主要な業績は1773年にフランス科学アカデミーに提出した論文に記されており，その序文で彼は「数年前，この論文を書いた第一の目的は私が職務上個人的に使うためであった。私があえてこの論文をアカデミーに提出するのは，ささやかな努力でも有益な目標があればアカデミーに受け取ってもらえるからにすぎない。また，科学は公共の福祉にささげられる記念碑である。だから市民はだれも，その能力に応じて科学に貢献する義務がある。」と述べている [003]。ねじりに関する研究だけでなく，摩擦の研究でも知られ，また電磁気学ではクーロンの法則と呼ばれる二つの電荷の間に働く電気力の大きさfを表す次の式が示されている。

$$f \propto \frac{q_1 q_2}{r^2}$$

ここで，q_1，q_2は電気量（電荷）の大きさ，rはその間の距離である。q_1，q_2は陽電気ならば正，陰電気ならば負の値をもつものとすれば，fが正のときは斥力を負のときは引力を示す。面白いのは，電気力も万有引力と同じように，力が距離の2乗に反比例してい

ねじれの理論を初めて詳しく研究したのはクーロンである。クーロンは1781年に摩擦の実験をまとめた論文でフランスアカデミー賞を受賞し，会員となった。その後，電気および磁気の研究を行うようになり，電気，磁気による微小な力を測定するために，鋭敏なねじり振子を製作し，これに関連して針金のねじり抵抗を研究した。ねじれ角 angle of torsion があまり大きくなければ，ねじりモーメントとねじれ角とが比例するという仮定が正しいこと，ねじり剛性が針金の材状と直径の4乗に比例することを見出している。1820年頃，フランスのディロオ（A. Duleau）が円形断面を有する棒のねじり実験を行い，ねじれ角を求める式を誘導した。その際，彼は「棒は横断面は平面を保持し，この横断面内にある半径はねじれの後においても直線のままである」という仮定を設けた [003,401]。

図4.1（a）のように円形中実断面で長さlの真直な棒を考えよう。棒は，(a)図のように両端に一対の外力ねじりモーメントm_xをうけている。このとき，棒の左端の断面を基準にしたときの右端断面の回転角をϕ_lとすると，x位置の断面の回転角$\phi(x)$は，次式で表せる。

$$\phi(x) = \frac{x}{l}\phi_l = \omega x \tag{4.1}$$

ここに，

$$\omega = \frac{d\phi}{dx} = \frac{x}{l} \tag{4.2}$$

であり，ωはx軸方向の単位長さ当たりのねじれ角であり，ねじれ率 torsional angle per unit length と呼ばれる。この場合，ωはx位置に

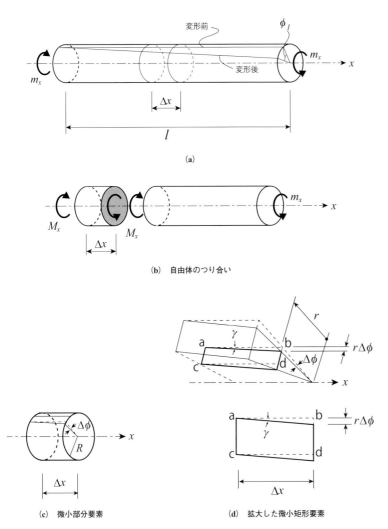

図 4.1 両端にねじりモーメントをうける円形断面棒材

かかわらず一定である。

部材の内力としての断面力は，図 4.1 (b) の自由体のつり合いより
ねじりモーメント M_x のみである．式 (2.79) で定義したねじりモーメ

ることである．

「1 アンペアの不変の電流によって 1 秒間に運ばれる電気量（電荷）」の SI 組立単位である A・s を固有の名クーロン（記号 C）で表すが，これは彼の名に因んだものである [107]．

ねじる twist … 「捩る」または「捻る」．広辞苑によると「ねず」の口語表現で，棒状・糸状のものの両端をつかんで，互いに逆の方向にまわす．一部をつかんで無理のいくほど回す．ひねる．「ねじり（捩）」がねじること．ひねること．「ねじれ（捩）」がねじれること．また，ねじれたもの．[理]（torsion）真っ直ぐな棒・針金などの弾性体が，その中心軸を軸とする偶力の作用を受ける際に現れる変形．

ントはせん断応力 τ による断面全体の材軸まわりのモーメントである。

せん断応力 τ を考える。図 4.1（d）に示した材軸から半径方向に r の距離にある微小矩形要素 abdc は，せん断変形をしている。これより，せん断ひずみ $\gamma(r)$ が次のように表される。

$$\gamma(r) = \lim_{\Delta x \to 0} \frac{r\Delta\phi(x)}{\Delta x} = r\frac{d\phi}{dx} = r\omega \tag{4.3}$$

対応するせん断応力 $\tau(r)$ は，式（4.3）の $\gamma(r)$ にせん断弾性係数 G を乗ずることによって次のように得られる。

$$\tau(r) = G\gamma(r) = Gr\omega \tag{4.4}$$

このせん断応力 $\tau(r)$ を図示すると図 4.2 のようになる。

図 4.2 を参照して，せん断応力 $\tau(r)$ から x 軸まわりのねじりモーメント M_x を算定すると，

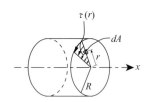

図 4.2　両端にねじりモーメントをうける
　　　円形断面棒材のせん断応力分布

$$M_x = \int_A \tau(r)r dA = \int_A Gr^2 \omega dA = G\omega \int_A r^2 dA = G\omega I_p \tag{4.5}$$

となる。上式において，I_p は式（3.19）で前に定義した円形断面の断面極 2 次モーメントであり，以下である。

$$I_p = \frac{\pi R^4}{2} = \frac{\pi D^4}{32} \tag{4.6}$$

ここに，D は円の直径である。

式（4.5）を ω と M_x の関係に変換すると，

$$\omega = \frac{M_x}{GI_p} \tag{4.7}$$

となり，これを式（4.4）に代入すると，次の円形断面のねじりモーメントに対応するせん断応力 $\tau(r)$ を求める式が得られる。

$$\tau(r) = \frac{M_x}{I_p} r = \frac{2M_x}{\pi R^4} r \tag{4.8}$$

円形中空断面のねじりモーメントに対応するせん断応力

図 4.3 の中空の円管断面では，断面極 2 次モーメント I_p は，

$$I_p = \int_{R_1}^{R_2} r^2 \cdot 2\pi r dr = \frac{\pi(R_2^4 - R_1^4)}{2}$$

となり，せん断応力 $\tau(r)$ は次式で表される。

$$\tau(r) = \frac{M_x}{I_p} r = \frac{2M_x}{\pi(R_2^4 - R_1^4)} r$$

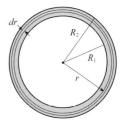

図 4.3 円形中空断面（円管）

円形以外の任意の断面形を有する部材をねじったときには，ここでの理論は成立しない。ディロオは長方形断面棒のねじり実験で，平面が保持されないことも示している[003]。

第 2 節　単純ねじれ（サンブナンねじれ）

円形断面ではなく，長方形断面棒の両端に一対の外力ねじりモーメントをうけている場合を考えよう。このとき断面力は，ねじりモーメント M_x のみである。ねじりモーメントは，せん断応力による合応力モーメントであり，微小要素に作用するせん断応力は 3 章第 2 節で述べた共役性から図 4.4 (a) のようになる。長方形断面棒の角部 a, g と中間部 b~f ではせん断応力の大きさは異なり，角部 a, g では 0，中間部 b~f では図のようになる。それらに対応するせん断変形は，角部では図 4.4(a) のようにそのまま微小要素が剛体回転する変形しか許容されない。したがって，円形断面のように平面を保持できず，図 4.4 (b) のように材軸方向に変形が生じる。このようなねじれに伴う平面の材軸方向の変形を断面の反り warping と呼んでいる。

真直な棒の両端に一対の外力ねじりモーメントをうけるときの状態を単純ねじれ pure torsion, uniform torsion という。単純ねじれでは，第 1 節のような円形断面を除いて，断面の反り変形が生じる。単純ねじれは，微小変形で弾性としてねじれの研究を初めて詳しく行ったサン

反り（そり）warping, camber … 一般に材料，製品の狂いの一種。木材では乾燥時に生じやすく，幅反り，縦反り，曲りがある[201]。通常，ここでのねじりによる断面の材軸方向の凹凸のイメージについて用いる説明は構造力学以外には見られない。

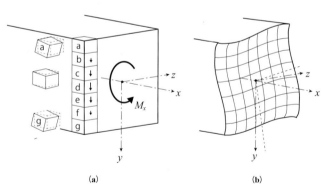

図 4.4　長方形断面の棒材のねじれ

ブナンに因んで，サンブナンねじれ Saint Venant torsion とも呼ばれている。ねじれの研究は第1節にも記したように，クーロンから始まり，平面保持で理論展開したナヴィエ，ディロオそしてサンブナンにつながる。

反り関数

図4.5のように断面棒の両端に一対の外力ねじりモーメント m_x をうけている状態を考える。なお，ϕ は微小であるものとし，ここでは図示のため大きめに描かれている。断面力は x 軸まわりのねじりモーメント M_x のみである。ねじれによって断面上で P 点から y 方向に v，z 方向 w だけ移動して Q 点に至ったとすると，図4.5（b）より，

$$y+v = r\cos(\phi+\alpha), \quad z+w = r\sin(\phi+\alpha) \tag{4.9a,b}$$

である。ここで，ϕ が微小であることを考慮すると，式（4.9）は，

$$y+v = r(\cos\phi\cos\alpha - \sin\phi\sin\alpha) = r\cos\alpha - r\sin\alpha\sin\phi = y - z\phi,$$
$$z+w = r(\sin\phi\cos\alpha + \cos\phi\sin\alpha) = r\cos\alpha\sin\phi + r\sin\alpha = y\phi + z$$

となる。これらより，$v,\ w$ はそれぞれ次のようになる。

$$v = -z\phi = -\frac{\phi_l}{l}xz = -\omega xz \tag{4.10a}$$

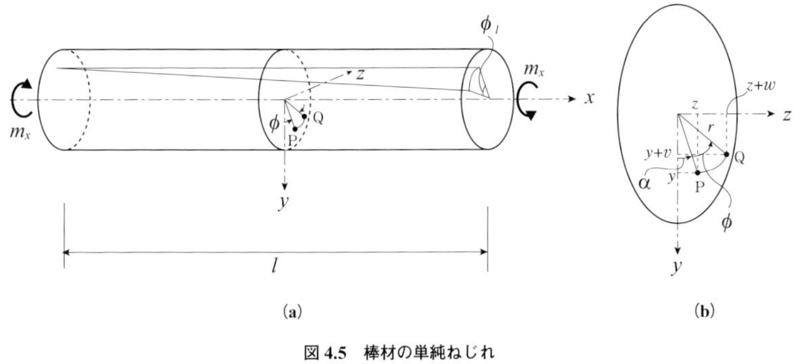

(a)　　　　　　　　　　　　(b)

図 4.5　棒材の単純ねじれ

$$w = y\phi = \frac{\phi_l}{l}xy = \omega xy \tag{4.10b}$$

ここで，式 (4.1)，(4.2) のねじれ率 ω を用いている。

円形断面以外では断面に反りが生じるが，サンブナンは反りによる x 方向変位 $u(y,z)$ を，次のように単位ねじれ率 ω と x 軸方向に一定の反り関数 warping function $\varphi(y,z)$ の積で表されると仮定している。

$$u(y,\ z) = \varphi(y,\ z)\omega \tag{4.11}$$

2 章のひずみの式 (2.33a~f) に式 (4.10)，(4.11) を代入すると，

$$\varepsilon_x = \frac{\partial u}{\partial x} = 0, \quad \varepsilon_y = \frac{\partial v}{\partial y} = 0, \quad \varepsilon_z = \frac{\partial w}{\partial z} = 0, \tag{4.12a-c}$$

$$\gamma_{xy} = \frac{\partial v}{\partial x} + \frac{\partial u}{\partial y} = \omega\left(\frac{\partial \varphi}{\partial y} - z\right), \tag{4.12d}$$

$$\gamma_{yz} = \frac{\partial w}{\partial y} + \frac{\partial v}{\partial z} = \omega(x-x) = 0, \tag{4.12e}$$

$$\gamma_{xz} = \frac{\partial w}{\partial x} + \frac{\partial u}{\partial z} = \omega\left(\frac{\partial \varphi}{\partial z} + y\right) \tag{4.12f}$$

が得られる。これらを式 (2.45a~f) の応力－ひずみ関係に用いると，

$$\sigma_x = \sigma_y = \sigma_z = \gamma_{yz} = 0, \tag{4.13a-d}$$

$$\tau_{xy} = G\gamma_{xy} = G\omega\left(\frac{\partial \varphi}{\partial y} - z\right), \tag{4.13e}$$

$$\tau_{xz} = G\gamma_{xz} = G\omega\left(\frac{\partial \varphi}{\partial z} + y\right) \tag{4.13f}$$

となり，応力成分が得られる。材軸である x 軸に直交する断面上で断面に沿う応力である 2 つのせん断応力 τ_{xy}，τ_{xz} のみが存在している。

次に，式 (4.13) の応力成分を式 (2.43) の物体内の微小要素のつり

合い方程式に代入する。なお,外力として,両端に一対の外力ねじりモーメント m_x のみを考えているので,物体力 F_x, F_y, F_z は 0 とすればよい。

$$\frac{\partial \sigma_x}{\partial x} + \frac{\partial \tau_{xy}}{\partial y} + \frac{\partial \tau_{xz}}{\partial z} = G\omega\left(\frac{\partial^2 \varphi}{\partial y^2} + \frac{\partial^2 \varphi}{\partial z^2}\right) = 0,$$

$$\frac{\partial \tau_{xy}}{\partial x} + \frac{\partial \sigma_y}{\partial y} + \frac{\partial \tau_{yz}}{\partial z} = 0, \quad \frac{\partial \tau_{xz}}{\partial x} + \frac{\partial \tau_{yz}}{\partial y} + \frac{\partial \sigma_z}{\partial z} = 0$$

これらのうち第2,3式は常に成立しており,第1式は反り関数 $\varphi(y,z)$ についての次の微分方程式である。

$$\frac{\partial^2 \varphi}{\partial y^2} + \frac{\partial^2 \varphi}{\partial z^2} = \nabla^2 \varphi = 0 \tag{4.14}$$

ここで,∇^2 はラプラス演算子 Laplacian と呼ばれ,$\nabla^2 f = 0$ の形の式はラプラスの微分方程式と呼ばれている。

断面の最外縁では 2 つのせん断応力 τ_{xy}, τ_{xz} を成分とする応力ベクトルの方向は,図 4.6 に示すように最外縁を形成する曲線 $\varGamma$(ガンマ)の接線方向を向いていなければならない。もし曲線 $\varGamma$ の法線方向成分があれば,せん断応力の共役性から棒材の材表面に応力が存在することになり,矛盾する。したがって,曲線 $\varGamma$ の接線に関して,次の関係が成立していなければならない。

$$\tan\beta = \frac{dy}{dz} = \frac{\tau_{xy}}{\tau_{xz}} \tag{4.15}$$

これより,

$$\tau_{xz} dy - \tau_{xy} dz = 0$$

が得られ,これに式 (4.13e),(4.13f) を代入すると,

$$\left(\frac{\partial \varphi}{\partial z} + y\right)dy - \left(\frac{\partial \varphi}{\partial y} - z\right)dz = 0 \tag{4.16}$$

ラプラス演算子 Laplacian … 関数 $f(x,y,z)$ の次の形式の演算記号を関数 f のラプラシアンと呼んでいる。

$$\nabla^2 f(x, y, z) = \frac{\partial^2 f}{\partial x^2} + \frac{\partial^2 f}{\partial y^2} + \frac{\partial^2 f}{\partial z^2}$$

ここに,

$$\nabla^2 = \varDelta = \frac{\partial^2}{\partial x^2} + \frac{\partial^2}{\partial y^2} + \frac{\partial^2}{\partial z^2}$$

である。∇ はナブラ,$\varDelta$ はデルタと読む。

ラプラス Pierre Simon Laplace,1749-1827

フランスの数学者,天文学者。ニュートン力学の数学的定式化の業績で知られており,ラプラスの魔と呼ばれる概念を案出した。これは,自然界が厳密な因果法則によって縛れており,その基本を与えるのは構成要素(粒子,原子)のニュートン力学的運動であると考え,この因果法則における初期条件,束縛条件をすべて認識,計算できるとするものであるとする決定論的,機械論的自然観の基本概念となった [002]。

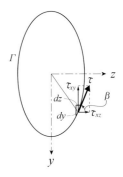

図 4.6 断面の最外縁のせん断応力

となる。この式は，反り関数 $\varphi(y,z)$ が断面の最外縁の境界で満たすべき微分方程式である。

単純ねじれ問題は，断面内で式（4.14）のラプラスの微分方程式を満足し，最外縁の境界で式（4.16）を満たす反り関数 $\varphi(y,z)$ を定めることである。

楕円形断面の単純ねじれ

図 4.7 の楕円形断面をもつ真直棒の単純ねじれにおけるせん断応力を求めてみる。式（4.14）のラプラスの方程式を満たす楕円形の反り関数 $\varphi(y,z)$ としては，変数 y および z の 2 階導関数の和が 0 となることから，

$$\varphi(y, z) = \frac{a^2-b^2}{a^2+b^2} yz \tag{a}$$

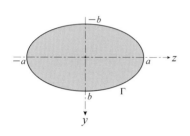

図 4.7　楕円形断面

とおくことが考えられる。この反り関数 $\varphi(y,z)$ は，例えば文献 [2,401] に示されており，それらを参考にされたい。また，曲線 Γ 上で式（4.16）の左辺は，

$$\left(\frac{\partial \varphi}{\partial z}+y\right)dy - \left(\frac{\partial \varphi}{\partial y}-z\right)dz = \frac{2}{a^2+b^2}(a^2 y dy + b^2 z dz) \tag{b}$$

となる。楕円である曲線 Γ の式は，

$$f(y, z) = \frac{z^2}{a^2} + \frac{y^2}{b^2} = 1$$

であり，上式の全微分を考えると次の関係式が得られる。

$$\frac{\partial f}{\partial y}dy + \frac{\partial f}{\partial z}dz = \frac{2y}{b^2}dy + \frac{2z}{a^2}dz = 0 \quad \therefore \quad y dy = -\frac{b^2}{a^2} z dz$$

これを（b）式に代入すると，式（4.16）も満たすことが確認できる。

式（4.13）に（a）式の反り関数 $\varphi(y,z)$ を代入して，せん断応力 τ_{xy},

τ_{xz} を求めると,

$$\tau_{xy} = -G\omega \frac{2b^2}{a^2+b^2}z, \quad \tau_{xz} = G\omega \frac{2a^2}{a^2+b^2}y$$

となる。これらのせん断応力によるねじりモーメント M_x は,

$$M_x = \int_A (y\tau_{xz} - z\tau_{xy})dA = \frac{2G\omega}{a^2+b^2}\int_A (a^2 y^2 + b^2 z^2)dA$$

$$= \frac{2G\omega}{a^2+b^2}\left(a^2 \int_A y^2 dA + b^2 \int_A z^2 dA\right) - \frac{2G\omega}{a^2+b^2}(a^2 I_z + b^2 I_y)$$

と書ける。ここに,

$$I_y = \int_A z^2 dA = \frac{\pi a^3 b}{4}, \quad I_z = \int_A y^2 dA = \frac{\pi a b^3}{4}$$

であり, これらより M_x は次のように書け, ねじれ率 ω は次式となる。

$$M_x = G\frac{\pi a^3 b^3}{a^2+b^2}\omega = GJ_T\omega \quad \therefore \quad \omega = \frac{M_x}{GJ_T}$$

ここに,

$$J_T = \frac{\pi a^3 b^3}{a^2+b^2}$$

は, 楕円形のサンブナンねじり定数と呼ばれる。
せん断応力 τ_{xy}, τ_{xz} は,

$$\tau_{xy} = -\frac{M_x}{J_T}\frac{2b^2}{a^2+b^2}z = -\frac{2M_x}{\pi a^3 b}z,$$

$$\tau_{xz} = \frac{M_x}{J_T}\frac{2a^2}{a^2+b^2}y = \frac{2M_x}{\pi a b^3}y$$

楕円形の断面2次モーメントの求め方

$$I_z = \int_A y^2 dA = \int_{-b}^{b} y^2 \left(2\frac{a}{b}\sqrt{b^2-y^2}\right)dy$$

$y = b\cos\theta$ として置換積分を行って求める。
すなわち,

$$I_z = \int_{\pi}^{0} b^2\cos^2\theta\left(2\frac{a}{b}\sqrt{b^2-b^2\cos^2\theta}\right)(-b\sin\theta d\theta)$$

$$= \int_{\pi}^{0}(-2ab^3\sin^2\theta\cos^2\theta)d\theta$$

$$= -2ab^3\int_{\pi}^{0}\frac{1}{4}\sin^2 2\theta d\theta$$

$$= -\frac{1}{4}ab^3\int_{\pi}^{0}(1-\cos 4\theta)d\theta$$

$$= -\frac{1}{4}ab^3\left[\theta - \frac{1}{4}\cos 4\theta\right]_{\pi}^{0} = \frac{\pi ab^3}{4}$$

長方形断面の単純ねじれ

図 4.8 のような長方形断面の棒をねじったときの反りを表すのは簡単ではないので，そのときのせん断応力を求めることも簡単ではない。ここでは最大せん断応力 τ_{max}，ねじれ率 ω の式のみを示すこととする[2,401-406]。最大せん断応力は断面の長辺の中央に生じ，その値は次のように書ける。

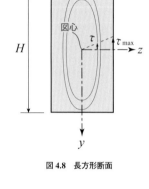

図 4.8 長方形断面

$$\tau_{max} = \frac{M_x}{\alpha H B^2}$$

ここに，α は H/B の比に関する係数であり，そのいくつかの値を表 4.1 に示す。また，近似式として次式が知られている。

$$\tau_{max} = \frac{M_x}{HB^2}\left(3 + 1.8\frac{B}{H}\right)$$

なお，4 つの角ではせん断応力は 0 となる。

ねじれ率 ω，サンブナンねじり定数 J_T は，次式で示される。

$$\omega = \frac{M_x}{\beta H B^3 G}, \quad J_T = \beta H B^3$$

ここに，β は H/B の比に関する係数であり表 4.1[406] に示す値になる。

表 4.1

H/B	1.0	1.5	2.0	2.5	3.0	4.0	10.0	∞
α	0.208	0.231	0.246	0.258	0.267	0.282	0.313	0.333
β	0.141	0.196	0.229	0.249	0.263	0.281	0.313	0.333

薄い板では $H/B \to \infty$ と考えられ，$\alpha = \beta = 1/3$ とすればよい。

薄肉開断面の単純ねじれ

前項から，最大せん断応力 τ_{max}，ねじれ率 ω，サンブナンねじり定数 J_T は次式で示される。

$$\tau_{max} = \frac{M_x}{J_T} t, \quad \omega = \frac{M_x}{GJ_T}, \quad J_T = \frac{1}{3} bt^3$$

このとき薄肉長方形断面のねじれによるせん断応力分布は，図4.9のようになる。

さらに，薄肉長方形断面で組み立てられる図4.10のような断面のサンブナンねじり定数 J_T は，各板要素の和として次のように表される。

$$J_T = \sum_i J_{Ti} = \sum_i \frac{1}{3} b_i t_i^3$$

部材に作用するねじりモーメント M_x は，各板要素が負担するねじりモーメント M_{xi} の和であり，断面形が変わらないとした仮定のもとでは，板のねじれ率 ω は同じであるので，

$$M_x = \sum_i M_{xi} = \sum_i GJ_{Ti}\omega = GJ_T\omega$$

各板要素のねじりモーメント M_{xi} は，全体ねじり定数に対する寄与分の比となる。

$$M_{xi} = \frac{J_{Ti}}{J_T} M_x$$

したがって，各板要素における最大せん断応力 τ_{max} は各板の長辺の中央で生じ，その値は次式で表される。

$$\tau_{max,i} = \frac{M_{xi}}{J_{Ti}} t_i = \frac{M_x}{J_T} t_i$$

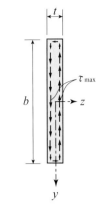

図4.9 薄肉長方形断面のねじりによるせん断応力

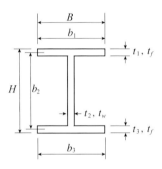

(a) H形断面

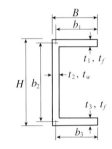

(b) 溝形断面

図4.10 薄肉開断面の例

(a) 開断面

(b) 閉断面

図 4.11 薄肉円管断面

図 4.10 のような断面は，薄肉開断面 thin walled open section と呼ばれている。

図 4.11（a）のような 1 カ所が切れている円管の開断面では，長辺長さに代えて円周長さを用いればよく，サンブナンねじり定数 J_T は次式で示される[405]。

$$J_T = \frac{1}{3}(2\pi r)t^3 = \frac{2}{3}\pi r t^3$$

ねじれ率 ω だけねじるときに必要なねじりモーメント M_x は，

$$M_x = GJ_T\omega = \frac{2}{3}\pi r t^3 G\omega$$

となり，最大せん断応力 $\tau_{\max}$ は次のようになる。

$$\tau_{\max} = \frac{M_x}{J_T}t = \frac{3M_x}{2\pi r t^2}$$

一方，図 4.11（b）の切れ目がなく閉じた薄肉円管では，第 1 節で述べたようにねじれによって反りは生じず，J_T は次の断面極 2 次モーメント I_P を用いればよい。すなわち，

$$I_P = 2\pi r^3 t$$

であり，ねじりモーメント M_x と最大せん断応力 $\tau_{\max}$ は次のようになる。

$$M_x = GI_P\omega = 2\pi r^3 t G\omega, \quad \tau_{\max} = \frac{M_x}{I_P}r = \frac{M_x}{2\pi r^2 t}$$

図 4.11 の閉断面と開断面とで，同じねじれ率 ω にするために必要なねじりモーメント（ねじり剛性）の比率は次のように表される。開断面に比して閉断面のねじり剛性は格段に高く，ねじり難いことがわかる。

$$\text{ねじり剛性の比} = \frac{\text{閉断面}}{\text{開断面}} = 3\left(\frac{r}{t}\right)^2$$

また，ねじりモーメントが同じであれば，最大せん断応力の比は次のように表され，閉断面の方が小さいことがわかる。

$$\tau_{\max}\text{の比} = \frac{\text{閉断面}}{\text{開断面}} = \frac{t}{3r}$$

第3節　曲げねじれ（ワグナーねじれ）

反りねじれ，反り拘束ねじれ … 曲げねじれ（ワグナーねじれ）は，しばしば「反りねじれ」あるいは「反り拘束ねじれ」と呼ばれている。どちらも warping torsion が当てられている。同じねじれを対象とした用語なので英語が同じなのは当然であるが，初学者にとっては誤解を生じやすい用語使用ではないだろうか。「反りねじれ」は「反りが生じるねじれ」と思われ，「反り拘束ねじれ」は「反りが生じないねじれ」と思われる可能性がある。ここで対象とするねじれ現象は，円形や円管などの特殊な断面を除いて，ねじりモーメントで反りが生じる断面の問題であり，第3節ではねじれ率を材軸方向に「非一様」として扱う問題である。因みに，H. Wagner と W. Pretshner の論文（TORTION AND BUCKLING OF OPEN SECTIONS, National Advisory Committee for Aeronautics, Technical Memorandum NO.784, 1936. 原著

第1節では円形断面，円管断面（閉断面）をねじった場合で，クーロンねじれと呼ばれるねじっても断面が反りを生じず平面を保つねじれを扱った。第2節では，一般的な断面をねじった場合で，材軸に直交する断面が平面を保つことができず，反りが生じるサンブナンねじれと呼ばれるねじれを扱った。これらのねじれでは，ねじれ率 ω が部材の長さ方向に一定（一様）であることが重要であり，クーロンねじれはサンブナンねじれの特別な場合ともいえる。鋼材などの薄肉断面部材では，実はサンブナンねじれ理論のみでは厳密には扱えない。反りが拘束されることによって垂直応力が生じ，その垂直応力が材軸方向で変化すると，せん断応力が存在することになり，それに対応するねじりモーメントを考えなければならない。

図4.12は H 形断面材が外力ねじりモーメント m_x をうけている状態である。同図 (a) は断面の反りが両端で拘束されていない棒をねじった場合であり，前節のサンブナンねじれで扱った。同図 (b) は固定端

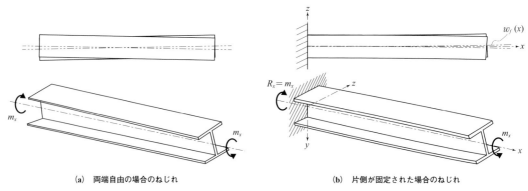

(a)　両端自由の場合のねじれ　　　　　　　(b)　片側が固定された場合のねじれ

図4.12　H 形断面のねじれ

で反りが拘束されている場合である。部材の端部が拘束されると，ねじれ率 ω が部材の長さ方向に一定（一様）ではなくなることは明らかであり，ねじれ率は部材軸にそって変化する非一様ねじれとして扱わなければならなくなる。このねじれ問題を説明するには，1930 年頃の H. ワグナーの研究による，ワグナーねじれ Wagner torsion と呼ばれる理論を加味する必要がある。

　図 4.12 (b) に示した H 形断面材の上フランジは上に凸，下フランジは下に凸となるように曲がっている。したがって，図 4.13 (a) に示すように上下のフランジ部に曲げモーメント $M_f(x)$ とせん断力 $Q_f(x)$ が作用していると考えられる。3 章第 3 節でも述べたが，$M_f(x)$ と $Q_f(x)$ には次の関係がある。

$$Q_f(x) = -\frac{dM_f(x)}{dx} \quad (4.17)$$

この上下フランジのせん断力に対応するねじりモーメント $M_{xW}(x)$ は，次のようになる。

$$M_{xW}(x) = Q_f(x)h = -\frac{dM_f(x)}{dx}h \quad (4.18)$$

フランジの z 方向のたわみ曲線 $w_f(x)$ と $M_f(x)$ との関係は，座標を注意して 3 章第 1 節の式 (3.12) より，

$$M_f(x) = EI_f \kappa_f = EI_f \frac{d^2 w_f(x)}{dx^2} \quad (4.19)$$

と書ける。ここに I_f はフランジの断面 2 次モーメントである。さらに，$w_f(x)$ と x 位置の断面の回転角（ねじれ角）$\phi(x)$ との関係は図 4.13 (b) の幾何学的関係から，次のように近似できる。

$$w_f(x) = \phi(x)\frac{h}{2} \quad (4.20)$$

は 1934 年にドイツで発表されている。）のⅡ章のタイトルは，「TORSION OF OPEN SECTIONS WITH CROSS SECTION RESTRAIND AGAINST WARPING」となっている。また，totsion-bending constant（曲げねじれ定数）が使われている。

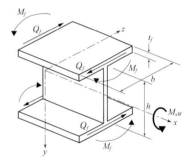

(a) フランジ部の曲げモーメントとせん断力

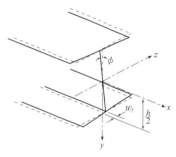

(b) フランジ部のたわみとねじれ角

図 4.13　H 形断面のワグナーねじれ

したがって，式 (4.18) 〜 (4.20) より次式が得られる．

$$M_{xW}(x) = -\frac{EI_f h^2}{2} \cdot \frac{d^3\phi(x)}{dx^3} = -EC_W \frac{d^3\phi(x)}{dx^3} \quad (4.21)$$

ここに，C_W は曲げねじれ定数 lateral torsional constant と呼ばれる．H 形断面では，

$$C_W = \frac{I_f h^2}{2} = \frac{t_f b^3 h^2}{24} \quad (4.22)$$

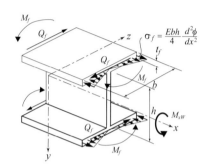

(a) フランジ部の垂直応力

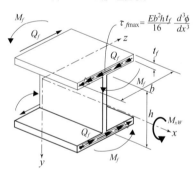

(b) フランジ部のワグナーねじれによるせん断応力

図 4.14　H 形断面のねじれによる応力

である．また，EC_W になると曲げねじれ剛性 lateral torsional rigidity と呼ばれる．

図 4.12 (b) のねじりモーメント $M_x(x)$ は，ねじれ角 $\phi(x)$ が一様でないことも考慮して，サンブナンねじれ表現によるモーメント $M_{xS}(x)$ とワグナーねじれ $M_{xW}(x)$ を加えて，

$$M_x(x) = M_{xS}(x) + M_{xW}(x) = GJ_T \frac{d\phi(x)}{dx} - EC_W \frac{d^3\phi(x)}{dx^3} \quad (4.23)$$

と表現される．式 (4.23) がねじりに関する一般的な表現である．この微分方程式を境界条件のもとで解くことによって $\phi(x)$ を求めれば，式 (4.19) からフランジ部の垂直応力 σ が，またワグナーねじれによるせん断応力 τ が図 4.14 のようになる．

円形断面や角形断面のような中実断面材や，円形中空断面や角形中空断面で閉断面である材のねじれではサンブナンねじれの比率が高くなり，H 形断面や溝形断面のような薄肉開断面では，サンブナンねじれの割合は小さく，ワグナーねじれの割合が大きい．

いくつかの薄肉開断面の曲げねじれ定数は，文献 [2, 202, 403] などに示されている．

Chapter 5
Beam

5章 梁

第1節　梁の支点と静定梁・不静定梁

梁 beam … 広辞苑によると「梁（はり）」は，①上部からの荷重を支えるため，あるいは柱を緊束するために架する横架材の総称。狭義には，桁（けた）gieder と梁と分けて，梁は棟と直角にかけられたもののみを意味することもある。②一般に，細長い部材が各点で支えられ，材に直角または斜めに曲げの力が働いているもの。「桁」は，柱の上方にあって棟を受ける材。橋では橋脚の上に，橋の方向に横たえた受材。

日本建築学会「建築用語辞典」によれば，二つ以上の支点の上に架けられた構造部材，あるいは一端が固定された片持ち形式の水平な構造部材 [201]。

支点名称	固定（端）	ピン	ローラー
記号と反力	梁の端部	梁の端部	梁の端部
拘束できる動き	並進移動も回転も拘束	並進移動を拘束，回転は自由	一方向の移動のみ拘束（三角記号の下の線に垂直な方向のみ拘束）
反力の数	3	2	1

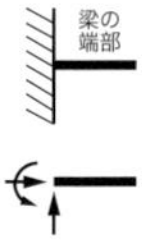

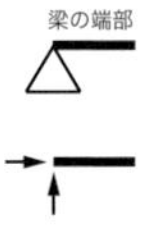

図 5.1　平面梁の支点

2章から前章まで，ひずみと応力について考え，また応力の部材に直交する断面全体についての合応力としての断面力（内力）について述べてきた。本章および次章では，構造物にかかる外力や荷重に対して構造物を構成する部材に生じる断面力を求め，さらに応力を算定する手順について，まずこの章で梁 beam と呼ばれる基本的な構造物で示す。

「梁」とは，「主として材軸に対して直交する方向に作用する荷重（横荷重という）に抵抗する細長い棒材」であり，一方「柱」とは，「主として材軸方向に作用する荷重に抵抗する細長い直線状の棒材」である。構造力学では，「単一または複数の支点で支持した直線状の棒材，あるいは骨組より構成部材を取り出して，単体として解析を行う場合の部材を梁という。また，材軸に直角な2平面で切り出される梁の任意の部分を梁要素という」と述べられている[1]。

支点と反力

梁は，空間を架け渡す部材であるが，支える場所（支点）でこの部材の動きが拘束され，静止して役割を果たすことができる。物体の動きは，1章で述べたように空間では直交3軸方向の3つの並進成分と各軸まわりの3つの回転成分で表される。平面で考えるときは，2つの並進成分と1つの回転成分となる。これらの動きのうちいくつを拘束するかで支点のモデルが分類される。拘束するためには，動きを止める力を考慮する必要があり，支点で評価されるその力を反力 reaction と呼んでいる。

平面モデルでは，通常，図 5.1 に示す次の3つの支点モデルと記号が用いられている。支点において平面梁の剛体としての動きを完全に止めることができるのは，固定（端）fixed end であり，支点反力の数は反

力モーメントも含めて3である。次に，支点位置で梁端の剛体回転は許容するが，並進移動を止めることができる支点がある。この支点をピン支点（回転支承）pin support といい，反力成分の数は2である。また，ピン支点の一つの並進移動成分方向の拘束をなくし移動可能にした支点をローラー支点（移動支承）roller support と呼んでいる。立体モデルにおいても同様に，6つの動き成分をどのように拘束するかで，考えなければならない反力の成分数が決まる。実際には，「完全に固定する」とか，「回転が自由」，「移動可能」などを厳密に実現することは難しく，動きが小さく，工学的設計情報として役立つレベルとしてのモデルである。固定状態，自由回転状態や自由移動状態への理想化が困難な場合は，反力はその状態に対する抵抗力として適切に評価する方法を駆使して，ばねの復元力などとして考える必要がある。反力はつり合い状態を満たすように求められる。

静定梁と不静定梁

　外力に対して梁として機能する実構造物が平面梁モデルとして考えられるとき，支持部はその実状に応じて図5.1の支点を組み合わせてモデル化される。いくつかの支点の組合わせとして，例えば，図5.2に示すようなものが考えられる。支点反力を矢印で示した梁の自由体図も示している。

　図5.2（a）は，水平方向の反力が存在せず，もし水平方向に移動を生じさせるような外力がかかると，動きを生じてしまい，梁を拘束できない。また図5.2（e）のような場合は，梁は回転してしまうので図のような状態は保てない。このような支点状態は不安定といえる。これら2つ以外の梁は，外力によって変形はするであろうが，変形状態を保ったまま安定な静止状態を実現できそうである。

　図5.2（b）の梁は，左端をピン支点で右端をローラー支点で支えられ，反力数は3である。1章で述べたように剛体として見たときには梁全体の動きが止まり，静止状態であることから，平面の水平力成分，鉛直力

荷重 load と外力 external force … 材料力学や構造力学等で構造物，部分構造要素などの外部から作用する力を一般に外力と呼んでいる。

　一方，荷重は，建築や土木などのものづくりの設計に際して使われている。荷重の作用する方向によって，鉛直荷重 vertical load，水平荷重 horizontal load，モーメント荷重に分けられ，また空間的状況によって，分布荷重 distributed load と集中荷重 concentrated load に分けられる。さらに作用している時間・期間によって長期荷重 sustained loading，短期荷重 temporary loading という分類もある。

　建築や土木では，荷重を成因によって，固定荷重（死荷重）dead load，積載荷重（活荷重）live load，積雪荷重 snow load，風荷重 wind load，地震荷重 earthquake load に分類している。その他にも土圧や水圧，温度変化による膨張・収縮，地盤沈下，衝撃力などにも必要に応じて荷重として対処しなければならないこともある。

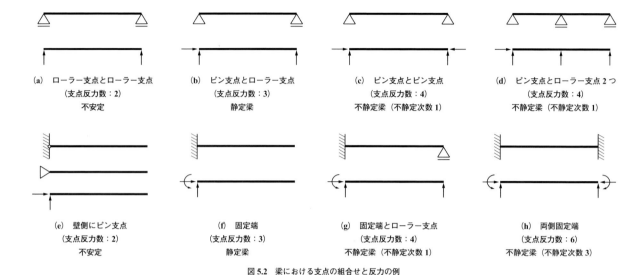

図 5.2 梁における支点の組合せと反力の例

成分，回転についての力のモーメント成分のそれぞれの和が 0 になっていなければならないという 3 つのつり合い式が書ける。それゆえ，3 つの反力が求まるはずである。このようにつり合い式で反力が求まる梁を静定梁 statically determinate beam という。すなわち静力学 (statics)，つり合い式で解ける梁ということである。なお，一方をピン支点で他方をローラー支点で支持することを単純支持 simple support といい，単純支持された梁を単純梁 simple beam という。

図 5.2 (f) のように一方の端を固定端とした梁も反力数 3 である。この梁も 3 つのつり合い式で反力が求まる静定梁である。この一方のみを固定端で支持された梁を片持ち梁 cantilever beam（単に，cantilever だけでもよい）という。

図 5.2 (c)，(d)，(g)，(h) の梁は，いずれも反力数が 3 より多いため，3 つのつり合い式だけでは反力を求めることができない。それゆえ，これらの梁を不静定梁 statically indeterminate beam という。

なお，静定梁は単純梁と片持ち梁だけではなく，図 5.3 に示すような

梁部材の途中，あるいは複数の梁をつなぐ箇所に回転自由な接合部を設けることによって，その接合位置の極く近くで断面力の曲げモーメントが0であることを利用して，つり合い式のみで反力を求めることができる。このような静定梁はゲルバー梁 Gerber's beam と呼ばれる。

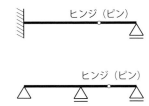

図 5.3　ゲルバー梁の例

第2節　静定梁の反力と断面力

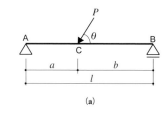

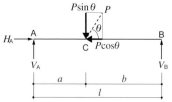

図 5.4　集中荷重が作用する単純梁

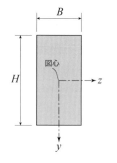

図 5.5　長方形断面

前節で述べた静定梁の代表である単純梁と片持ち梁, ゲルバー梁について, いくつかの典型的な外力をうけたときの反力と断面力を求める手順を記しておこう。

梁は実際には長方形断面のようなある大きさをもっている。前節でもそうであったがこの節でも梁は, 幅やせいを無視して直線で描いている。通常, 断面の図心を連ねた材軸線である。せん断中心を連ねた直線であることもある。外力をうけた梁は, 実際に目に見えるかどうかは判らないが変形する。しかしながら, この節でも反力や断面力を求めるためにつり合いを考えるときは, そうした変形は無視している。また, 単純梁と片持ち梁などの例題では, 第3章で述べた垂直応力 σ, せん断応力 τ を求める手順も示す。

集中荷重が作用する単純梁

図 5.4 (a) の斜め下向きに集中荷重 (力) P が作用している単純梁を考えてみよう。梁の断面は, 図 5.5 に示す長方形断面とする。3つの支点反力を H_A, V_A, V_B と名付けている。H は Horizontal の, V は Vertical の頭文字であり, 下添え字 A, B はそれぞれの支点を示している。反力の矢印の向きは, 特に一般的な定めはない。

3つの平面の動き成分として, 水平, 鉛直, 回転が止まるためのつり合い式を矢印の向きに注意して正負の符号を定めると, 次のように書くことができる。

水平方向の力のつり合い：$H_A - P\cos\theta = 0$

鉛直方向の力のつり合い：$V_A + V_B - P\sin\theta = 0$

A 点まわりの回転方向の力のモーメントのつり合い：
$$P\sin\theta\cdot a - V_B\cdot l = 0$$

力のモーメントのつり合いは，A 点まわりでなくともよい。

これらを解くと，次のように3つの支点反力が求まる。

$$H_A = P\cos\theta, \quad V_B = P\sin\theta\cdot\frac{a}{l},$$

$$V_A = P\sin\theta - V_B = P\sin\theta\cdot\frac{l-a}{l} = P\sin\theta\cdot\frac{b}{l}$$

次に，断面力を求めてみる。まず図5.6のように部材途中の断面力を知りたい位置 x で頭の中で切断し，その断面の左右で3章で述べた平面曲げにおける断面力 N（軸力），Q（せん断力），M（曲げモーメント）を考える。左右の断面力は2章で述べた同一断面の垂直応力 σ，せん断応力 τ の断面積分量であり，右側自由体で見るか，左側自由体で見るかである。ここで示した矢印の向きは N, Q, M それぞれの平面梁の断面力の正の向きとされ，作用・反作用として一対になっている。

梁の両端面には断面力は存在しないこと，集中荷重が作用している C 点断面は断面力が不連続に変化することを考慮して，まず図5.6（a）のように A 点の極く右の断面から集中荷重が作用している C 点の極く左の断面までを考える。すなわち，

ⅰ) $0 < x < a$ のとき，左側の自由体のつり合い式から断面力 N, Q は，

$$P\cos\theta + N = 0 \quad \therefore \quad N = -P\cos\theta$$

$$P\sin\theta\cdot\frac{b}{l} - Q = 0 \quad \therefore \quad Q = \frac{Pb\sin\theta}{l}$$

となる。曲げモーメント M は，x 位置まわりで考えると未知変数が M だけとなるので，次のように簡単に求めることができる。

$$P\sin\theta\cdot\frac{b}{l}\cdot x - M = 0 \quad \therefore \quad M = \frac{Pb\sin\theta}{l}x$$

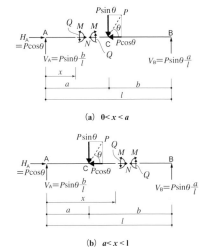

(a) $0 < x < a$

(b) $a < x < l$

図5.6 集中荷重が作用する単純梁の断面力を求めるための自由体

確認のため右側の自由体でも考えてみると，

$$-N - P\cos\theta = 0 \quad \therefore \quad N = -P\cos\theta$$

$$Q - P\sin\theta + P\sin\theta \cdot \frac{a}{l} = 0 \quad \therefore \quad Q = P\sin\theta\left(1 - \frac{a}{l}\right) = \frac{Pb\sin\theta}{l}$$

$$M + P\sin\theta(a-x) - P\sin\theta \cdot \frac{a}{l} \cdot (l-x) = 0$$

$$\therefore M = P\sin\theta\left\{\frac{a}{l}\cdot(l-x) - (a-x)\right\} = P\sin\theta \cdot x\left(1 - \frac{a}{l}\right) = \frac{Pb\sin\theta}{l}x$$

となり，当然であるが右側の自由体で考えても左側の自由体で考えても断面力は同じである。

ⅱ) $a < x < l$ のとき，つり合い式を考えやすいのは右側の自由体であろう。したがって，N，Q，M は次のようになる。

$$-N = 0 \quad \therefore \quad N = 0$$

$$Q + P\sin\theta \cdot \frac{a}{l} = 0 \quad \therefore \quad Q = -\frac{Pa\sin\theta}{l}$$

$$M - P\sin\theta \cdot \frac{a}{l}(l-x) = 0 \quad \therefore \quad M = \frac{Pa\sin\theta}{l}(l-x)$$

ここで，平面梁における断面力の正負の向きについて確認しておこう。図 5.7 にそれを示すが，軸力 N が正のときは引張であり，せん断力 Q が正のときは梁要素を時計まわりに回転させる方向であり，曲げモーメント M が正のときは梁要素の下が伸びるように湾曲する方向である。

ⅰ)，ⅱ) の断面力の x に関する変化を図示してみよう。軸力図（N 図）axial force diagram は図 5.8（a），せん断力図（Q 図）shear force diagram は図 5.8（b）となり，曲げモーメント図（M 図）bending moment diagram は図 5.8（c）のようになる。これら 3 つの図をまとめて断面力図と呼んでいる。N 図と Q 図では，図中に正負の符号を記入することで図 5.7 に示した変形状況も表すが，M 図には正負の符号

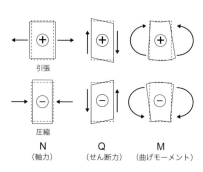

図 5.7 平面梁の断面力の正負の向きと梁要素の変形

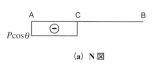

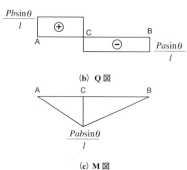

図 5.8 集中荷重が作用する単純梁の断面力図

は記さず，図5.8（c）のように湾曲に伸びる側に描き，梁のたわみとの連想を意識するのが日本流のようである．ティモシェンコの教科書[3]では図5.7の正負に従い正を上に描いている．

曲げに伴うせん断力は3章第3節の式（3.31）から，次の曲げモーメントMのxに関する変化率（微分）がせん断力Qであることが導ける．

$$\frac{dM}{dx} = Q \tag{5.1}$$

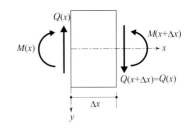

$$M(x) - M(x+\Delta x) + Q\Delta x = 0$$

$$Q = \lim_{\Delta x \to 0} \frac{M(x+\Delta x) - M(x)}{\Delta x} = \frac{dM}{dx}$$

Q図とM図を見ると，このことが確認できる．すなわち，ⅰ）でQが一定で正のときはMは線形で大きくなり，一方ⅱ）でQが一定で負のときはMは線形に減少している．

最後に，断面力から応力を求める過程を示しておく．何故ならば，造形，ものづくりにおける力学では，部材内の最大応力と材料強度との比較は重要な目標の一つである．

垂直応力σは，断面力N，Mから3章第1節で示した次の式（3.14）を用いて求められる．

$$\sigma(x, y) = \frac{N(x)}{A} + \frac{M(x)}{I} y$$

部材の断面は図5.5に示した長方形断面であるので，断面積Aおよび断面2次モーメントIは，次のようになる．

$$A = BH, \quad I = \frac{BH^3}{12}$$

軸力NはA-C間に圧縮力として存在し，曲げモーメントMはC点の左右の断面で最大の大きさとなっている．すなわち，

$$N = -P\cos\theta, \quad M_\mathrm{c} = \frac{Pab\sin\theta}{l}$$

を対象として考えればよい。垂直応力 σ で引張応力で最大の大きさとなるのは，C 点の極く右の断面の長方形断面の下縁であり，圧縮応力で最大の大きさとなるのは，C 点の極く左の断面の長方形断面の上縁となる。したがって，

$$\sigma_{T\max} = \frac{M_C}{I}\left(\frac{H}{2}\right) = \frac{6Pab\sin\theta}{BH^2 l},$$

$$\sigma_{C\max} = \frac{N}{A} + \frac{M_C}{I}\left(-\frac{H}{2}\right) = -\frac{P\cos\theta}{BH} - \frac{6Pab\sin\theta}{BH^2 l}$$

となる。せん断応力 τ が最大となるのは，A-C 間で 3 章第 3 節の長方形断面の場合の式（3.36）から，次のようになる。

$$\tau_{\max} = 1.5\frac{Q}{A} = \frac{3Pb\sin\theta}{2BHl}$$

等分布荷重が作用する片持ち梁

図 5.9（a）の鉛直下向きに等分布荷重（力）q が作用している片持ち梁を考えてみよう。梁の断面は，図 5.5 に示した長方形断面とする。図 5.9（b）に示すように片持ち梁の固定端には鉛直方向および水平方向の支点反力 H_A, V_A に加えて反力モーメント M_A がある。M は Moment の頭文字である。M_A がないと図 5.2（e）で示したように梁は荷重を支えることができない。

水平，鉛直，回転が止まるためのつり合い式を矢印の向きに注意して正負の符号を定め，3 つの反力を次のように求めることができる。

水平方向の力のつり合い：$H_A = 0$

鉛直方向の力のつり合い：$V_A = \int_0^l q\,dx = ql$

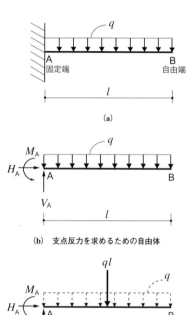

(a)

(b) 支点反力を求めるための自由体

(c) 分布荷重と静的等価な集中荷重

図 5.9　等分布荷重が作用する片持ち梁

A点まわりの回転方向の力のモーメントのつり合い：

$$M_A = \int_0^l qx\,dx = \frac{1}{2}ql^2 = ql \cdot \frac{l}{2}$$

力のモーメントのつり合いは，A点まわりでなくともよいが，A点とすることでH_A，V_Aが式に現れず簡単となる。また，分布荷重であることを意識して積分表現を用いたが，図5.9（c）に示すように静的等価な集中荷重に置き換えてつり合い式を考える方が簡単である。

次に単純梁のときと同様に図5.10のように部材途中の断面力を知りたい位置xで頭の中で切断し，その断面の左右にN，Q，Mを考える。理解が深まってくれば，x位置が端となるどちらか一つの自由体のみを描けば，断面力を求めるには十分である。ここでは，自由端を含む右側の自由体についてつり合い式を考えてみる。すなわち，

$$N = 0$$
$$Q - q(l-x) = 0 \quad \therefore\ Q = q(l-x)$$
$$M + q(l-x) \cdot \frac{1}{2}(l-x) = 0 \quad \therefore\ M = -\frac{1}{2}q(l-x)^2$$

となる。ここで注意しなければならないことは，断面力を考える自由体は等分布荷重が作用している状態で考えねばならないことである。反力を求めるときに用いた図5.9（c）の静的等価な集中荷重に置き換えた梁で考えてはいけない。もし，誤ってそれを用いると荷重の異なる梁の断面力を求めていることになる。なお，図5.10（b）の固定端を含む左側の自由体で考えても同じ断面力の式が得られることが確かめられる。

この分布荷重をうける片持ち梁では，x位置によって自由体の長さは変化するが，つり合いを考える力系としては変わらず，断面力が不連続に変化する箇所はないので，図5.10によって梁全体の断面力が求められている。

次に断面力図を描くと，図5.11のようになる。M図は，図5.7に示

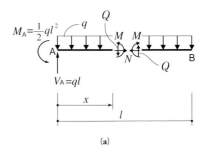

(a)

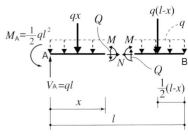

(b) 分布荷重と静的等価な集中荷重

図5.10 等分布荷重が作用する片持ち梁の断面力を求めるための自由体

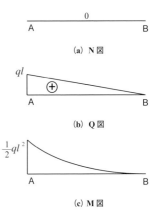

図5.11 等分布荷重が作用する片持ち梁の断面力図

した負の状態であり，湾曲は梁の上側が伸びるような変形となる。Q図が直線であり，M図はその積分として曲線となっている。

垂直応力σで引張応力で最大の大きさとなるのは，固定端A点の極く右の断面の長方形断面の上縁であり，圧縮応力で最大の大きさとなるのは，その下縁である。すなわち，

$$\sigma_{Tmax} = \frac{M(0)}{I}\left(-\frac{H}{2}\right) = \left(-\frac{ql^2}{2}\right)\left(\frac{12}{BH^3}\right)\left(-\frac{H}{2}\right) = \frac{3ql^2}{BH^2}$$

$$\sigma_{Cmax} = \frac{M(0)}{I}\left(\frac{H}{2}\right) = -\frac{3ql^2}{BH^2}$$

となる。これを図化してみると，図5.12のようになる。この片持ち梁の固定端の壁部は，上部は引張によって剥がれようとするのに抵抗し，下部は圧縮で押し込まれようとするのに抵抗していることがわかる。これを部材の断面に対する壁部分で積分した結果が反力モーメント M_A となっている。

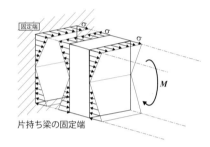

図5.12 片持ち梁の固定端の垂直応力の状況

単純支持された張出し梁

図5.13（a）の単純支持された梁について考える。このような形式の梁を張出し梁 over hanging beam と呼んでいる。部材は単一のH形鋼を使用することを考える。

① 支点反力を求める。

ピン支点，ローラー支点の反力を矢印で示した自由体を描き（図5.13 (b)），次のつり合い式を書く。

$$-60 + H_C = 0$$
$$V_A - 80 + V_C - 20 = 0$$
$$5V_A - 2.5 \times 80 + 20 \times 1 = 0 \quad (\text{C点まわり})$$

これらより，支点反力が次のように求まる。

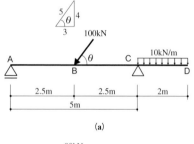

(a)

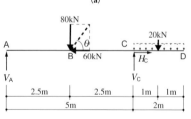

(b) 支点反力を求めるための自由体

図5.13 張出し梁の例題

$H_C = 60\text{kN}, \quad V_A = 36\text{kN}, \quad V_C = 64\text{kN}$

式の数値には単位は不要であるが，求めた反力には単位をつけておく方がよい．

② 断面力を求める．

A-B間：下図のような断面力を求めるための自由体を描き，次のつり合い式を書いて，N, Q, Mを求める．図中のN, Q, Mの矢印は正の向きに描く．

$N = 0$
$36 - Q = 0 \quad \therefore Q = 36$
$36x_1 - M = 0 \quad \therefore M = 36x_1$

B-C間：

$-60 + N = 0 \quad \therefore N = 60$
$36 - 80 - Q = 0 \quad \therefore Q = -44$
$36x_1 - 80(x_1 - 2.5) - M = 0$
$\therefore M = -44x_1 + 200$

C-D間：D側から自由体を描いた方が簡単であるので，N, Q, Mの矢印は正の向きに注意して描く．また，x_2はDから測っている．

$N = 0, \quad Q - 10x_2 = 0 \quad \therefore Q = 10x_2$
$M + 10x_2 \cdot \dfrac{x_2}{2} = 0 \quad \therefore M = -5x_2^2$

③ 断面力図を描く．

x_1, x_2の起点に注意して断面力を描くと，図5.14のようになる．主要な位置での断面力は単位を付して記入しておく．この図から次の応力の最大値を求めることになる．

④ 垂直応力σ，せん断応力τを求める．

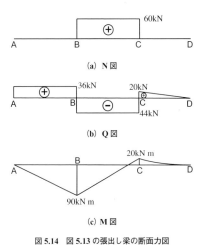

図5.14 図5.13の張出し梁の断面力図

許容応力度 allowable stress … 構造物の外力に対する安全性を確保するために定められた，部材に許容できる応力度の限界値[201]。設計荷重によって構造体各部に生じる応力度の許しうる上限値。通常長期・短期に分かれ，材料種別と応力種類ごとに定められている。材料の基準強度 F 値を安全率でわって求められる[5]。

　鋼材では，日本建築学会規準において，F 値を JIS の降伏点の下限値と引張強さの 70% の小さい方の値としている。応力の状況によって，許容引張応力度，許容せん断応力度，許容曲げ応力度，許容圧縮応力度などが詳細に規定されている。

ゲルバー Heinrich Gttfried Gerber, 1832-1912

　ドイツの橋梁技術者。スパンの大きい橋を建設するときに，二つの橋脚から張り出した片持ち部と片持ち部の間に第三の桁を載せるというシステムを考案し 1866 年に特許を得た。第三の桁部が比較的細く，両側との接合部で断面力の伝達において曲げモーメントが伝わらないとみなせる。スコットランドのフォース湾に架かる橋が有名である[502]。

　σ において引張応力で最大の大きさとなるのは，B 点の極く右の断面の下縁であり，圧縮応力で最大の大きさとなるのは，B 点の極く左の断面の上縁である。一方，τ が最大の大きさとなるのは B-C 間である。これらの算定に必要な断面力は，

$$N_{\text{B-C}} = 60\text{kN}, \quad M_{\text{B}} = 90\text{kN m}, \quad Q_{\text{B-C}} = 44\text{kN}$$

である。使用する鋼材を 400N/mm^2 級の H-400×200×8×13 とすると，

断面積 $A = 8337\text{mm}^2$，　断面 2 次モーメント $I = 235 \times 10^6 \text{mm}^4$，ウエブ断面積 $A_w \approx 2992\text{mm}^2$

である（鋼材表参照，例えば，[501]）。以上より，

$$\sigma_{\text{Tmax}} = \frac{N_{\text{B-C}}}{A} + \frac{M_{\text{B}}}{I} \times 200$$

$$= \frac{60 \times 10^3}{8337} + \frac{90 \times 10^6}{235 \times 10^6} \times 200 = 83.80\text{N/mm}^2$$

$$\sigma_{\text{Cmax}} = \frac{M_{\text{B}}}{I} \times (-200) = \frac{90 \times 10^6}{235 \times 10^6} \times (-200) = -76.60\text{N/mm}^2$$

$$\tau_{\text{web}} = \frac{Q_{\text{B-C}}}{A_w} = \frac{44 \times 10^3}{2992} = 14.71\text{N/mm}^2$$

となる。

　ここで求めた応力は，部材が弾性状態にあるとした場合である。その応力と材料に許される応力限度を比較することが，設計の基本となる設計法を許容応力度設計法 allowable stress design と呼んでいる。ここでは，許容応力度そのものについては示さないが，σ，τ とも十分に許容される値である。なお，鉄筋コンクリート構造などでは，許容応力度よりむしろ許容断面力（許容曲げモーメント，許容せん断力など）で判定していることもある。

反力数が4以上のゲルバー梁の支点反力と断面力

図 5.3 に示したようなゲルバー梁では，ヒンジ（ピン）と呼ばれる回転自由な接合部の極く近くで断面力の曲げモーメント M が0となる。一方，軸力 N とせん断力 Q は伝達される。したがって，ヒンジ近傍の自由体図は，図 5.15 のようになる。このことを利用する。

図 5.16(a)のゲルバー梁の支点反力と断面力を求めてみよう。図 5.16(b) の全体の自由体より，次の3つのつり合い式が得られる。

$$-60 + H_C = 0$$
$$V_A - 80 + V_C - 20 + V_D = 0$$
$$V_A \times 5 - 80 \times 2.5 + 20 \times 1 - V_D \times 2 = 0$$

未知反力は H_C, V_A, V_C, V_D の4つであり，式3つでは解けない。そこで，図 5.16 (c) のヒンジの左側の自由体を考え，ヒンジ位置近傍の断面での M が 0 であることを用いて，4つめの式を書くと，

$$V_A \times 4 - 80 \times 1.5 = 0$$

となる。よって，4つの支点反力は次のように求まる。

$$H_C = 60 \text{kN}, \quad V_A = 30 \text{kN}, \quad V_C = 85 \text{kN}, \quad V_D = -15 \text{kN}$$

次に，断面力を求めよう。

A-B 間：

$$N = 0$$
$$30 - Q = 0 \quad \therefore Q = 30$$
$$30x_1 - M = 0 \quad \therefore M = 30x_1$$

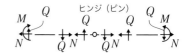

図 5.15 ヒンジ（ピン）近傍の断面力

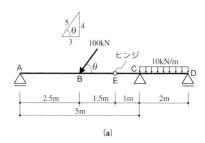

(a)

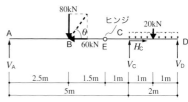

(b) 全体の自由体

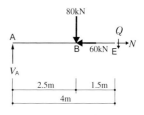

(c) ヒンジまでの自由体

図 5.16 ゲルバー梁の例題 1

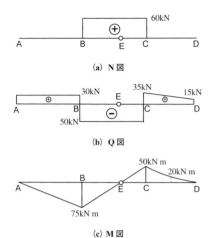

図 5.17　図 5.16 のゲルバー梁の断面力図

B-C 間：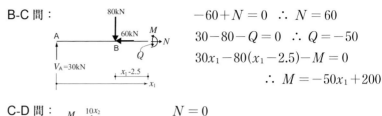

$-60 + N = 0 \quad \therefore N = 60$
$30 - 80 - Q = 0 \quad \therefore Q = -50$
$30x_1 - 80(x_1 - 2.5) - M = 0$
$\therefore M = -50x_1 + 200$

C-D 間：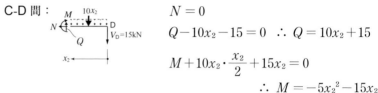

$N = 0$
$Q - 10x_2 - 15 = 0 \quad \therefore Q = 10x_2 + 15$
$M + 10x_2 \cdot \dfrac{x_2}{2} + 15x_2 = 0$
$\therefore M = -5x_2{}^2 - 15x_2$

E 点にヒンジがあるが，つり合いを考える力系は C 点まで変わらないので，E 点のヒンジで自由体を変える必要はない。

断面力を描くと，図 5.17 のようになる。

図 5.18（a）の固定端をもつゲルバー梁の支点反力と断面力を求めてみよう。図 5.18（b），（c）の自由体より，

$H_A - 60 = 0$
$V_A - 80 + V_C - 20 = 0$
$-M_A + 80 \times 2.5 - V_C \times 5 + 20 \times 6 = 0$
$-V_C \times 1 + 20 \times 2 = 0$

が得られる。以上より，支点反力は次のようになる。

$H_A = 60\,\text{kN}, \quad V_A = 60\,\text{kN}, \quad M_A = 120\,\text{kN m}, \quad V_C = 40\,\text{kN}$

断面力は以下のように求められる。

A-B 間：

$60 + N = 0 \quad \therefore N = -60$
$60 - Q = 0 \quad \therefore Q = 60$
$-120 + 60x_1 - M = 0$
$\therefore M = 60x_1 - 120$

B-C 間：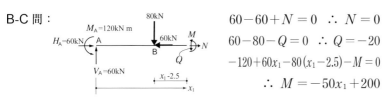

$$60 - 60 + N = 0 \quad \therefore N = 0$$
$$60 - 80 - Q = 0 \quad \therefore Q = -20$$
$$-120 + 60x_1 - 80(x_1 - 2.5) - M = 0$$
$$\therefore M = -50x_1 + 200$$

C-D 間：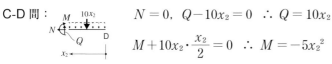

$$N = 0, \quad Q - 10x_2 = 0 \quad \therefore Q = 10x_2$$
$$M + 10x_2 \cdot \frac{x_2}{2} = 0 \quad \therefore M = -5x_2^2$$

断面力を描くと，図 5.19 のようになる。

図 5.13 から図 5.19 に見られるように梁の支え方で，断面力（内力）の様相はかなり異なってくる。

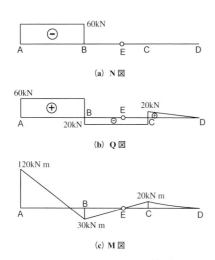

(a) N 図

(b) Q 図

(c) M 図

図 5.19　図 5.18 のゲルバー梁の断面力図

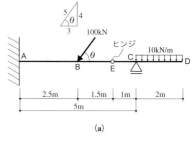

(a)

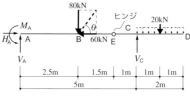

(b)　全体の自由体

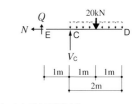

(c)　ヒンジまでの自由体

図 5.18　ゲルバー梁の例題 2

第3節　梁の曲げによるたわみ

弾性直線棒材（梁）が材軸の横から外力（荷重）をうけると，曲げ変形を生じる。曲げ変形において材軸と直交する方向の変位を連ねた曲線をたわみ曲線 deflection curve と呼んでいる。

ここでは，3章第1節で述べた平面内で外力をうけその外力の作用平面内に曲げ変形を生じているたわみ曲線を対象をとする。図 5.20 に示すように，材軸を x 軸とし，その直交する軸を y 軸として，変形前の x 位置の y 方向変位を $v(x)$ とする。この $v(x)$ がたわみ曲線を表す関数であり，この $v(x)$ の求め方を述べよう。

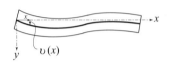

図 5.20　たわみ曲線

まず，以下に式（3.4）および式（3.12）を再掲する。なお，平面梁における曲げモーメント M の向きを考慮することとする。

$$\text{式 (3.4)} \quad \kappa(x) = -\frac{d\theta}{dx}$$

$$\text{式 (3.12)} \quad \kappa(x) = -\frac{M_z}{EI_z} = \frac{M}{EI}$$

上式において θ は，図 5.21 に示す曲げによる材軸の曲線の接線角である。したがって，$\theta(x)$ はたわみ曲線 $v(x)$ と次の関係がある。

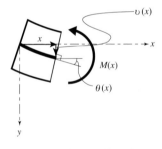

図 5.21　平面内たわみ曲線の接線角 θ

$$\theta(x) = \frac{dv(x)}{dx} \tag{5.2}$$

式（3.4），式（3.12）および式（5.2）より，次式が導ける。

$$\kappa(x) = \frac{d^2v(x)}{dx^2} = -\frac{M(x)}{EI} \tag{5.3}$$

上式はたわみ曲線の微分方程式（公式）と呼ばれ，これを用いれば，曲

げモーメントの分布式 $M(x)$ から $v(x)$ が求められることになる。

単純梁のたわみ曲線

図 5.22 の等分布荷重をうける単純梁のたわみ曲線を求めてみよう。材料のヤング係数は E, 部材の断面 2 次モーメントは I である。

まず支点反力および断面力を求める。支点反力は,

$$H_A = 0, \quad V_A = V_B = \frac{ql}{2}$$

であり, 断面力 N, Q, M は次のように表され, 断面力図は, 図 5.23 のようになる。

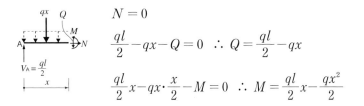

$$N = 0$$
$$\frac{ql}{2} - qx - Q = 0 \quad \therefore \quad Q = \frac{ql}{2} - qx$$
$$\frac{ql}{2}x - qx \cdot \frac{x}{2} - M = 0 \quad \therefore \quad M = \frac{ql}{2}x - \frac{qx^2}{2}$$

たわみ曲線 $v(x)$ は, 式 (5.3) より, 次の微分方程式から求まる。

$$v''(x) = \frac{d^2 v(x)}{dx^2} = -\frac{M(x)}{EI} = \frac{q}{2EI}(x^2 - lx)$$

○″ は x についての 2 階微分を表している。両辺を積分すると,

$$v'(x) = \frac{dv(x)}{dx} = \frac{q}{2EI}\left(\frac{x^3}{3} - l\frac{x^2}{2}\right) + C_1$$

$$v(x) = \frac{q}{2EI}\left(\frac{x^4}{12} - l\frac{x^3}{6}\right) + C_1 x + C_2$$

となる。ここに, C_1, C_2 は積分定数である。$v(x)$ は A, B 両支点において 0 であり, これらの境界条件 boundary condition より,

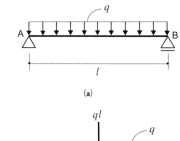

(a)

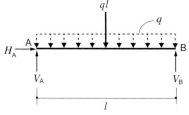

(b) 支点反力を求めるための自由体

図 5.22 等分布荷重をうける単純梁

(a) N 図

(b) Q 図

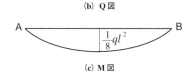

(c) M 図

図 5.23 等分布荷重がうける単純梁の断面力図

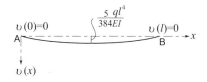

図 5.24 等分布荷重がうける単純梁のたわみ曲線

$$v(0) = C_2 = 0$$
$$v(l) = -\frac{ql^4}{24EI} + C_1 l = 0 \quad \therefore C_1 = \frac{ql^3}{24EI}$$

となる．よって，たわみ曲線 $v(x)$ は次のようになる．

$$v(x) = \frac{q}{2EI}\left(\frac{x^4}{12} - l\frac{x^3}{6}\right) + \frac{ql^3}{24EI}x = \frac{q}{24EI}(x^4 - 2lx^3 + l^3 x)$$

たわみ $v(x)$ が最大となるのは，梁の中央位置である．すなわち，

$$v\left(\frac{l}{2}\right) = \frac{q}{24EI}\left(\frac{l^4}{16} - \frac{l^4}{4} + \frac{l^4}{2}\right) = \frac{5ql^4}{384EI}$$

次に，図 5.4 の集中荷重をうける単純梁（図 5.25 に一部を再掲する）のたわみ曲線 $v(x)$ を求めてみよう．材料のヤング係数は E，部材の断面 2 次モーメントを I とする．図 5.25（b）の M 図に見られるように，$M(x)$ の式は集中荷重の作用している C 点で変わるので，式 (5.3) の微分方程式も A-C 間，C-B 間で別の式を考えなければならない．

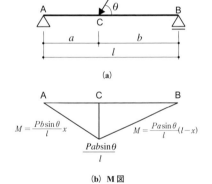

(b) M 図

図 5.25 集中荷重をうける単純梁

A-C 間：
$$v''_{\text{A-C}}(x) = -\frac{M_{\text{A-C}}(x)}{EI} = -\frac{Pb\sin\theta}{EIl}x$$
$$v'_{\text{A-C}}(x) = -\frac{Pb\sin\theta}{2EIl}x^2 + C_1$$
$$v_{\text{A-C}}(x) = -\frac{Pb\sin\theta}{6EIl}x^3 + C_1 x + C_2$$

C-B 間：
$$v''_{\text{C-B}}(x) = -\frac{M_{\text{C-B}}(x)}{EI} = -\frac{Pa\sin\theta}{EIl}(l-x)$$
$$v'_{\text{C-B}}(x) = -\frac{Pa\sin\theta}{2EIl}(2lx - x^2) + D_1$$
$$v_{\text{C-B}}(x) = -\frac{Pa\sin\theta}{6EIl}(3lx^2 - x^3) + D_1 x + D_2$$

ここに，C_1, C_2, D_1, D_2 は積分定数であるが，まず，境界条件として使えるのは次の A，B 両支点のたわみが 0 であることである．

$$v_{\text{A-C}}(0) = C_2 = 0$$
$$v_{\text{C-B}}(l) = -\frac{Pa\sin\theta}{3EI}l^2 + D_1 l + D_2 = 0 \quad\text{(a)}$$

次に考えられるのは，2つのたわみ曲線が C 点でスムーズにつながっていることを使うことである．すなわち，

$$v_{\text{A-C}}(a) = v_{\text{C-B}}(a)：変位の連続$$
$$v'_{\text{A-C}}(a) = v'_{\text{C-B}}(a)：接線角の連続$$

これらより，次の関係式が得られる．

$$(C_1 - D_1)a - D_2 = -\frac{Pa^3\sin\theta}{3EI}, \quad C_1 - D_1 = -\frac{Pa^2\sin\theta}{2EI} \quad\text{(b), (c)}$$

式 (a)〜(c) より C_1, D_1, D_2 を求めると，

$$C_1 = \frac{Pa\sin\theta}{6EIl}(2l^2 - 3la + a^2)$$
$$D_1 = \frac{Pa\sin\theta}{6EIl}(2l^2 + a^2), \quad D_2 = -\frac{Pa^3\sin\theta}{6EIl}$$

となり，2つのたわみ曲線が表されることになる．断面力を求めるのは簡単であったが，変形を求めるにはかなりの面倒くささがある．なお，断面力も曲げモーメント M のみを考えており，軸力 N やせん断力 Q による変形は無視している．

なお，集中荷重をうける単純梁でも，載荷点が梁の中央であれば，上記よりはかなり簡単にたわみ曲線を求めることができる．図 5.26 の単純梁のたわみ曲線 $v(x)$ を求めてみよう．

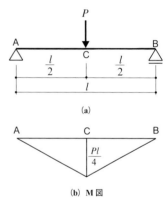

(b) M 図

図 5.26 中央集中荷重をうける単純梁

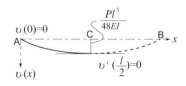

図 5.27 中央集中荷重がうける単純梁のたわみ曲線

A-C 間：$M(x) = \dfrac{P}{2}x$, $v''(x) = -\dfrac{P}{2EI}x$, $v'(x) = -\dfrac{P}{4EI}x^2 + C_1$

$$v(x) = -\dfrac{P}{12EI}x^3 + C_1 x + C_2$$

が得られる。C-B 間は中央を通る軸について対称であることから，たわみ曲線の中央での接線角は0でなければならず，これが積分定数を求めるための条件の一つになる。これと A 支点のたわみが0であるという条件で C_1, C_2 が決められる。すなわち，

$$v'\left(\dfrac{l}{2}\right) = -\dfrac{Pl^2}{16EI} + C_1 = 0 \quad \therefore \quad C_1 = \dfrac{Pl^2}{16EI}$$
$$v(0) = C_2 = 0$$

となる。よって，たわみ $v(x)$ は図 5.27 のようになる。最大となるのは梁の中央位置であり，

$$v\left(\dfrac{l}{2}\right) = -\dfrac{P}{12EI}\left(\dfrac{l}{2}\right)^3 + \dfrac{Pl^2}{16EI}\left(\dfrac{l}{2}\right) = \dfrac{Pl^3}{48EI}$$

となる。

片持ち梁のたわみ曲線

　図 5.28 (a) の片持ち梁のたわみ曲線 $v(x)$ を求めてみよう。A の固定端の反力は，

$$H_A = 0, \quad V_A = P, \quad M_A = Pl$$

であり，断面力 N, Q, M は次のように表され，断面力図は，図 5.29 のようになる。

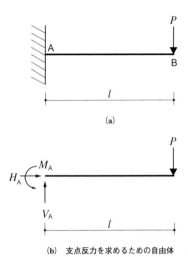

図 5.28　自由端に集中荷重をうける片持ち梁

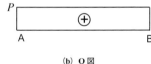

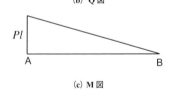

図 5.29　集中荷重が作用する片持ち梁の断面力図

よって，

$$v''(x) = \frac{P}{EI}(l-x), \quad v'(x) = \frac{P}{EI}\left(lx - \frac{x^2}{2}\right) + C_1$$

$$v(x) = \frac{P}{EI}\left(\frac{lx^2}{2} - \frac{x^3}{6}\right) + C_1 x + C_2$$

となる。このたわみ曲線 $v(x)$ の境界条件は，固定端 A でたわみも接線角は 0 でなければならない。すなわち，

$$v'(0) = C_1 = 0, \quad v(0) = C_2 = 0$$

となり，片持ち梁の固定端を原点として，積分定数を求めるのは容易である。よって，たわみ $v(x)$ は図 5.30 のようになる。最大となるのは梁の自由端であり，

$$v(l) = \frac{P}{EI}\left(\frac{l^3}{2} - \frac{l^3}{6}\right) = \frac{Pl^3}{3EI}$$

となる。

図 5.30 集中荷重が作用する片持ち梁のたわみ曲線

図 5.9 の等分布荷重をうける片持ち梁（図 5.31 に一部を再掲する）のたわみ曲線 $v(x)$ も求めておこう。$M(x)$ は，

$$M(x) = -\frac{1}{2}q(l-x)^2$$

であり，

$$v''(x) = \frac{1}{2EI}q(l-x)^2$$

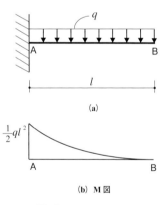

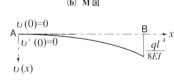

図 5.31 等分布荷重をうける片持ち梁

$$v'(x) = \frac{1}{2EI} q\left(l^2 x - lx^2 + \frac{x^3}{3}\right) + C_1$$

$$v(x) = \frac{1}{2EI} q\left(\frac{l^2}{2} x^2 - \frac{l}{3} x^3 + \frac{x^4}{12}\right) + C_1 x + C_2$$

となる。境界条件 $v'(0) = v(0) = 0$ より，

$$C_1 = C_2 = 0$$

となり，よって，たわみ $v(x)$ は図5.31 (c) のようになる。最大となるのは梁の自由端であり，

$$v(l) = \frac{1}{2EI} q\left(\frac{l^4}{2} - \frac{l^4}{3} + \frac{l^4}{12}\right) = \frac{ql^4}{8EI}$$

となる。

次に，図5.32の自由端に集中モーメントをうける片持ち梁のたわみ曲線 $v(x)$ を求めてみよう。Aの固定端の反力は，

$$H_A = V_A = 0, \quad M_A = m$$

であり，断面力 N, Q, M は次のように表される。

$$N = Q = 0$$
$$-M - m = 0 \quad \therefore \quad M = -m$$

曲げモーメント図は，図5.32 (c) のようになる。
よって，

$$v''(x) = \frac{m}{EI}, \quad v'(x) = \frac{m}{EI} x + C_1, \quad v(x) = \frac{m}{2EI} x^2 + C_1 x + C_2$$

となる。境界条件 $v'(0) = v(0) = 0$ より，

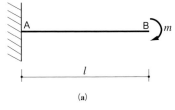

(a)

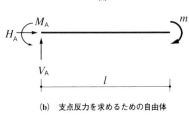

(b) 支点反力を求めるための自由体

(c) M図

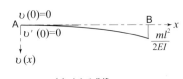

(d) たわみ曲線

図5.32 集中モーメントをうける片持ち梁

$$C_1 = C_2 = 0$$

となり，よって，たわみ $v(x)$ は図 5.32（d）のようになる．最大となるのは梁の自由端である．

$$v(l) = \frac{ml^2}{2EI}$$

ゲルバー梁のたわみ曲線

図 5.33 のゲルバー梁のたわみ曲線 $v(x)$ を求めてみよう．
A の固定端の反力は，ヒンジ位置近傍の断面での M が 0 であることを利用して求めると，次のようになる．

$$H_A = 0, \quad V_A = \frac{5ql}{6}, \quad V_C = \frac{ql}{6}, \quad M_A = \frac{ql^2}{3}$$

曲げモーメント M は次のように表され，M 図は図 5.33（c）となる．

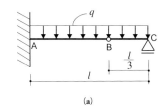

$$M(x) = -\frac{q}{2}x^2 + \frac{5ql}{6}x - \frac{ql^2}{3}$$

$$v''(x) = -\frac{q}{EI}\left(-\frac{x^2}{2} + \frac{5l}{6}x - \frac{l^2}{3}\right)$$

$$v(x) = -\frac{q}{EI}\left(-\frac{x^4}{24} + \frac{5l}{36}x^3 - \frac{l^2}{6}x^2\right) + C_1 x + C_2$$

上式において境界条件 $v'(0) = v(0) = 0$ より，$C_1 = C_2 = 0$ となる．
したがって，$v(x)$ は次のようになる．

$$v(x) = \frac{qx^2}{72EI}(3x^2 - 10lx + 12l^2)$$

C 支点のたわみを $x = l$ を代入して求めると，

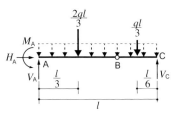

(b) 支点反力を求めるための自由体

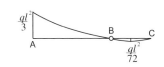

(c) M 図

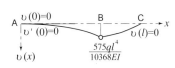

(d) たわみ曲線

図 5.33 等分布荷重をうけるゲルバー梁

$$v(l) = \frac{5ql^4}{72EI}$$

となる。しかし，C 支点では 0 のはずである。実は B のヒンジで $v(x)$ は連続するが，たわみ角（接線角）は不連続になる。すなわち上記の $v(x)$ は A-B 間で有効であるが，B-C 間では異なり，改めて，

$$v(x) = -\frac{q}{EI}\left(-\frac{x^4}{24} + \frac{5l}{36}x^3 - \frac{l^2}{6}x^2\right) + D_1 x + D_2$$

として，次の B でのたわみの連続条件と C 支点での境界条件

$$v\left(\frac{5}{6}l\right) = \frac{575ql^4}{10368EI}, \quad v(l) = 0$$

を用いて求めると，図 5.33（d）のようになる。

第4節　簡単な不静定梁の反力と断面力

前節で梁のたわみ $v(x)$ を求めることができるようになった。これを利用して，本章第1節で示したつり合い式だけでは支点反力を求めることができない不静定梁を解いてみよう。

図 5.34(a) の梁について考える。B 支点の反力を V_B とすると，図 5.34(b) のような問題になる。この問題をさらに，図 5.35 (a) のように等分布荷重をうける単純梁と，図 5.35 (b) のように中央に集中荷重をうける単純梁に分解して考えよう。図 5.35 (a) の B 点のたわみは図 5.23 から，図 5.35 (b) の B 点のたわみは図 5.27 から次のようになる。

$$v_{B(a)} = \frac{5ql^4}{384EI}, \quad v_{B(b)} = \frac{V_B l^3}{48EI}$$

図 5.34 (a) の B 点は支点であり，たわみ（鉛直変位）は 0 のはずである。それゆえ，次の式が成り立たなければならない。

$$v_B = v_{B(a)} - v_{B(b)} = \frac{5ql^4}{384EI} - \frac{V_B l^3}{48EI} = 0$$

この式より，B 支点の反力 V_B を求めることができる。すなわち，

$$V_B = \frac{5}{8}ql$$

である。A，C 支点の反力は下図の自由体から，つり合い式で求まり，

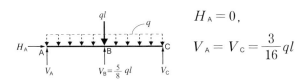

$$H_A = 0, \quad V_A = V_C = \frac{3}{16}ql$$

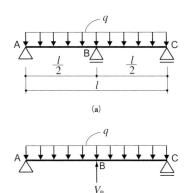

(a)

(b) B 支点の反力を外力とした梁

図 5.34　等分布荷重をうける不静定梁

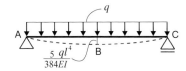

(a) 等分布荷重をうける単純梁のたわみ

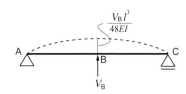

(b) 反力を外力とした単純梁のたわみ

図 5.35　不静定梁の考え方

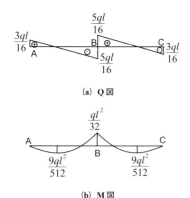

(a) Q図

(b) M図

図5.36 図5.34の不静定梁の断面力図

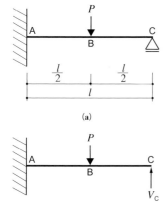

(a)

(b) C支点の反力を外力とした梁

図5.37 中央集中荷重をうける不静定梁

となる。A-B間の断面力 N, Q, M は次のように表される。

$$N = 0, \quad Q = -qx + \frac{3}{16}ql$$

$$M = -\frac{q}{2}x^2 + \frac{3}{16}qlx$$

B-C間も同様にして（対称性を利用して），Q，M図は図5.36となる。

次に，図5.37 (a) の不静定梁について考えよう。図5.34の梁同様にC支点の反力を V_C とすると，図5.37 (b) のような問題になる。この問題をさらに，図5.38 (a) のように梁中央のB点に集中荷重をうける片持ち梁と，図5.38 (b) のように自由端のC点に集中荷重をうける片持ち梁に分解して考える。それぞれの片持ち梁のC点のたわみを求め，それらを足し合わせた変位が0でなければならないことを利用して V_C を求める。図5.38 (b) のC点のたわみは図5.30のたわみ曲線から，

$$v_{C(b)} = \frac{V_C l^3}{3EI}$$

となる。図5.38 (a) のC点のたわみは2段階で考えることになる。まず，図5.30の梁の長さを半分にしてB点の中央のたわみを求め，それにそこでの接線角を利用して次のように求める。

$$v_{C(a)} = v\left(\frac{l}{2}\right) + v'\left(\frac{l}{2}\right) \cdot \frac{l}{2} = \frac{Pl^3}{24EI} + \frac{3Pl^2}{8EI} \cdot \frac{l}{2} = \frac{11Pl^3}{48EI}$$

よって，V_C は次のように求めることができる。

$$v_C = v_{C(a)} - v_{C(b)} = \frac{11Pl^3}{48EI} - \frac{V_C l^3}{3EI} = 0 \quad \therefore V_C = \frac{5}{16}P$$

固定端であるA点の反力は下図の自由体から求まり，

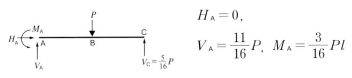 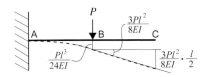

$$H_A = 0, \quad V_A = \frac{11}{16}P, \quad M_A = \frac{3}{16}Pl$$

となる．断面力 N, Q, M は次のように表される．

A-B 間： $N = 0$, $Q = \dfrac{11}{16}P$

$$M = \frac{11}{16}Px - \frac{3}{16}Pl$$

B-C 間： $N = 0$, $Q = -\dfrac{5}{16}P$

$$M = \frac{5}{16}P(l-x)$$

以上より，Q, M 図は図 5.39 となる．

ここでは，簡単な不静定梁について 1 つの反力を外力と見なして，たわみ（変位）の情報によってその反力を求める手法を示した．

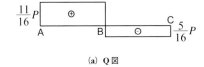

(a) 中央集中荷重をうける片持ち梁のたわみ

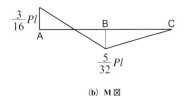

(b) 反力を外力とした片持ち梁のたわみ

図 5.38　不静定梁の考え方

(a) Q 図

(b) M 図

図 5.39　図 5.37 の不静定梁の断面力図

第 5 節　梁の塑性曲げと塑性崩壊

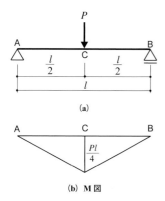

図 5.40　中央集中荷重をうける単純梁
（図 5.26 の再掲）

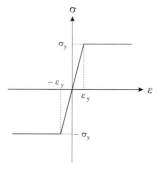

図 5.41　完全弾塑性応力 - ひずみモデル
（図 3.46 の再掲）

空間を架け渡す梁について，その上にどれだけの荷重を載せることができるのかを知ることは重要である。最も簡単な単純梁の場合で考えてみよう。

図 5.40 の単純梁の P をどこまで大きくできるかは，部材の材料強度と断面，架け渡す距離（スパン）によっている。梁の最大荷重を決定する支配的な断面力は曲げモーメントである場合がほとんどである。

図 5.40 の単純梁の集中荷重 P を支えている部材内部の断面力である曲げモーメント M の分布は図 5.40（b）となる。3 章第 4 節の全塑性曲げモーメント M_P を部材の耐えられる最大曲げモーメントとすると，梁中央の曲げモーメント M が図 5.40（a）のように M_P となるときの P が，この梁の支えうる最大荷重 P_max と考えることができる。すなわち，

$$M_P = \frac{P_\mathrm{max} l}{4} \quad \therefore \quad P_\mathrm{max} = \frac{4 M_P}{l}$$

となる。では，P が P_max に達した後はどうなるのだろう。

C 点の断面の曲げによる垂直応力は全断面にわたって降伏応力 σ_y に達しており，図 3.45 の完全弾塑性応力 - ひずみ（図 5.41 に再掲）から，ひずみはいくらでも大きくなれる。すなわち，P_max のまま C 点では断面回転を増加させることができることになる。3 章第 4 節で塑性ヒンジと呼んだ状態である。なお，回転を減少させるときは σ_y を保てず塑性ヒンジ状態ではなくなる。

塑性ヒンジを●で示すと，図 5.42 のように C 点の塑性ヒンジがある程度回転した変形状態を描くことができる。なお，C 点以外のたわみは無視している。

塑性ヒンジ状態になった直後から図 5.42 の状態になるに至るまでの

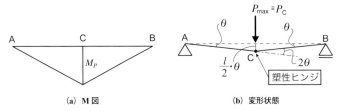

(a) M図 　　　　　　　　(b) 変形状態

図 5.42　中央集中荷重をうける単純梁の塑性崩壊状態

外力 P の仕事と内力である曲げモーメント M_P がなす仕事は同じでなければならない。図 5.42 の θ は，任意の大きさでよいので次式では $\delta\theta$ と記している。

$$P_{\max} \cdot \left(\delta\theta \frac{l}{2}\right) = M_P \cdot (2\delta\theta)$$

このような $\delta\theta$ は仮想変位 virtual displacement と呼ばれ，したがって上式は仮想仕事 virtual work 式と呼ばれている。この仮想仕事式からも $P_{\max}$ を求めることができる。荷重が一定のまま変形を進行させることを塑性崩壊 plastic collapse と呼び，また，このような塑性ヒンジによって変形が進む状態を崩壊機構 collapse mechanism と呼び，このときの荷重を崩壊荷重 collapse load P_C と呼んでいる。したがって，$P_{\max}$ は P_C である。

図 5.43（図 5.37 (a)）の不静定梁について，崩壊荷重を求めてみよう。集中荷重 P を大きくしていくと，図 5.37 (b) の M の分布から図 5.41 (c) のように A 点の断面が最初に M_P に達し，ここに塑性ヒンジ状態が生じ，図 5.41 (d) のようになる。このときの荷重を P_1 とすると，

$$\frac{3}{16} P_1 l = M_P \quad \therefore \quad P_1 = \frac{16 M_P}{3l}$$

となる。A 点に塑性ヒンジができても，まだ図 5.42 (b) のように変形を一方的に進めることができるわけではない。A 点は M_P 以上になるこ

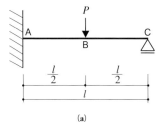

(a)

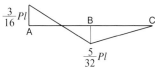

(b) M図

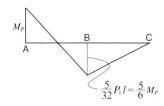

(c) A 点に塑性ヒンジが生じたときの M 図

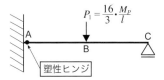

(d) A 点に塑性ヒンジが生じたときの荷重

図 5.43　中央集中荷重をうける不静定梁

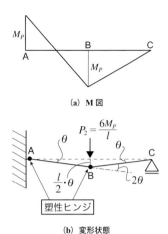

(a) M図

(b) 変形状態

図 5.44 中央集中荷重をうける不静定梁の塑性崩壊状態

とはできないが，B点の断面が M_P に達するまでは，もう少し荷重 P を大きくしていくことができる．図 5.44（a）の M の分布となったときの荷重 P_2 は，下図のような自由体のつり合いから求めることができる．

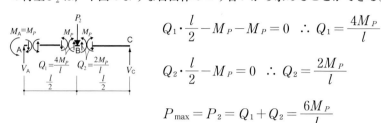

$$Q_1 \cdot \frac{l}{2} - M_P - M_P = 0 \quad \therefore \quad Q_1 = \frac{4M_P}{l}$$

$$Q_2 \cdot \frac{l}{2} - M_P = 0 \quad \therefore \quad Q_2 = \frac{2M_P}{l}$$

$$P_{\max} = P_2 = Q_1 + Q_2 = \frac{6M_P}{l}$$

塑性ヒンジがA点とB点の2断面に生じたとき，図 5.44（b）の変形状態が可能となる．それゆえ，P_2 はこの梁の支えうる最大荷重 $P_{\max}$ と考えることができる．部材の材料強度と断面，スパンが同じでも不静定梁の方が，支えうる荷重は大きい．図 5.44（b）の崩壊機構から仮想仕事式を用いて P_C を求めると，次のようになる．

$$P_C \cdot \left(\frac{l}{2}\delta\theta\right) = M_P \cdot \delta\theta + M_P \cdot (2\delta\theta) \quad \therefore \quad P_C = \frac{6M_P}{l}$$

さらに，不静定次数の高い図 5.45 の両端固定梁について，崩壊荷重を求めてみよう．弾性状態の M 分布を求めずに，塑性ヒンジ位置を予測すると図 5.45（b）の崩壊機構が考えられる．仮想仕事式を用いて P_C を求めると，次のようになる．

$$P_C \cdot \left(\frac{l}{2}\delta\theta\right) = M_P \cdot \delta\theta + M_P \cdot (2\delta\theta) + M_P \cdot \delta\theta \quad \therefore \quad P_C = \frac{8M_P}{l}$$

このときの M 分布は，図 5.45（c）のようになる．

荷重が図 5.46 の等分布荷重のときはどうであろうか．崩壊機構は図 5.45（b）と同じ崩壊機構が考えられる．仮想仕事式を用いて q_C を求めると，次のようになる．

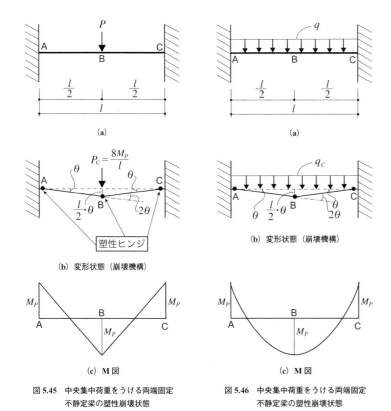

図 5.45 中央集中荷重をうける両端固定
不静定梁の塑性崩壊状態

図 5.46 中央集中荷重をうける両端固定
不静定梁の塑性崩壊状態

$$2\int_0^{\frac{l}{2}} q_C dx \cdot \delta\theta x = M_P \cdot \delta\theta + M_P \cdot (2\delta\theta) + M_P \cdot \delta\theta$$

$$2q_C \left[\frac{x^2}{2}\right]_0^{\frac{l}{2}} \cdot \delta\theta = M_P \cdot (4\delta\theta) \quad \therefore \quad q_C = \frac{16M_P}{l^2}$$

このときの M 分布は，図 5.46（c）のようになる。

　塑性ヒンジによって不安定な崩壊機構になるときの荷重の大きさを求める解析法は極限解析 limit analysis と呼ばれている．極限解析をより体系的に学ぶには，文献 [1] などを参照して欲しい．

Chapter 6
Frame, Arch and Truss

6章 ラーメン，アーチ，トラス

第 1 節　静定ラーメンの反力と断面力

ラーメン Rahmen … ドイツ語で「縁（ふち）」,「枠（わく）」,「框（かまち）」を意味し，Rahmenbau で「骨組」となる。Bau は，「建築，土木，工事，組立，機構」を意味する。Bauhaus バウハウスはよく知られているドイツの総合造形芸術学校（1919〜1933）である。剛接合による骨組を英語では，単に frame あるいは moment resisting frame, rigid frame と記す。

空間を架け渡す梁とそれを持ち上げ支える柱で構成される図 6.1 のような骨組で，その接合を剛とすることで安定的な構造としたものをラーメン Rahmen と呼んでいる。5 章と同様，支点の組合せで静定，不静定のラーメンがある。骨組では，支点の組合せだけでなく部材の組み方によっても，つり合い式だけでは断面力が求められない場合が多い。ビルと呼ばれる多層で構成される骨組は不静定骨組であり，静定ラーメンは建築物としては非常に少ないが，ここでは，いくつかの例題によって断面力がどのように伝達されるのかを学ぼう。

なお，不静定ラーメンの解法としては，たわみ角法や固定モーメント法（モーメント分配法）などが知られている。これらについては，多くの建築構造力学の教科書があるので，それらを用いて学習されたい。ま

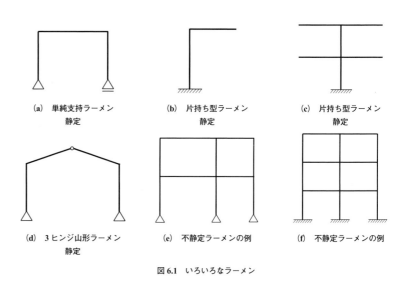

図 6.1　いろいろなラーメン

Frame, Arch and Truss　｜　静定ラーメンの反力と断面力

た，多数の部材で構成される建築骨組を立体として系統的に応力や変位を求めるには，コンピュータ利用を前提とする剛性法などの解析法が使われるのが通常となっており，様々なコンピュータ・ソフトウェアが提供されている。

集中荷重が作用する単純支持静定ラーメン

図 6.2 (a) の静定ラーメンの支点反力，断面力を求めてみる。
① 支点反力を求める。
図 6.2 (b) より，次のつり合い式が書ける。

　　水平方向の力のつり合い：$H_A - 180 = 0$
　　鉛直方向の力のつり合い：$V_A - 240 + V_E = 0$
　　A 点まわりの回転方向の力のモーメントのつり合い：
$$240 \times 2 - 180 \times 4 - V_E \times 6 = 0$$

これらより，支点反力が次のように求まる。

$$H_A = 180\text{kN}, \quad V_A = 280\text{kN}, \quad V_E = -40\text{kN}$$

鉛直下向きの外力成分はあるが，外力の水平成分のため E 支点では，浮き上がり力が働くことがわかる。
② 断面力を求める。

　柱と梁は材軸の向きが異なるので，図中の N，Q，M の矢印に注意しなければならない。図 6.3 に示すように，N は自由体の材軸直交断面から出る方向，Q は自由体を時計まわりに回す方向，M は自由体の梁の右断面（柱の上断面）であれば反時計まわり，自由体の梁の左断面（柱の下断面）であれば時計まわりを正の向きの矢印として示す。

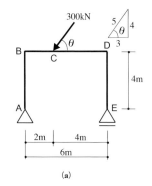

(a)

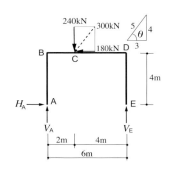

(b)　支点反力を求めるための自由体

図 6.2　集中荷重が作用する単純支持静定ラーメン

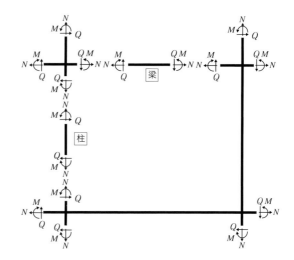

図6.3 柱, 梁の断面力

A-B 間の柱の断面力：

下図のような断面力を求めるための自由体を描き，次のつり合い式を書いて, N, Q, M を求める。

$N + 280 = 0$ ∴ $N = -280$
$Q + 180 = 0$ ∴ $Q = -180$
$M + 180x = 0$ ∴ $M = -180x$

B-C 間の梁の断面力：

$N + 180 = 0$ ∴ $N = -180$
$Q - 280 = 0$ ∴ $Q = 280$
$M + 180 \times 4 - 280 \times x = 0$
∴ $M = 280x - 720$

C-D 間の梁の断面力：

断面力を求める自由体が2つ考えられる。式が容易にたてられるのは，右側の自由体である。したがって，

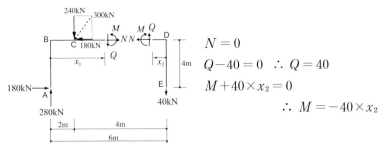

$$N = 0$$
$$Q - 40 = 0 \quad \therefore \quad Q = 40$$
$$M + 40 \times x_2 = 0$$
$$\therefore \quad M = -40 \times x_2$$

D-E 間の柱の断面力：

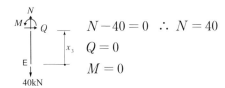

$$N - 40 = 0 \quad \therefore \quad N = 40$$
$$Q = 0$$
$$M = 0$$

③ 断面力図を描く。

5章と同様にして，断面力図を描くと，図6.4のようになる。

集中荷重の作用するC点付近の断面力の状況と，柱と梁の接合するB点付近の断面力の状況を示すと図6.5のようになる。外力が梁から柱へと断面力が伝えられていく様子を考えることができる。

④ 柱A-B，梁B-Dの垂直応力σ，せん断応力τを求める。

柱A-B： 以下の断面力が算定の対象となる。

$$N_{\text{A-B}} = -280\text{kN}, \quad M_{\text{B}} = 720\text{kN m}, \quad Q_{\text{A-B}} = -180\text{kN}$$

使用する鋼材を400N/mm² 級のBCP235 □500×500×19 とすると，
　　　　　断面積 $A = 347.0 \times 10^2 \text{mm}^2$，
　　　　　断面2次モーメント $I = 1300 \times 10^6 \text{mm}^4$，
　　　　　2つの側フランジ部における平均せん断応力計算用断面積
　　　　　　　$A_\tau \approx 2 \times (500 - 19 \times 2) \times 19 = 17556 \text{mm}^2$

である（鋼材表参照，例えば，[501]）。

(a) N 図

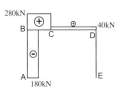

(b) Q 図

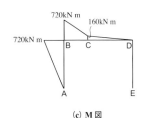

(c) M 図

図6.4 集中荷重が作用する単純支持静定ラーメンの断面力図

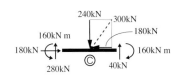

(a) C点近傍の断面力と外力

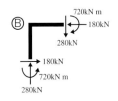

(b) B点近傍の断面力

図6.5 断面力の状況

図 6.4（c）の M 図より，曲げモーメントは柱の左側が引張，右側が圧縮となる。軸力は圧縮である。よって，最大の垂直応力は柱頂部の B 点近傍となる（部材の自重は考慮していない）。

$$\sigma_{\text{Tmax}} = \frac{N_{\text{A-B}}}{A} + \left| \frac{M_{\text{B}}}{I} \times 250 \right| = \frac{-280 \times 10^3}{347 \times 10^2} + \left| \frac{720 \times 10^6}{1300 \times 10^6} \times 250 \right|$$

$$= -8.07 + 138.46 = 130.39 \text{N/mm}^2$$

$$\sigma_{\text{Cmax}} = \frac{N_{\text{A-B}}}{A} - \left| \frac{M_{\text{B}}}{I} \times 150 \right| = -8.07 - 138.46 = -146.53 \text{N/mm}^2$$

また，せん断応力の最大値は，次のようになる。

$$\tau_{\text{max}} = \left| \frac{Q_{\text{A-B}}}{A_\tau} \right| = \left| \frac{-180 \times 10^3}{17556} \right| = 10.25 \text{N/mm}^2$$

梁 B-D：　以下の断面力が算定の対象となる。

$$N_{\text{B-C}} = -180 \text{kN}, \quad M_{\text{B}} = -720 \text{kN m}, \quad Q_{\text{B-C}} = 280 \text{kN}$$

使用する鋼材を 400N/mm^2 級の H-700×300×13×24 とすると，

断面積 $A = 231.5 \times 10^2 \text{mm}^2$，　ウエブ断面積 $A_w \approx 8476 \text{mm}^2$，
断面 2 次モーメント $I = 1970 \times 10^6 \text{mm}^4$，

である。曲げでは上フランジが引張であり，最大の垂直応力は梁の左端部の B 点近傍で生じる。すなわち，

$$\sigma_{\text{Tmax}} = \frac{N_{\text{B-C}}}{A} + \frac{M_{\text{B}}}{I} \times (-350)$$

$$= \frac{-180 \times 10^3}{231.5 \times 10^2} + \frac{-720 \times 10^6}{1970 \times 10^6} \times (-350)$$

$$= -7.78 + 127.92 = 120.14 \text{N/mm}^2$$

$$\sigma_{\text{Cmax}} = \frac{N_{\text{B-C}}}{A} + \frac{M_{\text{B}}}{I} \times 350 = -7.78 - 127.92 = -135.70 \text{N/mm}^2$$

Frame, Arch and Truss ｜ 静定ラーメンの反力と断面力

となる。また、せん断応力の最大値は、次のようになる。

$$\tau_{\max} = \left|\frac{Q_{\text{B-C}}}{A_\tau}\right| = \left|\frac{280\times 10^3}{8476}\right| = 33.03\text{N/mm}^2$$

片持ち梁型静定ラーメン

図 6.6 の固定支持された 1 本柱から梁を出す片持ち梁型静定ラーメンについて解いてみよう。片持ち梁型では、固定支持での反力、反力モーメントを求めることなく、断面力を求めていくことができる。

まず、以下のように自由端を含む自由体を考え、A-B 間の梁の断面力を求める。

$$N=0, \quad 10x+Q=0 \quad \therefore \quad Q=-10x$$

$$M+10x\cdot\frac{x}{2}=0 \quad \therefore \quad M=-5x^2$$

次に、C 側自由端を含む B-C 間の梁の断面力を求める。

$$N=0, \quad Q-10x=0 \quad \therefore \quad Q=10x$$

$$10x\cdot\frac{x}{2}+M=0 \quad \therefore \quad M=-5x^2$$

ここで、断面力の矢印の向きと、x の始点に注意しておかねばならない。次は、B-E 間の柱の断面力である。自由体は下図となる。

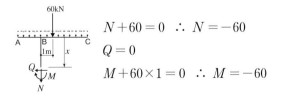

$$N+60=0 \quad \therefore \quad N=-60$$
$$Q=0$$
$$M+60\times 1=0 \quad \therefore \quad M=-60$$

再び、自由端を含む D-E 間の梁の断面力を求める。

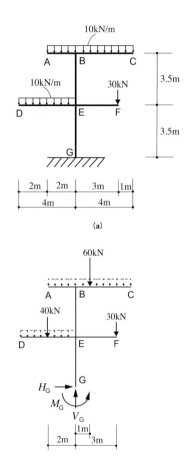

(a)

(b) 支点反力を求めるための自由体

図 6.6 片持ち梁型静定ラーメン

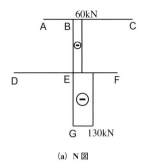

(a) N図

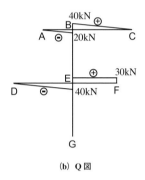

(b) Q図

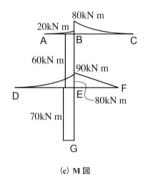

(c) M図

図6.7 片持ち梁型静定ラーメンの断面力図

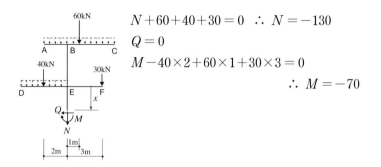

$N = 0$, $10x + Q = 0$ ∴ $Q = -10x$

$10x \cdot \dfrac{x}{2} + M = 0$ ∴ $M = -5x^2$

今度は，F側自由端を含むE-F間の梁の断面力を求める。

$N = 0$

$Q - 30 = 0$ ∴ $Q = 30$

$M + 30x = 0$ ∴ $M = -30x$

最後に，E-G間の柱の断面力である。

$N + 60 + 40 + 30 = 0$ ∴ $N = -130$

$Q = 0$

$M - 40 \times 2 + 60 \times 1 + 30 \times 3 = 0$

∴ $M = -70$

となる。断面力図を描くと，図6.7のようになる。柱脚部の断面力と図6.6 (b) から求めた固定端反力は，

$H_G = 0$, $V_G = 130$kN, $M_G = 70$kN m

となり，図6.8のようにつり合っている。

3 ヒンジ山形ラーメン

図6.9のラーメンについて考えよう。A，Fの支点はピン支点であり回転の拘束はなく，頂部C点もヒンジで回転自由な接合であり，3つのヒンジ（あるいはピンと呼ばれる）のある骨組である。それゆえ，3ヒンジラーメン（3ピンラーメン）と呼ばれている。

① 支点反力を求める。

図 6.9 (b) の全体の自由体から，

$$H_A + H_F = 0 \cdots (1)$$
$$V_A + V_F - 400 - 200 = 0 \quad \therefore V_A + V_F = 600 \cdots (2)$$
$$400 \times 2 + 200 \times 6 - V_F \times 8 = 0 \quad \therefore V_F = 250 \cdots (3)$$

式 (2), (3) より $V_A = 350$ kN, $V_F = 250$ kN が求まる。しかし水平反力 H_A, H_F は未定である。水平方向の外力がないので，$H_A = H_F = 0$ としてよいであろうか。

図 6.9 (c) のヒンジ近傍の断面の曲げモーメント M は 0 でなければならないことから，C 点まわりのモーメントのつり合いを考えると，

$$V_A \times 4 - H_A \times 6 - 400 \times 2 = 0 \quad \therefore -3H_A + 2V_A = 400 \cdots (4)$$

$V_A = 350$ kN であるから，$H_A = 100$ kN となる。さらに式 (1) より，$H_F = -100$ kN が求まる。したがって，水平反力は 0 ではない。

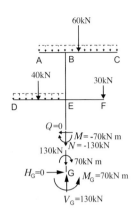

図 6.8 片持ち梁型静定ラーメンの反力

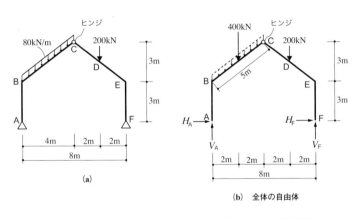

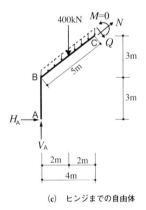

(b) 全体の自由体　　　(c) ヒンジまでの自由体

図 6.9　3 ヒンジ山形ラーメン

② 断面力を求める。

A-B 間の柱の断面力：

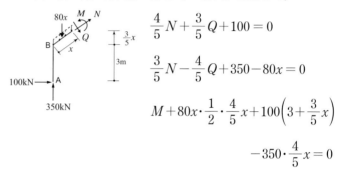

$N+350=0 \quad \therefore \quad N=-350$

$Q+100=0 \quad \therefore \quad Q=-100$

$M+100x=0 \quad \therefore \quad M=-100x$

B-C 間の斜め梁の断面力：N と Q の方向に注意して，

$$\frac{4}{5}N+\frac{3}{5}Q+100=0$$

$$\frac{3}{5}N-\frac{4}{5}Q+350-80x=0$$

$$M+80x\cdot\frac{1}{2}\cdot\frac{4}{5}x+100\left(3+\frac{3}{5}x\right)-350\cdot\frac{4}{5}x=0$$

と書ける。M のつり合い式では，力の作用線までの距離のとり方を工夫している。これら3つのつり合い式より，次の N, Q, M が得られる。

$$N=48x-290, \quad Q=-64x+220, \quad M=-32x^2+220x-300$$

C-D 間の斜め梁の断面力：

$$\frac{4}{5}N-\frac{3}{5}Q+100=0$$

$$\frac{3}{5}N+\frac{4}{5}Q-200+350=0$$

$$M+200\left(\frac{4}{5}x-2\right)+100\left(3+\frac{3}{5}x\right)-250\cdot\frac{4}{5}x=0$$

と書ける。これら3つのつり合い式より，次の N, Q, M が得られる。

$$N = -170, \quad Q = -60, \quad M = -20x + 100$$

D-E 間の斜め梁の断面力：

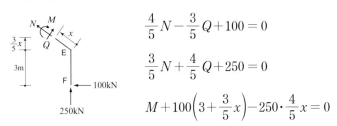

$$\frac{4}{5}N - \frac{3}{5}Q + 100 = 0$$

$$\frac{3}{5}N + \frac{4}{5}Q + 250 = 0$$

$$M + 100\left(3 + \frac{3}{5}x\right) - 250 \cdot \frac{4}{5}x = 0$$

と書ける。これら 3 つのつり合い式より，次の N, Q, M が得られる。

$$N = -230, \quad Q = -140, \quad M = 140x - 300$$

E-F 間の柱の断面力：

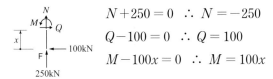

$$N + 250 = 0 \quad \therefore \quad N = -250$$

$$Q - 100 = 0 \quad \therefore \quad Q = 100$$

$$M - 100x = 0 \quad \therefore \quad M = 100x$$

③ 断面力図を描く。

以上より断面力図を描くと，図 6.10 のようになる。

柱と梁が接合する B，E 点および頂部ヒンジ C 点の近傍の断面力の状況を示すと図 6.11 のようになる。

B 点でのつり合いを検証してみよう。

$$\text{水平のつり合い}: 100 + 220 \times \frac{3}{5} - 290 \times \frac{4}{5} = 0$$

$$\text{鉛直のつり合い}: 350 - 220 \times \frac{4}{5} - 290 \times \frac{3}{5} = 0$$

確かに，つり合っている。E 点および C 点もつり合っていることが確かめられる。

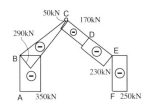

(a) N 図

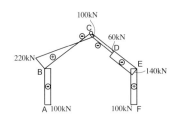

(b) Q 図

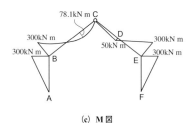

(c) M 図

図 6.10 3 ヒンジ山形ラーメンの断面力図

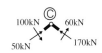

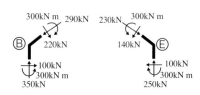

図 6.11 B, C, E 点での断面力

第2節　静定アーチの反力と断面力

アーチ arch … 開口部や空間の上部を石やれんがで円弧状に積上げ，その上の荷重を支える構造。転じて，円弧状の門形構造物の総称。円弧状のほか，尖りアーチなど多様[201]。

空間を架け渡す梁では曲げによる抵抗力が必要である。曲げは，3章に記したように引張と圧縮の組合せである。木材や金属材料は，引張抵抗力もあり，重量も比較的軽いが，ギリシアやローマ時代の建造物で残っているのは石材を材料としているものが多い。石は重く，圧縮には強いが，引張にはさほどではない。それゆえ，一つの石板を利用した石橋で架け渡すことができる川幅は極めて小さく，皇居の二重橋や長崎の眼鏡橋のようにアーチ状の支えをつくることによって，ある程度の幅を架け渡している。石や煉瓦などによる積造建築でも窓などがアーチ状になっている。ローマのパンテオンは，凝灰岩や軽石を材料とした半円アーチが半球ドームを形成して40m超えの空間をつくっている。現在では一般的に円弧状の構造物をアーチ arch と呼んでいる。

ここでは，つり合いを考えるだけで反力や断面力が求められる静定アーチについて解いてみよう。

頂部に集中荷重が作用する半円形アーチ

図 6.12 (a) の単純支持された静定アーチの頂部に集中荷重が作用しているときの支点反力，断面力を求めてみる。

① 支点反力を求める。

図 6.12 (b) より，次のつり合い式が書ける。

水平方向の力のつり合い：$H_A = 0$

鉛直方向の力のつり合い：$V_A + V_B - P = 0$

A 点まわりの回転方向の力のモーメントのつり合い：
$$Pr - V_B \cdot 2r = 0$$

これらより支点反力は，

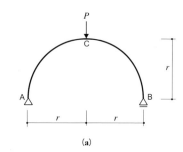

(a)

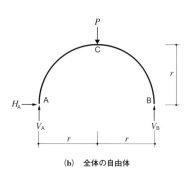

(b)　全体の自由体

図 6.12　単純支持半円アーチ

$$H_A = 0, \quad V_A = V_B = \frac{P}{2}$$

となる。

② 断面力を求める。

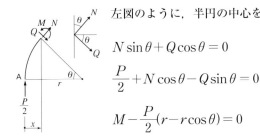

左図のように，半円の中心を原点として考える。

$$N\sin\theta + Q\cos\theta = 0$$

$$\frac{P}{2} + N\cos\theta - Q\sin\theta = 0$$

$$M - \frac{P}{2}(r - r\cos\theta) = 0$$

これらより，N, Q, M は次のように表される。

$$N = -\frac{P}{2}\cos\theta, \quad Q = \frac{P}{2}\sin\theta, \quad M = \frac{Pr}{2}(1 - \cos\theta)$$

同様に B 点から，N, Q, M の方向に注意して自由体を描き断面力を求めると，アーチ全体の断面力を得られる。

③ 断面力図を描く。

以上より断面力図を描くと，図 6.13 のようになる。頂部で最大の曲げモーメントが生じており，原初のアーチの特長とは異なる。

頂部に集中荷重が作用する 3 ヒンジ半円形アーチ

図 6.14（a）の 3 ヒンジ半円形アーチの頂部に集中荷重が作用しているときの支点反力，断面力を求めてみる。

① 支点反力を求める。

水平方向の力のつり合い：$H_A - H_B = 0$

鉛直方向の力のつり合い：$V_A + V_B - P = 0$

A 点まわりの回転方向の力のモーメントのつり合い：

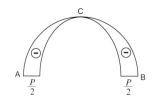

(a) N 図

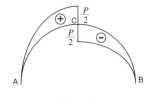

(b) Q 図

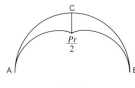

(c) M 図

図 6.13　単純支持半円形アーチの断面力図

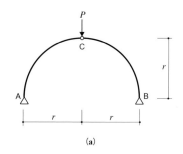

(a)

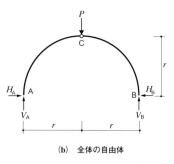

(b) 全体の自由体

図6.14 3ヒンジ半円形アーチ

$$P \cdot r - V_B \cdot 2r = 0$$

ヒンジC点の左側自由体より, $-H_A \cdot r + V_A \cdot r = 0$

これらより支点反力は,

$$H_A = H_B = \frac{P}{2}, \quad V_A = V_B = \frac{P}{2}$$

となる。支点で鉛直力の半分の水平反力(スラスト thrust)が生じている。

② 断面力を求める。

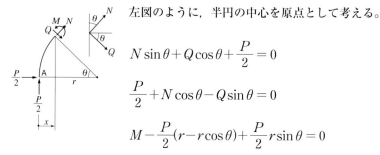

左図のように,半円の中心を原点として考える。

$$N\sin\theta + Q\cos\theta + \frac{P}{2} = 0$$

$$\frac{P}{2} + N\cos\theta - Q\sin\theta = 0$$

$$M - \frac{P}{2}(r - r\cos\theta) + \frac{P}{2}r\sin\theta = 0$$

これらより,N,Q,Mは次のように表される。

$$N = -\frac{P}{2}(\sin\theta + \cos\theta) = -\frac{P}{\sqrt{2}}\sin\left(\theta + \frac{\pi}{4}\right)$$

$$Q = -\frac{P}{2}(-\sin\theta + \cos\theta) = -\frac{P}{\sqrt{2}}\cos\left(\theta + \frac{\pi}{4}\right)$$

$$M = \frac{Pr}{2}(1 - \cos\theta - \sin\theta) = \frac{Pr}{2}\left\{1 - \sqrt{2}\sin\left(\theta + \frac{\pi}{4}\right)\right\}$$

同様にB点から,N,Q,Mの方向に注意して自由体を描き断面力を求めると,アーチ全体の断面力を得られる。

③ 断面力図を描く。

以上より断面力図を描くと,図6.15のようになる。図6.13のときと

は異なり，頂部で最大の曲げモーメントはなくなり，中間位置での最大曲げモーメントも小さくなっている。アーチ全体で比較的大きな軸力 N が作用している。

次ページの図6.16のように高さが半径より低い半円形の一部からなる3ヒンジアーチでは，支点反力と断面力はどのようになるだろうか。

支点反力は，これまでの3ヒンジ半円形アーチと同様にして，

$$H_\mathrm{A} = H_\mathrm{B} = \frac{Pr}{2a} = \frac{1}{\alpha} \cdot \frac{P}{4}, \quad V_\mathrm{A} = V_\mathrm{B} = \frac{P}{2}$$

となる。上式において，$\alpha \equiv a/2r$ はアーチのライズ（迫り高）であり，アーチの高さをスパンで除した値である。高さが r のとき半円形となり，ライズ α は 0.5 であり，高さが低くなるにつれ，ライズ α は小さくなる。偏平になるほど，水平反力（スラスト）が大きくなることがわかる。

断面力は下図より，

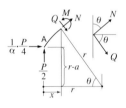

$$N = -\frac{P}{4\alpha}\sqrt{1+4\alpha^2}\sin(\theta+\omega)$$

$$Q = -\frac{P}{4\alpha}\sqrt{1+4\alpha^2}\cos(\theta+\omega)$$

$$M = \frac{Pr}{2}\left\{\frac{1}{2\alpha} - \sqrt{1+4\alpha^2}\sin(\theta+\omega)\right\}$$

となる。ここに，

$$\sin\omega = \frac{2\alpha}{\sqrt{1+4\alpha^2}}, \quad \cos\omega = \frac{1}{\sqrt{1+4\alpha^2}}$$

である。N，Q，M のいずれの断面力もその大きさは半円形アーチより大きくなる。

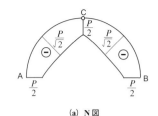

(a) N図

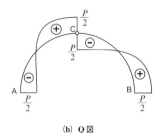

(b) Q図

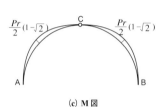

(c) M図

図6.15　3ヒンジ半円形アーチの断面力図

三角関数の合成 … 三角関数の加法定理を利用すると，次のような合成が可能である。

$$a\sin x + b\cos x = \sqrt{a^2+b^2}\sin(x+\alpha)$$

ここに，

$$\cos\alpha = \frac{a}{\sqrt{a^2+b^2}}, \quad \sin\alpha = \frac{b}{\sqrt{a^2+b^2}}$$

である。

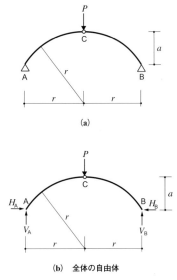

図 6.16 ライズの低い 3 ヒンジアーチ

　石や煉瓦などは，圧縮力には強いが，引張力には弱い．当然，引張を伴う曲げにも弱い．組積造建築では，理想的には圧縮力のみが働くような構造形式が望まれ，地震が少ない地域ではこの形式でかなりの大建築が可能である．パンテオンは半円アーチが回転したドームであるが，頂部が円形に抜けており，3ヒンジ半円アーチを基本としている．自重のみであれば，圧縮力のみが働く構造形式を考えることができる．ロープや紐，鎖などの両端を持って垂れ下げているとき，それらには引張力しか働いていない．それをそのままひっくり返せば，圧縮力のみが働く形状となる．この曲線をカテナリー catenary 曲線（懸垂線）と呼んでいる．ガウディのサクラダ・ファミリアの逆さ吊り模型は有名である．

　他の建築構造力学の教科書等には，ラーメンやアーチについて多くの例題や演習問題が掲載されている．面倒くさがらずに解いてみることで，理解が深まり，自信がつくだろう．

第3節　静定トラスの反力と断面力

図6.17（a）は前節の3ヒンジアーチの部材を直線部材としたものである。この頂部のヒンジに集中荷重のかかる3ヒンジ山形架構を考えてみよう。両端はピン（ヒンジ）支点であり，A，B間の距離 l は一定のままである。

図6.17（b）より，支点反力は，

$$H_A = H_B = \frac{Pl}{4h}, \quad V_A = V_B = \frac{P}{2}$$

である。下図を参考に断面力について次のつり合い式が書ける。

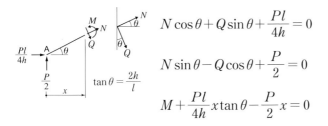

$$N\cos\theta + Q\sin\theta + \frac{Pl}{4h} = 0$$

$$N\sin\theta - Q\cos\theta + \frac{P}{2} = 0$$

$$M + \frac{Pl}{4h} x\tan\theta - \frac{P}{2}x = 0$$

これらの式より，N, Q, M は，

$$N = -\frac{P}{2\sin\theta}, \quad Q = 0, \quad M = 0$$

となり，圧縮の軸力 N のみとなっている。高さ h が高くなるほど，θ が大きくなるほど（$\theta < \pi/2$），N の大きさは小さくなる。一方，θ が小さくなるほど N は大きくなり，水平に近づけば，N は無限大ということになる。水平反力（スラスト）の大きさも水平に近づけば，無限大となる。

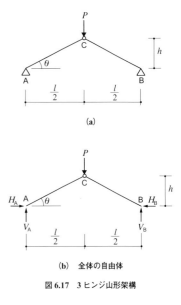

(b)　全体の自由体

図6.17　3ヒンジ山形架構

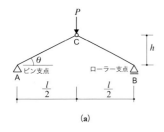

(a)

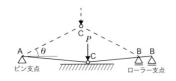

(b) ローラーの移動による変形

図 6.18　単純支持された3ヒンジ山形架構

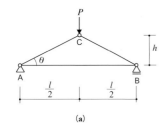

(a)

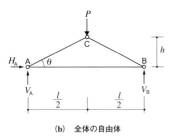

(b) 全体の自由体

図 6.19　単純支持された三角形架構

次に，図 6.17（a）の B 支点を，図 6.18（a）のように水平移動が可能なローラー支点に変えてみよう。B 支点はズルズルと滑り，図 6.18（b）のように水平面（地面）につくまで動いてしまう。すなわち構造としては成りたたず不安定な構造となってしまう。

そこで図 6.19（a）のように両端の支点はそのままで，B 支点の水平移動を拘束するように A，B 間を水平部材でつないでみる。図 6.19（b）から，支点反力を求めると，

$$H_A = 0, \quad V_A = V_B = \frac{P}{2}$$

となる。3つの部材の断面力はどうなるのであろうか。A，B のピン（ヒンジ）の極近傍を仮に切断した AB 部材の自由体を下図のように考えてみよう。断面力の矢印は正の向きに描いている。

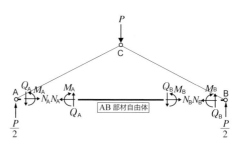

曲げモーメント M_A，M_B は，A，B のピン（ヒンジ）の極近傍であるので曲げ抵抗はなく，どちらも 0 と考えてよい。したがって，AB 部材の自由体は次のように描ける。

AB 部材の自由体のつり合い式を考えると,

水平方向の力のつり合い：$-N_A+N_B=0$　∴　$N_A=N_B$

鉛直方向の力のつり合い：$Q_A-Q_B=0$　∴　$Q_A=Q_B$

A 側端点まわりの回転方向の力のモーメントのつり合い：
$$Q_B l=0 \quad ∴ \quad Q_B=0$$

となり，せん断力 Q_A，Q_B も 0 となり，結局 AB 部材には軸力 N のみしか存在し得ないことになる。すなわち，

$N \longleftarrow \boxed{\text{AB 部材自由体}} \longrightarrow N$

である。AC 部材，CB 部材についても同様のことがいえる。

したがって，図 6.19 の架構を部材の軸力を表す自由体で描くと図 6.20 のように描ける。3 本の部材の軸力を N_1，N_2，N_3 としている。図 6.20 から，部材を接合している A，B，C のピン（「ピン節点」と呼ぶ）で力のつり合いを考えることができそうである。A 節点について力のつり合いを考えると，

水平方向の力のつり合い：$N_1+N_2\cos\theta=0$

鉛直方向の力のつり合い：$\dfrac{P}{2}+N_2\sin\theta=0$

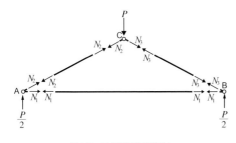

図 6.20　三角形架構の断面力

トラス truss … 部材を三角形状にピン接合した単位を組み合わせて得られる構造体骨組 [5,201]。図 6.17 は部材は 2 本であるが，三角形状で，断面力は軸力のみであり，トラスといえる。

トラスの条件

ここで扱う平面トラスを行う場合のより詳細な条件としては，右の 2 つの条件も含んで次のように書かれる [1,402]；
1) 各部材は摩擦のないピン（ヒンジ）で結合されている。
2) 各部材は直線材である。
3) 節点の中心を結ぶ直線は材軸と一致する。
4) 外力は全て節点に作用する。
5) 全ての外力の作用線はトラスを含む平面内にある。
6) トラスの変形はきわめて微小であって，力のつり合いは変形前の形状および荷重位置について考えればよい。

よって，$N_2 = -\dfrac{P}{2\sin\theta}$，$N_1 = -N_2\cos\theta = \dfrac{P}{2\tan\theta}$

と N_1，N_2 が求まる。さらに，B 節点について，

水平方向の力のつり合い：$-N_2\cos\theta + N_3\cos\theta = 0$

よって，$N_3 = N_2 = -\dfrac{P}{2\sin\theta}$

と 3 つの部材の軸力を全て求めることができる。図 6.19 のピンで接合された三角形架構は，安定な構造となっている。

図 6.17 および図 6.19 から，断面力が軸力 N のみとなる条件を考えてみると，次のようになる。

(1) 直線部材で，両端がピン（ヒンジ）である。

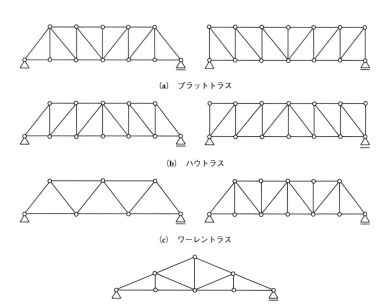

(a) プラットトラス

(b) ハウトラス

(c) ワーレントラス

(d) キングポストトラス

図 6.21 いろいろなトラス

(2) 部材の途中に荷重が作用していない。外力，支点反力は全て部材の接合点であるピン節点に作用している。

このような条件で断面力が軸力 N のみとなる構造形式をトラス truss と呼んでいる。トラスは，その形状によって図 6.21 のように名前がつけられている。他にも様々なトラスが考案されている。

トラスの部材は，軸力のみが作用し断面全体が引張もしくは圧縮の一様な垂直応力となり，曲げモーメントが作用するときの応力状態に比して材料を有効に使うことができる。それゆえ，大スパンを架け渡すときにしばしば用いられ，橋梁や体育館で見ることができる。住居の屋根小屋組にも見られる。

なお，実際の建築物では，接合部が摩擦のないピンであることは少なく，理想化された力学モデルである。

節点法

図 6.22 のトラスの軸力を求めてみよう。支点反力は，全体の自由体図より，

$$H_A = 0, \quad V_A = V_H = 30 \text{kN}$$

となる。平面直交座標では 1 点に集まる力のつり合い式が 2 つ書ける。前述したようにトラスでは，断面力は軸力 N のみであり，未知の軸力 N が 2 つであれば，それらを求めることができる。

A 節点近傍の自由体図を描くと，下図のようになる。軸力 N は節点から出るように描くと，図 6.20 で示したように部材を引っ張る軸力となる。求めた結果が正であれば引張，負となれば圧縮を意味する。

A 節点：

$$N_1 \cdot \frac{4}{5} + N_2 = 0, \quad N_1 \cdot \frac{3}{5} + 30 = 0$$

上 2 式より，N_1，N_2 が次のように求まる。

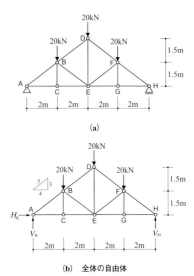

図 6.22 キングポストトラスの例題

$$N_1 = -50\text{kN}（圧縮），\quad N_2 = 40\text{kN}（引張）$$

次に B 節点であるが，下図自由体のように，B 節点では未知軸力は N_3，N_4，N_5 の 3 個であり，2 つのつり合い式では解けない。一方，C 節点を見ると，未知軸力は N_5，N_6 の 2 個であり，これは求められる。

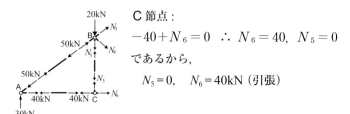

C 節点：
$$-40 + N_6 = 0 \quad \therefore N_6 = 40,\quad N_5 = 0$$
であるから，
$$N_5 = 0,\quad N_6 = 40\text{kN}（引張）$$

となる。BC 部材の軸力 N_5 は 0 であるので不要かというと，この問題では自重を考えていないこと，荷重や部材寸法などの不整なども あり，直ちに省いてよいという判断にはならないであろう。次に，B 節点に戻ろう。未知軸力は N_3，N_4 の 2 個となっている。

B 節点：

$$50 \cdot \frac{4}{5} + N_3 \cdot \frac{4}{5} + N_4 \cdot \frac{4}{5} = 0,$$

$$50 \cdot \frac{3}{5} - 20 + N_3 \cdot \frac{3}{5} - N_4 \cdot \frac{3}{5} = 0$$

これらより，N_3，N_4 が次のように求まる。

$$N_3 = -\frac{100}{3} \fallingdotseq -33.3\text{kN}（圧縮），$$

$$N_4 = -\frac{50}{3} \fallingdotseq -16.7\text{kN}（圧縮）$$

次に，D 節点である。対称性を考慮すると，N_7 のみを求めればよい。

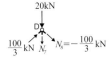

D 節点：
$$\frac{100}{3} \times \frac{3}{5} \times 2 - 20 - N_7 = 0$$

であるから，

$$N_7 = 20\text{kN}（引張）$$

となる。これらの軸力をトラスの図に記すと，図 6.23 のようになる。

このように節点での2つのつり合い式を用いてトラスの軸力を順次求めていく方法を節点法 method of joint と呼んでいる。

もう一つ節点法の例題を示す。図 6.24 のトラス架構の軸力を求めてみよう。支点反力は，全体の自由体図より，つり合い式をたてると，

水平方向の力のつり合い：$H_A + 15 = 0$
鉛直方向の力のつり合い：$V_A + V_C - 30 \times 2 - 60 = 0$
A 点まわりの回転方向の力のモーメントのつり合い：
$$15 \times 4 + 60 \times 3 + 30 \times 6 - V_C \times 6 = 0$$

これらより支点反力は，次のように求められる。

$$H_A = -15\text{kN}, \quad V_A = 50\text{kN}, \quad V_C = 70\text{kN}$$

A 節点では未知の軸力 N が3つであるので，そこで未知の軸力 N が2つである D 節点から始めればよい。

D 節点：

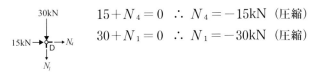

$15 + N_4 = 0 \quad \therefore N_4 = -15\text{kN}$（圧縮）
$30 + N_1 = 0 \quad \therefore N_1 = -30\text{kN}$（圧縮）

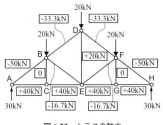

図 6.23　トラスの軸力

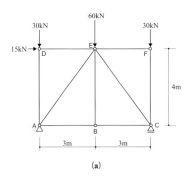

(a)

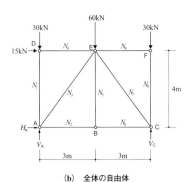

(b)　全体の自由体

図 6.24　トラス架構の例題

A 節点：

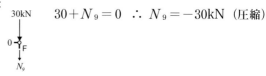

$-15 + N_2 + N_3 \cdot \dfrac{3}{5} = 0$,　$50 - 30 + N_3 \cdot \dfrac{4}{5} = 0$

よって，

$N_2 = 30\text{kN}$（引張），$N_3 = -25\text{kN}$（圧縮）

B 節点：

$-30 + N_6 = 0$　∴　$N_6 = 30\text{kN}$（引張）

$N_5 = 0$

E 節点：

$15 + 25 \times \dfrac{3}{5} + N_7 \cdot \dfrac{3}{5} + N_8 = 0$

$25 \times \dfrac{4}{5} - 60 - N_7 \cdot \dfrac{4}{5} = 0$　∴　$N_7 = -50\text{kN}$（圧縮）

よって，$N_8 = 0$

F 節点：　$30 + N_9 = 0$　∴　$N_9 = -30\text{kN}$（圧縮）

これらの軸力をトラスの図に記すと，図 6.25 のようになる。

断面法

　自由体のつり合いを考えることによって，トラスの軸力を求める方法は他にもある。

　図 6.26 のトラスの軸力 S_1，S_2，S_3 を求めてみよう。

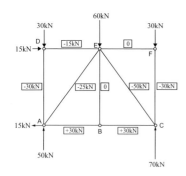

図 6.25　トラス架構の軸力

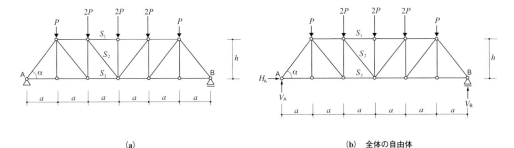

(a)　　　　　　　　　　　　　　(b)　全体の自由体

図 6.26　プラットトラスの解析

支点反力は，全体の自由体図より，次のように求まる．

$$H_A = 0, \quad V_A = V_B = 4P$$

次に，S_1, S_2, S_3 の軸力が矢印で見えるように下の部分自由体を描く．

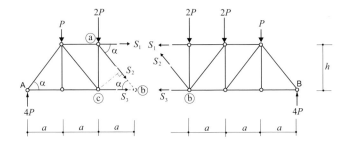

左側の自由体のつり合いを考え，式をたてると，

　水平方向の力のつり合い：$S_1 + S_2\cos\alpha + S_3 = 0$
　鉛直方向の力のつり合い：$4P - P - 2P - S_2\sin\alpha = 0$
　a 点まわりの回転方向の力のモーメントのつり合い：
$$4P \times 2a - P \times a - S_3 \cdot h = 0$$

回転のつり合い式をたてるときは，どの点まわりに考えれば，式が簡単に書けるかを予め見通すことが大事である．3 つのつり合い式より，

> トラスの軸力の表記は N か S か？　… 2 章第 7 節で定義したように，軸力は N (normal force) で表される．しかし，トラスの軸力を S で表している教科書も多い．トラスの断面力は軸力のみであるから，断面力の英語としての stress resultant あるいは sectional force の S が用いられているのではないだろうか．どちらでもよいのであろう．

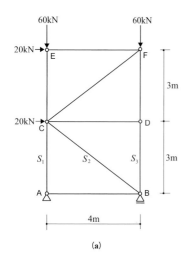

(a)

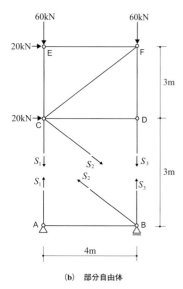

(b) 部分自由体

図 6.27 トラス架構の例題 2

$$S_1 = -\frac{P}{\sin\alpha}\cdot\cos\alpha - \frac{7Pa}{h} = -\frac{8Pa}{h}\ (圧縮),$$

$$S_2 = \frac{P}{\sin\alpha}\ (引張),\ S_3 = \frac{7Pa}{h}\ (引張)$$

となる。

　力のモーメントのつり合い式だけで，未知軸力を求める方法もある。

　a 点まわりより，S_3 が求まる。

　b 点まわりの回転方向の力のモーメントのつり合い：

$$4P\times 3a - P\times 2a - 2P\times a + S_1\cdot h = 0$$

　c 点まわりの回転方向の力のモーメントのつり合い：

$$4P\times 2a - P\times a + S_1\cdot h + S_2\cdot a\sin\alpha = 0$$

これらより，S_1, S_2 が求まる。

　このようにトラスを仮に切断して現れる 3 つの未知軸力に対して，3 つのつり合い式を用いてトラスの軸力を求める方法を断面法（切断法）**method of section** と呼んでいる。

　もう一つ断面法の例題を示す。図 6.27 のトラス架構の軸力 S_1, S_2, S_3 を求めてみよう。

　上側の自由体のつり合いを考え，式をたてると，

$$水平方向の力のつり合い：20 + 20 + S_2\cdot\frac{4}{5} = 0$$

$$鉛直方向の力のつり合い：60 + 60 + S_1 + S_2\cdot\frac{3}{5} + S_3 = 0$$

　C 点まわりの回転方向の力のモーメントのつり合い：
$$20\times 3 + 60\times 4 + S_3\times 4 = 0$$

以上より，

$S_1 = 5\text{kN}$　（引張），$S_2 = -50\text{kN}$　（圧縮），$S_3 = -75\text{kN}$　（圧縮）

となる。右側の柱にあたる軸力が水平力により引張になっている。

　他の建築構造力学の教科書等には，トラスについて多くの例題や演習問題が掲載されている。解いて練習することが重要である。

第4節　その他の静定構造物の反力と断面力

第3節までの構造物同様，つり合いを考えるだけで反力や断面力を求めることができる構造物のいくつかの例題を示しておこう。梁やラーメンのような曲げが生じる部材とトラスのように軸力のみが生じる部材とが混在する構造物である。

図6.28のケーブルで吊られた架構の反力と断面力を求めてみよう。未知の支点反力は図6.28（b）のように4つあり，このままでは解けない。BC部材は第3節のトラス材の要件を満たしており，断面力は軸力のみとなる。このことを考慮すると下図の自由体図が描ける。A点近傍の断面の曲げモーメントは0でなければならないことから，次式が書ける。

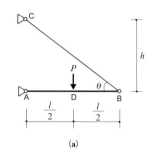

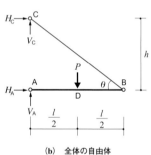

図6.28　ケーブル吊り静定架構の例題

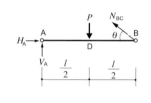

$$P \cdot \frac{l}{2} - N_{BC} \sin\theta \cdot l = 0$$

よって，BC部材の軸力 N_{BC} は，

$$N_{BC} = \frac{P}{2\sin\theta}$$

となる。この自由体のつり合いから，A点の支点反力は，

$$H_A = N_{BC} \cdot \cos\theta = \frac{P}{2} \cdot \frac{\cos\theta}{\sin\theta} = \frac{Pl}{2h},$$

$$V_A = P - N_{BC} \cdot \sin\theta = \frac{P}{2}$$

となる。したがって，C点の支点反力は全体の自由体から，

$$H_C = -H_A = -\frac{Pl}{2h}, \quad V_C = P - V_A = \frac{P}{2}$$

となる。AB 部材の断面力は，5章の梁と同様にして求めればよい。

A-D 間：

$$\frac{Pl}{2h} + N = 0 \quad \therefore \quad N = -\frac{Pl}{2h}$$

$$\frac{P}{2} - Q = 0 \quad \therefore \quad Q = \frac{P}{2}$$

$$\frac{P}{2} \cdot x - M = 0 \quad \therefore \quad M = \frac{Px}{2}$$

D-B 間：

$$\frac{Pl}{2h} + N = 0 \quad \therefore \quad N = -\frac{Pl}{2h}$$

$$\frac{P}{2} - P - Q = 0 \quad \therefore \quad Q = -\frac{P}{2}$$

$$\frac{P}{2} \cdot x - P\left(x - \frac{l}{2}\right) - M = 0 \quad \therefore \quad M = -\frac{P}{2}(x - l)$$

以上より，断面力図を描くと図 6.29 のようになる。

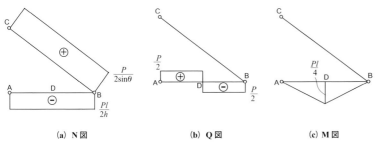

(a) N 図　　(b) Q 図　　(c) M 図

図 6.29　図 6.28 のケーブル吊り静定架構の断面力図

筋かい bracing, brace … 柱や梁などで作った4辺形の構面に入れる斜材。構面の変形を防ぎ，剛性（変形のし難さ）を高めるとともに，地震力や風圧力に抵抗する。筋違。[201]。

学術用語集では「筋かい」と平仮名まじりで書くことになっている[4]。用語集[5]では「筋違い」と記されている。広辞苑には「筋交・筋違」となっている。「筋かい」と記すのがよさそうである。

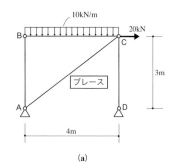

(a)

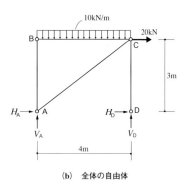

(b) 全体の自由体

図6.30 ブレース付き静定架構の例題

図6.30 (a) のブレース（筋かい）のある架構の反力と断面力を求めてみよう。ブレース材ACがないと倒れてしまうことは理解されるであろう。支点反力は図6.30 (b) のように4つあり，まず3つのつり合い式が，

$$H_A + H_D + 20 = 0, \quad V_A + V_D - 10 \times 4 = 0$$
$$10 \times 4 \times 2 + 20 \times 3 - V_D \times 4 = 0 \quad \therefore V_D = 35$$

と書ける。CD部材に着目すると，C点はピン接合であり，CD部材のC点近傍の断面の曲げモーメントは0でなければならないことから，次式が書ける。

$$H_D \times 3 = 0 \quad \therefore H_D = 0$$

よって，支点反力は次のようになる。

$$H_A = -20\text{kN}, \quad V_A = 5\text{kN}, \quad H_D = 0, \quad V_D = 35\text{kN}$$

梁として鉛直分布荷重を受けるBC部材以外は，トラス材であるので断面力は軸力のみである。A支点近傍の自由体図を描くと，下図のようになる。したがって，

$$20 - N_{AC} \cdot \frac{4}{5} = 0 \quad \therefore N_{AC} = 25\text{kN} \quad （引張）$$

$$N_{AB} + N_{AC} \cdot \frac{3}{5} + 5 = 0 \quad \therefore N_{AB} = -20\text{kN} \quad （圧縮）$$

となる。また，D支点近傍の自由体のつり合いを考えれば，

$$N_{CD} + 35 = 0 \quad \therefore N_{CD} = -35\text{kN} \quad （圧縮）$$

であることがわかる。BC部材については下図の自由体から，

$$N = 0$$
$$20 - 10x - Q = 0 \quad \therefore Q = 20 - 10x$$

$$20x - 10x \cdot \frac{x}{2} - M = 0 \quad \therefore M = 20x - 5x^2$$

が得られる。以上より，断面力図を描くと図 6.31 のようになる。

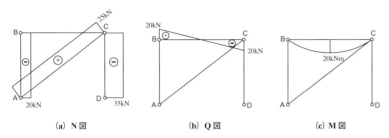

図 6.31 図 6.30 のブレース付き静定架構の断面力図

水平力は，地震力や風圧力による外力であるが，それが図 6.30 (a) のように作用するとブレース材 AC には引張力が生じる。しかし図 6.32 (a) のように，逆向きに作用すると，圧縮力になる。ブレース材が鋼棒のように細い部材であると第 7 章で述べるような座屈という現象が生じ，水平力にほとんど抵抗できない状態となる。それゆえ，この架構だけで両方向の水平力に抵抗するためには，図 6.32 (b) のように逆向きのブレースも配しておく必要がある。

次に，図 6.33 (a) の方づえのある架構の反力と断面力を求めてみよう。図 6.30 のブレース材と同様，方づえがないと倒れてしまう。図 6.33 (b) の支点反力は，3 つのつり合い式と AB 部材の B 点近傍の断面の曲げモーメントは 0 でなければならないことから，

$$H_A \times 3 = 0 \quad \therefore H_A = 0$$
$$H_A + H_F + 20 = 0 \quad \therefore H_F = -20$$
$$V_A + V_F - 10 \times 4 = 0$$
$$10 \times 4 \times 2 + 20 \times 3 - V_F \times 4 = 0 \quad \therefore V_F = 35$$

となる。以上より，支点反力は次のようになる。

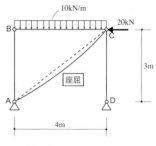

(a) ブレースが圧縮となるとき

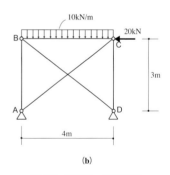

(b)

図 6.32 交叉ブレース付き架構

方づえ knee brace, angle brace, batter brace … 柱と横架材の交点の入隅部分において材の中間から他材の中間を斜めに結んで隅を固める短い部材。方杖。[201]。

床組などの水平構面では，火打 horizontal brace, horizontal angle と呼ばれる。燧。[201]。

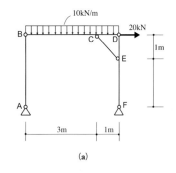

(a)

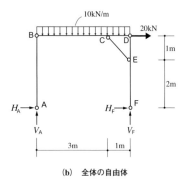

(b) 全体の自由体

図6.33 方づえ付き静定架構の例題

$H_A = 0$, $V_A = 5\text{kN}$, $H_F = -20\text{kN}$, $V_F = 35\text{kN}$

部材の断面力を順次求めていけばよいが，まず CE 部材の軸力を求めておく。CE 部材がトラス材で軸力のみであること，D 点近傍の断面の曲げモーメントが0となることから，下図の自由体で考えればよい。

$20 \times 3 + \dfrac{N_{CE}}{\sqrt{2}} \times 1 = 0$

$\therefore N_{CE} = -60\sqrt{2}$ kN （圧縮）

以下，これまで同様に断面力を自由体を描きながら，求めていけばよい。すなわち，

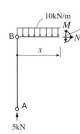

柱 A-B （トラス材）：
$5 + N_{AB} = 0 \quad \therefore N_{AB} = -5\text{kN}$ （圧縮）

梁 B-C 間：
$N = 0$
$5 - 10x - Q = 0 \quad \therefore Q = 5 - 10x$
$5x - 10x \cdot \dfrac{x}{2} - M = 0 \quad \therefore M = 5x - 5x^2$

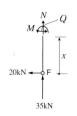

柱 E-F 間（柱 DF 材はトラス材ではない）：
$N + 35 = 0 \quad \therefore N = -35$
$Q - 20 = 0 \quad \therefore Q = 20$
$20x - M = 0 \quad \therefore M = 20x$

柱 D-E 間：

$$35 - 60\sqrt{2} \cdot \frac{1}{\sqrt{2}} + N = 0 \quad \therefore N = 25$$

$$20 - 60\sqrt{2} \cdot \frac{1}{\sqrt{2}} - Q = 0 \quad \therefore Q = -40$$

$$20x - 60\sqrt{2} \cdot \frac{1}{\sqrt{2}}(x-2) - M = 0$$

$$\therefore M = -40x + 120$$

梁 C-D 間：

$$N - 20 - 60\sqrt{2} \cdot \frac{1}{\sqrt{2}} + 20 = 0 \quad \therefore N = 60$$

$$Q - 10x - 60\sqrt{2} \cdot \frac{1}{\sqrt{2}} + 35 = 0 \quad \therefore Q = 10x + 25$$

$$M + 10x \cdot \frac{x}{2} - 60\sqrt{2} \cdot \frac{1}{\sqrt{2}} \cdot 1 + 60\sqrt{2} \cdot \frac{1}{\sqrt{2}} \cdot x +$$

$$20 \times 3 - 35x = 0 \quad \therefore M = -5x^2 - 25x$$

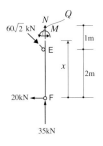

が得られる。以上より，断面力図を描くと図 6.34 のようになる。

　方づえ CE 部材は圧縮をうけるが，部材が短いので座屈はしにくい。木造軸組では柱と同程度の断面の方づえが圧縮材として使われる場合が多く，その仕口接合部は引張に対する抵抗はあまり大きくない。ブレース配置と同様，この架構だけで両方向の水平力に抵抗するためには，AB 柱にも方づえを設ける必要がある。

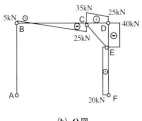

(a) N 図

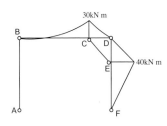

(b) Q 図

(c) M 図

図 6.34　図 6.33 の方づえ付き静定架構の断面力図

第5節　簡単な構造物の塑性崩壊

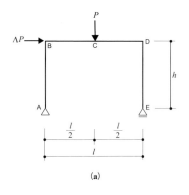

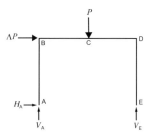

図 6.35　水平力を受ける一層門形ラーメン

図 6.35 の静定ラーメンについて，鉛直荷重 P の最大何割までの水平荷重まで耐えられるかを考えよう。水平荷重として P に乗ずる係数を Λ（ラムダ）とする。図 6.35 (b) より，支点反力は次のようになる。

$$H_A = -\Lambda P, \quad V_A = P\left(\frac{1}{2} - \Lambda\frac{h}{l}\right), \quad V_E = P\left(\frac{1}{2} + \Lambda\frac{h}{l}\right)$$

断面力図は，図 6.36 のようになる。曲げを受ける部材は，せん断応力を無視すると，3 章第 4 節の全塑性モーメント M_P が部材として耐えられる終局状態である。梁と柱の全塑性モーメントをそれぞれ M_{PB}，M_{PC} とする。柱の M_{PC} は軸力のよる影響も考慮したものである。

図 6.36 (c) の M 図では，最大曲げモーメントは梁の C 断面で生じており，この値が M_{PB} に達すると，ここに 5 章第 5 節で述べた塑性ヒンジが図 6.37 のように生じる。このときの Λ_B は，

$$M_{PB} = P\left(\frac{l}{4} + \Lambda_B\frac{h}{2}\right) \quad \therefore \Lambda_B = \frac{2M_{PB}}{Ph} - \frac{l}{2h}$$

であり，図 6.37 (b) は崩壊機構となっている。静定ラーメンでは，塑性ヒンジが 1 つできると，崩壊してしまう。この図を利用して，5 章第

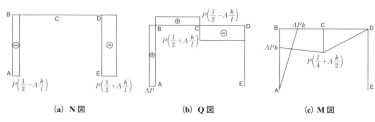

図 6.36　図 6.35 の静定ラーメンの断面力図

5節で述べた仮想仕事から，崩壊荷重係数 $\varLambda_B$ を求めてみると，

$$\varLambda_B P(h\delta\theta)+P\left(\frac{l}{2}\delta\theta\right)=M_{PB}(2\delta\theta) \quad \therefore \varLambda_B=\frac{2M_{PB}}{Ph}-\frac{l}{2h}$$

となる。

しかし，C断面よりB断面の方が曲げモーメントが大きくなる場合もある。すなわち，$\varLambda$ が以下の条件のときである。

$$\varLambda Ph-P\left(\frac{l}{4}+\varLambda\frac{h}{2}\right)>0 \quad \therefore \varLambda>\frac{l}{2h}$$

このときは梁のB断面が M_{PB} に達するので，このときの $\varLambda_{B2}$ は，

$$M_{PB}=\varLambda_{B2}Ph \quad \therefore \varLambda_{B2}=\frac{M_{PB}}{Ph}$$

となる。図6.38に，このときの曲げモーメント図，崩壊機構図を示す。なっている。仮想仕事を利用すると，

$$\varLambda_{B2}P(h\delta\theta)=M_{PB}(\delta\theta) \quad \therefore \varLambda_{B2}=\frac{M_{PB}}{Ph}$$

となる。

M_{PB} と M_{PC} の大きさによっては，柱の曲げモーメントが M_{PC} に達することによって崩壊荷重係数が決まることもある。すなわち，

$$M_{PC}=\varLambda_C Ph \quad \therefore \varLambda_C=\frac{M_{PC}}{Ph}$$

である。図6.39に，このときの曲げモーメント図，崩壊機構図を示す。

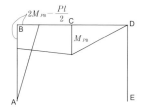

(a) M図

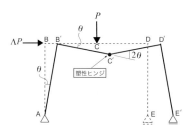

(b) 崩壊機構

図6.37 C断面に塑性ヒンジが生じる場合の崩壊機構

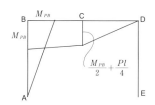

(a) M図

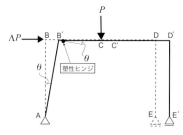

(b) 崩壊機構

図6.38 梁側B断面に塑性ヒンジが生じる場合の崩壊機構

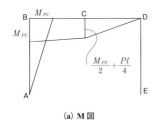

(a) M図

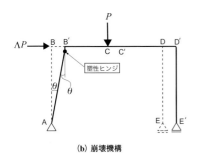

(b) 崩壊機構

図 6.39 柱側 B 断面に塑性ヒンジが生じる場合の崩壊機構

次に,図 6.40 の柱脚が固定端となっている不静定ラーメンの崩壊荷重係数 Λ について考えてみよう。図中に示したように柱部材の全塑性モーメント M_{PC} を 650kN m,梁部材の全塑性モーメント M_{PB} を 500kN m とする。不静定ラーメンを解く方法は本書では示していない。したがって,弾性状態での断面力を求めずに,崩壊機構を想定し,仮想仕事式を用いる方法によって Λ を求める。

まず,図 6.41 (a) の崩壊機構 I を考えると,

$$600\Lambda \times 4\delta\theta = 2\times 650 \times \delta\theta + 2\times 500 \times \delta\theta \quad \therefore \quad \Lambda \fallingdotseq 0.958$$

となる。崩壊機構としては,図 6.41 (b) の機構 II も考えられる。この場合には,

$$600\Lambda \times 4\delta\theta + 600 \times 3\delta\theta = 2\times 650 \times \delta\theta + 2\times 500 \times \delta(2\theta)$$
$$\therefore \quad \Lambda = 0.625$$

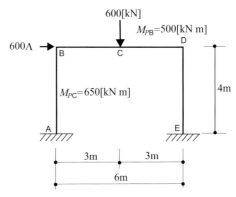

図 6.40 不静定ラーメンの崩壊荷重係数を求める例題

となる。崩壊機構IIの荷重係数 Λ の方が小さい。このとき作用する水平力は 375kN となり、その曲げモーメント図は図 6.41 (c) のようになる。極限解析については、文献 [1] などによって改めて学習していただきたいが、このラーメンの水平崩壊荷重は 375kN であり、この値が鉛直荷重 600kN を支えているときの最大水平耐力である。

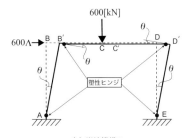

(a) 崩壊機構 I

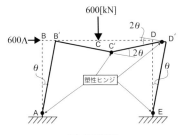

(b) 崩壊機構 II

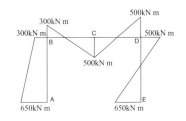

(c) 崩壊機構 II のときの M 図

図 6.41　図 6.40 の不静定ラーメンの崩壊機構

Chapter 7
Buckling

7章　座屈

第1節　棒材の曲げ弾性座屈，細長比と断面2次半径

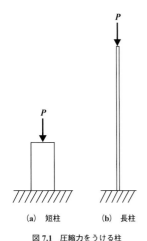

図 7.1　圧縮力をうける柱

長さと太さの異なる真直な柱が，図 7.1 のようにそれぞれ圧縮力をうける場合を考えよう。いずれの柱も 2 章で述べたように真直に縮むだけであろうか。(b) の柱は，圧縮力 P の大きさがあるレベルに達すると図 7.2 のように曲がることが想像できるであろう。

このような現象を座屈 buckling と呼んでいる。

座屈が生じるときの圧縮力 P の大きさを求めてみる。このとき，図 7.3 の曲がった状態の片持ち梁の曲げモーメントとたわみを考えることが有効である。図 7.3 (a) の自由端 B のたわみを v_0 とすると，図 7.3 (b) より固定端の反力は次のようになる。

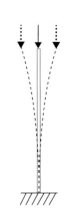

図 7.2　圧縮力をうける長柱の座屈

$$H_A = P,\ M_A = Pv_0$$

さらに，図 7.3 (c) より x 位置の曲げモーメント M は，

$$M(x) = P(v(x) - v_0)$$

となる。式 (5.3) より，

$$\frac{d^2v}{dx^2} = -\frac{M}{EI} = -\frac{P}{EI}(v - v_0)$$

$$\frac{d^2v}{dx^2} + \frac{P}{EI}v = \frac{P}{EI}v_0$$

$$\frac{d^2v}{dx^2} + k^2 v = k^2 v_0 \quad \text{ここに，} k^2 = \frac{P}{EI} \tag{7.1}$$

が得られる。式 (7.1) は，v に関する 2 階の微分方程式である。この v は，次のように考えると，式 (7.1) を満足することが確かめられる。

$$v(x) = C_1 \sin kx + C_2 \cos kx + v_0 \tag{7.2}$$

$$v'(x) = C_1 k \cos kx - C_2 k \sin kx \tag{7.3}$$

$$v''(x) = -C_1 k^2 \sin kx - C_2 k^2 \cos kx = -k^2(v(x) - v_0) \tag{7.4}$$

式 (7.4) は式 (7.1) であり，式 (7.2) は式 (7.1) の解である。ここに，C_1，C_2 は未定係数である。これらの未定係数は，固定端の境界条件より求めることができる。すなわち，$v(0) = v'(0) = 0$ より，

$$C_1 = 0, \quad C_2 = -v_0$$

が得られる。ここで，自由端 B のたわみ v_0 は次のように書ける。

$$v(l) = -v_0 \cos kl + v_0 = v_0 \quad \therefore \quad \cos kl = 0 \tag{7.5}$$

これより，

$$kl = \frac{(n+1)\pi}{2} \quad \therefore \quad k = \frac{(n+1)\pi}{2l} \quad (\text{ただし，} n = 0, 1, 2, \cdots) \tag{7.6}$$

が得られ，式 (7.1) から式 (7.6) を満たす圧縮力 P は，

$$P = \frac{(n+1)^2 \pi^2 EI}{(2l)^2} \quad (\text{ただし，} n = 0, 1, 2, \cdots) \tag{7.7}$$

となる。P の大きさは n が 0 のとき最小であり，これを P_{cr} と記すと，

$$P_{cr} = \frac{\pi^2 EI}{(2l)^2} \tag{7.8}$$

という表現が得られる。この P_{cr} で図 7.3 (a) の変形状態でのつり合いが満たされている。なお，v_0 の大きさは定まっていない。

図 7.1 の真直な弾性柱が，断面の中心（図心）に鉛直圧縮力（鉛直荷

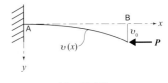

(a) 座屈変形

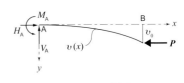

(b) 全体の自由体

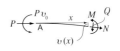

(c) 断面力を求めるための自由体

図 7.3 圧縮力をうける 片持ち梁の座屈

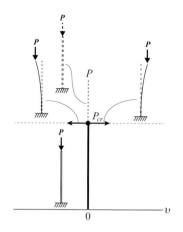

図 7.4 弾性座屈の荷重たわみ関係

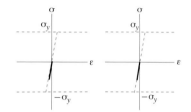

(a) P_{cr} より荷重が小さいとき

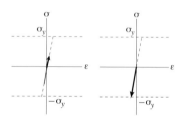

(b) 座屈が生じた後

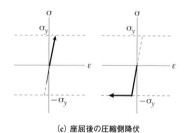

(c) 座屈後の圧縮側降伏

図 7.5 座屈に伴う応力ひずみの変化

重）P をうけ，その値が徐々に大きくなっていくときの荷重とたわみ v の関係を図化すると，図 7.4 のようになる。P が P_{cr} になった瞬間に v が生じ得るという図である。この荷重変形関係上の点はつり合いを満たす 2 つの状態の分かれ目，すなわち分岐点 bifurcation point という臨界点 critical point になっている。P_{cr} の添え字は臨界点を意味している。柱は真直な状態を保ったままで，荷重を P_{cr} 以上に大きくすることはできない。この荷重を弾性座屈荷重 elastic buckling load という。式(7.8) はヤング係数 E，柱の軸直交断面の断面 2 次モーメント I，柱の長さ l によって定まっている。材料の強度にはよらない。座屈による変形は，座屈モード buckling mode と呼ばれる。

 v_0 の大きさは定まらないが，式（7.1）は微小な変形を前提としてたてられている。横たわみ v_0 が生じると，曲げ変形による応力が急に大きくなる。固定端近傍の断面両外縁の応力ひずみの様子を図化すると図 7.5 のようになる。最初は図 7.5 (a) のように断面全体が圧縮されるが，座屈が生じると曲げ変形となり，片側は引張に転じ，もう一方は圧縮が進む。鋼材のような材料では，たちまち図 7.5 (b) のように 2 章で述べた材料降伏が生じ，変形が残留する塑性化，さらには荷重が支えられ

ない状態になる。変形が進んだ状態で支えられる荷重とたわみの関係を曲線で図化すると図7.6のようになる。圧縮材の曲げ座屈は，構造物にとって非常に危険な状況を招くことになるので注意が必要である。もし，大変形にいたっても材料が弾性のままであるとすると，エラスティカ［501］と呼ばれる曲線形状となり，図7.7のような荷重変形関係を示す。このときは，さらなる荷重上昇が可能となる。

図7.8のような単純支持の棒材が圧縮力をうけたときの弾性座屈荷重を求めてみよう。図7.8 (b) より x 位置の曲げモーメント M は，

$$M(x) = Pv(x)$$

となる。式 (5.2) より，

$$\frac{d^2v}{dx^2} = -\frac{M}{EI} = -\frac{P}{EI}v, \quad \frac{d^2v}{dx^2} + k^2 v = 0 \tag{7.9}$$

が得られる。ここに，k^2 は式 (7.1) に示したものである。式 (7.9) の微分方程式を満たす v は，

$$v(x) = C_1 \sin kx + C_2 \cos kx \tag{7.10}$$

である。C_1，C_2 は未定係数である。これらの未定係数は境界条件すなわち $v(0) = v(l) = 0$ を考えると，

$$C_2 = 0, \quad v(l) = C_1 \sin kl = 0 \tag{7.11a,b}$$

が得られる。式 (7.11b) は $C_1 = 0$ か，もしくは $\sin kl = 0$ であれば満たされる。$C_1 = 0$ で $C_2 = 0$ だと曲がった変形を表せない。したがって，$\sin kl = 0$ より，

$$kl = n\pi \quad \therefore \ k = \frac{n\pi}{l} \quad (ただし，n = 1, 2, \cdots) \tag{7.12}$$

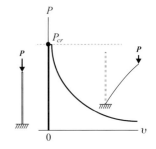

図7.6 座屈後に塑性が生じるときの荷重変形関係

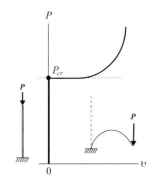

図7.7 座屈後も弾性のままであるときの荷重変形関係

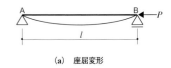

(a) 座屈変形

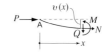

(b) 断面力を求めるための自由体

図7.8 圧縮力をうける単純梁の座屈

が得られ，式 (7.1) から式 (7.12) を満たす圧縮力 P は，

$$P = \frac{n^2\pi^2 EI}{l^2} \quad (\text{ただし，} n = 1, 2, \cdots) \tag{7.13}$$

と書ける。P の大きさは n が 1 のとき最小であり，これを P_{cr} と記すと，

$$P_{cr} = \frac{\pi^2 EI}{l^2} \tag{7.14}$$

という表現が得られる。この P_{cr} で図 7.8 (a) の変形状態でのつり合いが満たされている。このとき C_1 の大きさは定まっていない。

片持ち梁型の弾性座屈荷重を表す式 (7.8) と単純梁型の式 (7.14) とでは，E, I, l が同じでも，単純梁型の弾性座屈荷重の方が，片持ち梁型のそれの 4 倍となっている。座屈モードの違いが重要であり，それが異なる要因は境界条件の違いである。

次に，図 7.9 のような両端での曲げ変形が拘束された棒材が圧縮力をうけたときを考えてみよう。図 7.9 (b) の自由体の対称性を考慮すると，鉛直反力 $V_A = V_B = 0$ でなければならない。図 7.9 (c) より x 位置の曲げモーメント M は，

$$M(x) = Pv(x) - M_A$$

となる。式 (5.2) より，

$$\frac{d^2v}{dx^2} + k^2 v = k^2 \frac{M_A}{P} \tag{7.15}$$

が得られる。式 (7.15) を満たす v は，

$$v(x) = C_1 \sin kx + C_2 \cos kx + \frac{M_A}{P} \tag{7.16}$$

である。固定端の境界条件および中央のたわみ角が 0 であることから，

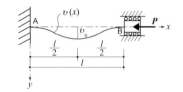

(a) 座屈変形

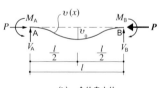

(b) 全体自由体

(c) 断面力を求めるための自由体

図 7.9 圧縮力をうける両端固定梁の座屈

$v(0)=0$ より，$C_2 + \dfrac{M_A}{P} = 0$ ∴ $C_2 = -\dfrac{M_A}{P}$

$v'(0)=0$ より，$C_1 k = 0$ ∴ $C_1 = 0$

$v'\left(\dfrac{l}{2}\right)=0$ より，

$$C_1 k \cos\dfrac{kl}{2} - C_2 k \sin\dfrac{kl}{2} = 0 \quad ∴ \quad \dfrac{M_A}{P} k \sin\dfrac{kl}{2} = 0$$

$$\dfrac{M_A}{P} \cdot \sqrt{\dfrac{P}{EI}} \sin\dfrac{kl}{2} = 0 \quad ∴ \quad \sin\dfrac{kl}{2} = 0 \tag{7.17}$$

となる．これより，

$$\dfrac{kl}{2} = n\pi \quad ∴ \quad k = \dfrac{n\pi}{\dfrac{l}{2}} \quad (\text{ただし，} n=1, 2, \cdots) \tag{7.18}$$

が得られ，式 (7.1) から式 (7.17) を満たす圧縮力 P は，

$$P = \dfrac{n^2 \pi^2 EI}{\left(\dfrac{l}{2}\right)^2} \quad (\text{ただし，} n=1, 2, \cdots) \tag{7.19}$$

と書ける．P の大きさは n が 1 のとき最小であり，これを P_{cr} と記すと，

$$P_{cr} = \dfrac{\pi^2 EI}{\left(\dfrac{l}{2}\right)^2} \tag{7.20}$$

という表現が得られる．

図 7.10 のような一端固定，他端ローラー支点の棒材が圧縮力をうけるときはどうであろう．図 7.10 (b) の自由体を考慮すると，

$$V_A + V_B = 0 \quad ∴ \quad V_B = -V_A$$

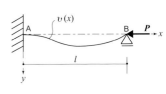

(a) 座屈変形

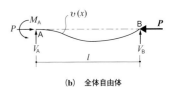

(b) 全体自由体

(c) 断面力を求めるための自由体

図 7.10 圧縮力をうける 一端固定，他端ローラー支点梁の座屈

オイラー Leohard Euler, 1707−1783

　スイス，バーゼル生まれの数学者で，弾性曲線の幾何学的性質に興味をもち，1744 年出版の「曲線を見つける方法」では弾性曲線がはじめて体系的に取り扱われた。軸圧縮力による柱の座屈の問題を扱い，式 (7.25) の柱の座屈式を確立している [003]。弾性棒材の曲げ座屈荷重は，オイラー座屈荷重とも呼ばれる。

$$M_A + V_B l = 0 \quad \therefore \ M_A = -V_B l = V_A l$$

である。図 7.10 (c) より x 位置の曲げモーメント M は，

$$M(x) = P v(x) + V_A x - M_A = P v(x) + V_A(x-l)$$

となる。式 (5.3) より，

$$\frac{d^2 v}{dx^2} + k^2 v = -k^2 \frac{V_A}{P}(x-l) \tag{7.21}$$

が得られる。式 (7.21) を満たす v は，

$$v(x) = C_1 \sin kx + C_2 \cos kx - \frac{V_A}{P}(x-l) \tag{7.22}$$

である。境界条件より，

$$v(0) = 0 \text{ より，} \ C_2 + \frac{V_A l}{P} = 0 \ \therefore \ C_2 = -\frac{V_A l}{P}$$

$$v'(0) = 0 \text{ より，} \ C_1 k - \frac{V_A}{P} = 0 \ \therefore \ C_1 = \frac{V_A}{kP}$$

$$v(l) = 0 \text{ より，} \ v(l) = C_1 \sin kl + C_2 \cos kl = 0$$

$$\frac{V_A}{kP} \sin kl - \frac{V_A l}{P} \cos kl = 0 \ \therefore \ \frac{\sin kl}{k} = l \cos kl$$

となる。これより，最終的に $\tan kl = kl$ が得られる。これを満たす正の最小値を数値的に求めると，$kl \fallingdotseq 4.4934$ となる。式 (7.1) から座屈圧縮力 P は，

$$kl = \sqrt{\frac{P_{cr}}{EI}} \cdot l = 4.4934 \ \therefore \ P_{cr} = \frac{20.19 EI}{l^2} \fallingdotseq 2\frac{\pi^2 EI}{l^2} \tag{7.23}$$

となる。他の P_{cr} と同様な表現に直すと，

$$P_{cr} \doteqdot \frac{\pi^2 EI}{(0.7l)^2} \qquad (7.24)$$

と書ける。

　ここまでの様々な材端条件による座屈荷重（座屈圧縮力）P_{cr} は，次のような式でまとめられる。

$$P_{cr} = \frac{\pi^2 EI}{{l_k}^2} \qquad (7.25)$$

ここで，l_k は座屈長さ buckling length と呼ばれる。材端の組合せによる P_{cr} と l_k を表 7.1 に示す。座屈荷重 P_{cr} を大きくするには，座屈長さ l_k を小さくすることが有効である。例えば，表 7.1（A）欄の単純支持柱の 1 つの支点を固定になるように設計すると表 7.1（D）欄にあるように l_k を 70％ にすることができ，その結果，座屈荷重を 2 倍にするこ

表 7.1　種々の材端条件の柱の座屈荷重と座屈長さ

	(A)	(B)	(C)	(D)
材端条件, 座屈モード	$l_k = l$	$l_k = 2l$	$l_k = \dfrac{l}{2}$	$l_k = 0.7l$
座屈荷重	$P_{cr} = \dfrac{\pi^2 EI}{l^2}$	$P_{cr} = \dfrac{\pi^2 EI}{(2l)^2}$	$P_{cr} = \dfrac{\pi^2 EI}{\left(\dfrac{l}{2}\right)^2}$	$P_{cr} \doteqdot \dfrac{\pi^2 EI}{(0.7l)^2}$
座屈長さ l_k	l	$2l$	$0.5l$	$0.7l$

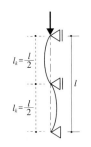

図7.11 圧縮力をうける鋼片持ち柱の座屈荷重

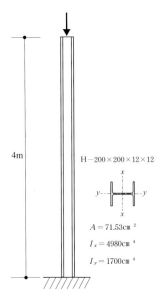

図7.12 圧縮力をうける鋼片持ち柱の座屈荷重

とができる。また，図7.11のように単純支持柱の中央に支点を設けると，l_k を半分にすることができ，座屈荷重を4倍にすることができる。

図7.12のH形断面を有する鋼柱の弾性座屈荷重 P_{cr} を求めてみよう。ヤング係数 $E = 2.05 \times 10^5 \text{N/mm}^2$，円周率 $\pi = 3.14$ とする。式（7.25）を用いて，

$$P_{cr} = \frac{3.14^2 \times 2.05 \times 10^5 \times 1700 \times 10^4}{(2 \times 4000)^2} = 537 \text{kN}$$

が得られる。このとき，断面2次モーメントは最小となる y 軸まわりの値が用いられている。座屈発生時の垂直応力 σ_{cr} は，

$$\sigma_{cr} = \frac{P_{cr}}{A} = \frac{537 \times 10^3}{71.53 \times 10^2} = 75.07 \text{N/mm}^2$$

となる。この鋼柱の材料が建築構造用の400N/mm² 級鋼であるとすると，基準強度（降伏応力 σ_y）は235N/mm² であり，材料としての安全率を2/3とすると157N/mm² となるが[501]，それに達する前に座屈という不安定な状態になることを意味している。

柱の頂部に表7.1（D）欄のように支点を設け，水平変位を拘束することができると，座屈長さが $2l$ から $0.7l$ に短くなり，

$$P_{cr} = \frac{3.14^2 \times 2.05 \times 10^5 \times 1700 \times 10^4}{(0.7 \times 4000)^2} = 4296 \text{kN}$$

となる。座屈荷重 P_{cr} が8倍になり，もし弾性が保たれるとすれば座屈発生時の垂直応力 σ_{cr} も8倍となり，材料の基準強度をはるかに上回ることになる。

弾性座屈応力，細長比，断面2次半径

式（7.25）を変形すると，次のような弾性座屈時垂直応力 σ_{cr} の表現が得られる。

$$\sigma_{cr} = \frac{P_{cr}}{A} = \frac{\pi^2 E}{l_k^2}\left(\frac{I}{A}\right) = \frac{\pi^2 E}{\left(\dfrac{l_k}{i}\right)^2} = \frac{\pi^2 E}{\lambda^2} \qquad (7.26)$$

ここに，i は断面2次半径 radius of gyration と呼ばれ，次式で定義される。

$$i = \sqrt{\frac{I}{A}} \qquad (7.27)$$

単位は長さの量となっている。座屈荷重は最小断面2次モーメントに依存するので，式（7.27）の I が最小値のとき，i は最小回転半径と呼ばれることもある。式（7.26）の λ は次式で定義されている。

$$\lambda = \frac{l_k}{i} \qquad (7.28)$$

これは，座屈長さを断面2次半径で除した量であり，座屈する部材の細長さを代表していると言える。それゆえ，細長比（ほそながひ）slenderness ratio と呼ばれる。

図7.11（a）の鋼柱では，$i_x = 8.35\mathrm{cm}$，$i_y = 4.88\mathrm{cm}$ となるが，最小となる i_y が式（7.27）の i となる。したがって，細長比 λ は，

$$\lambda = \frac{l_k}{i_y} = \frac{8000}{48.8} = 163.9$$

となる。式（7.26）を用いて，σ_{cr} を計算してみると，

$$\sigma_{cr} = \frac{\pi^2 E}{\lambda^2} = \frac{3.14^2 \times 2.05 \times 10^5}{163.9^2} = 75.24\mathrm{N/mm}^2$$

が得られる。数値の扱いの誤差からわずかに異なるが，当然のことながらほぼ同じ値が得られる。

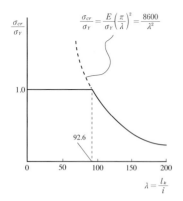

図 7.13　鋼材の降伏応力と弾性座屈応力

柱の頂部に支点を設けた場合には，

$$\lambda = \frac{l_k}{i_y} = \frac{0.7 \times 4000}{48.8} = 57.38$$

となり，式（7.26）による σ_{cr} は，613.89N/mm² となる。

弾性座屈時垂直応力 σ_{cr} は，材料の降伏応力 σ_Y を超えられない。

図 7.13 は式（7.26）の σ_{cr} を σ_Y で除して無次元化したときの曲線である。曲線は $E = 2.05 \times 10^5$ N/mm²，$\pi = 3.14$，$\sigma_Y = 235$ N/mm² とした場合である。実際の設計では，安全率を考慮して許容圧縮応力度 allowable compression stress [501, 701] が定められている。許容圧縮応力度は f_c で表記されるが，400N/mm² 級鋼では $\lambda = 164$ のとき $f_c = 34.8$N/mm²，$\lambda = 57$ のとき $f_c = 130$N/mm² と定められている。

第2節　簡単な骨組内部材の弾性座屈

　圧縮を受ける部材は，座屈が生じる可能性がある．表 7.1 の座屈モードが骨組の中でどのように現れるかをいくつかの例で示しておく．

　最も簡単な骨組として図 7.14 のような柱の頂部に鉛直荷重をうける単純支持の一層門形ラーメンが考えられる．鉛直荷重が大きくなると，左右の柱が座屈し，破線で示すようにローラー支点の水平移動を伴って倒壊に至る．このときの座屈荷重は，梁の曲げ剛性の影響をうけ，解析

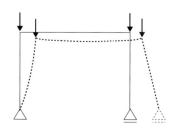

図 7.14　単純支持門形ラーメンの座屈モード

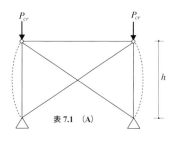

$$P_{cr} = \frac{\pi^2 EI}{h^2}$$

(a)　すべての接合部がピンの場合（ピン基礎）

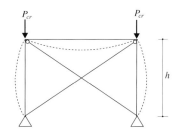

(b)　ラーメンにブレースが配置された場合

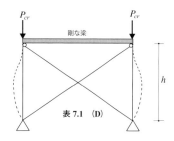

$$P_{cr} = \frac{\pi^2 EI}{(0.7h)^2} = \frac{2\pi^2 EI}{h^2}$$

(c)　(b) のラーメンの梁が剛な場合

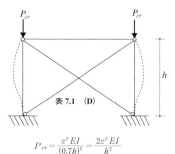

$$P_{cr} = \frac{\pi^2 EI}{(0.7h)^2} = \frac{2\pi^2 EI}{h^2}$$

(d)　すべての接合部がピンの場合（固定基礎）

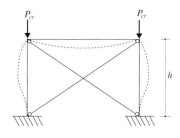

(e)　ラーメンにブレースが配置された場合

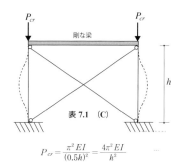

$$P_{cr} = \frac{\pi^2 EI}{(0.5h)^2} = \frac{4\pi^2 EI}{h^2}$$

(f)　(e) のラーメンの梁が剛な場合

図 7.15　柱頂部の水平移動が拘束されている骨組

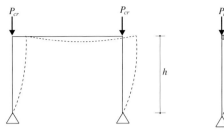
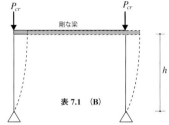

(a) 門形ラーメン（ピン基礎）　　(b) (a) のラーメンの梁が剛な場合

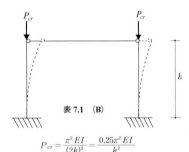
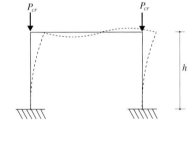
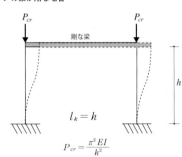

(c) 柱梁接合部がピンの場合（固定基礎）　　(d) 門形ラーメン（固定基礎）　　(e) (d) のラーメンの梁が剛な場合

図 7.16　柱頂部の水平移動が拘束されていない骨組

的には座屈たわみ角法[702]に依らなければならない。

より簡単な場合で表 7.1 を直接使えるような骨組を図 7.15，図 7.16 に示しておく。図 7.15 は，ブレースを配置するなどによって骨組の水平変位が拘束される場合である。

図 7.16 は，柱が座屈することによって骨組が水平移動する場合である。図 7.16（e）では，表 7.1（c）を参考にすれば，l_k が階高 h であることがわかる。

図 7.17 は，6 章の図 6.32（a）を再掲したものである。圧縮ブレースが座屈する可能性を示したが，このブレースの座屈軸力 N_{cr} を求めてみよう。ブレース材を円形鋼管の○-76.3×4（径 76.3mm，板厚 4.0mm）

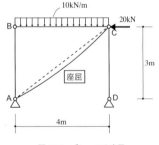

図 7.17　ブレースの座屈

とすると，断面2次モーメントは59.5cm^{4}である。したがって，

$$N_{cr} = \frac{3.14^2 \times 2.05 \times 10^5 \times 59.5 \times 10^4}{5000^2} = 48.1\text{kN}$$

となる。6章では，図の荷重のときブレースの軸力は25kNであったので，理論上は座屈を生じない。

　トラス内の圧縮材も座屈長さは，節点間の部材長さをとればよい。

第3節　非弾性座屈

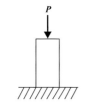

(a) 圧縮力をうける短柱

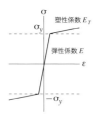

(b) バイリニア応力ひずみモデル

図 7.18　短柱の座屈

図 7.1 (b) のような長柱は，第 1 節で述べたように圧縮荷重が大きくなると弾性で曲げ座屈を生じる。その座屈荷重は座屈長さの 2 乗に反比例して小さくなる。では，図 7.1 (a) のように柱が短い短柱ではどのような現象が生じるのであろうか。

図 7.18 に図 7.1 (a) を再び示すとともに，その材料の応力ひずみ関係として図 7.18 (b) のバイリニアモデルを想定することとする。短柱が真直であるとすると，P が弾性の座屈荷重に達する前に全断面が一様に降伏応力 σ_Y となる可能性が高い。全断面が σ_Y となると，この瞬間に材料の弾性係数 E は図 7.18 (b) に示したように塑性係数 E_T となり，柱の曲げ剛性 EI が一気に $E_T I$ と小さくなる。したがって，座屈荷重は次のように考えることができる [1,703]。

$$P_T = \frac{\pi^2 E_T I}{l_k^2} \tag{7.29}$$

座屈が生じると，次の瞬間，座屈によって生じた曲げ変形の凸側では除荷が生じる。除荷が生じた領域では弾性係数に対応する除荷剛性をもち，断面全体の曲げ剛性はある程度回復し，図 7.19 のように荷重を増加させることが可能になる。

式 (7.29) の座屈荷重は，接線係数荷重 tangent modulus load と呼ばれている。この荷重で，真直な状態から曲がった状態に移行することが可能となる。

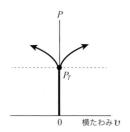

図 7.19　短柱の座屈における荷重-横たわみ関係

第4節　曲げをうける部材の横座屈

　図7.20 (a) に示すH形断面梁が z 軸まわりに等曲げをうけるとき，曲げモーメントがある値を超えると図7.20 (b)，(c) に示すように，圧縮側のフランジが構面外にはみ出すような現象を生じる。このような現象を横座屈 lateral buckling と呼んでいる。

　5章第3節より，図7.20 (c) の Y 軸まわりの曲げモーメント M_Y とたわみ曲線 w の関係は，

$$EI_y \frac{d^2 w}{dx^2} = -M_Y \doteqdot -M_z \phi \tag{7.30}$$

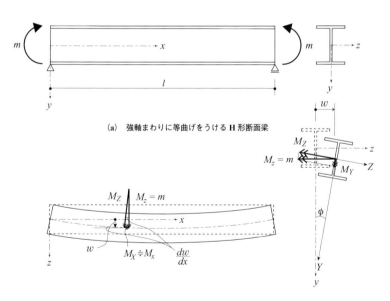

(a)　強軸まわりに等曲げをうけるH形断面梁

(b)　横座屈による横たわみ　　(c)　横座屈によるねじれ

図7.20　曲げをうけるH形断面梁の横座屈

と書ける。なお，ϕ は図 7.20（c）に表すねじれ角である。また，4 章第 3 節のねじりモーメント M_x と ϕ の関係から，

$$-EC_w \frac{d^3\phi}{dx^3} + GJ_T \frac{d\phi}{dx} = M_x \fallingdotseq M_z \frac{dw}{dx} \tag{7.31}$$

と書ける。式（7.31）を x に関して微分して，式（7.30）を代入すると，次の横座屈に関する微分方程式が得られる。

$$-EC_w \frac{d^4\phi}{dx^4} + GJ_T \frac{d^2\phi}{dx^2} + \frac{M_z^2}{EI_y}\phi = 0 \tag{7.32}$$

上式を満たす ϕ として，

$$\phi(x) = A\sin\frac{\pi x}{l} \tag{7.33}$$

を考える。ここに，A は未定係数である。この ϕ を 4 章第 3 節の曲げねじれ（ワグナーねじれ）の H 形断面の反りに関する式（4.19），（4.20）に代入すると，

$$M_f(x) = EI_f \frac{h}{2} \cdot \frac{d^2\phi}{dx^2} = -\frac{EI_f h}{2} \cdot A\left(\frac{\pi}{l}\right)^2 \sin\frac{\pi x}{l}$$

となる。すなわち両端 $x=0$，l で $M_f=0$ となり，反り変形の拘束がないという境界条件を満足していることがわかる。

式（7.33）を式（7.32）に代入して整理すると，

$$\left\{\frac{M_z^2}{EI_y} - EC_w\left(\frac{\pi}{l}\right)^4 - GJ_T\left(\frac{\pi}{l}\right)^2\right\}A\sin\frac{\pi x}{l} = 0$$

となる。したがって，次の横座屈モーメント M_{cr} が得られる。

$$M_{cr} = \sqrt{EI_y \cdot GJ_T \left(\frac{\pi}{l}\right)^2 + EI_y \cdot EC_W \left(\frac{\pi}{l}\right)^4} \qquad (7.34)$$

式 (4.22) より，

$$C_W = I_f \cdot \left(\frac{h^2}{2}\right) = I_y \cdot \left(\frac{h^2}{4}\right) \quad \text{ここに,} \quad I_y \fallingdotseq \frac{t_f b^3}{6}$$

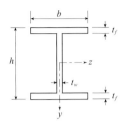

であり，これを考慮すると式 (7.34) は，

$$M_{cr} = \sqrt{EI_y \cdot GJ_T \left(\frac{\pi}{l}\right)^2 + \left\{EI_y \cdot \frac{h}{2}\left(\frac{\pi}{l}\right)^2\right\}^2}$$

と書ける。

Appendix
Système International d'Unités

付録　国際単位系

メートル法とSI … メートル法は，1789 年 7 月 14 日のバスチーユ監獄の襲撃に端を発したフランス革命で生まれた制度である。1790 年タレーランによって国民議会に提案されたと言われている。単位の不統一は，人間の行動範囲の広がりとともに複雑な換算という問題を生じさせており，「度量衡」の基本となる長さ・面積・体積・質量の基準を定めようとしたものであり，1791 年に採択されている。「度量衡」とは，長さ・面積（度），体積（量），質量（衡）（重さ）であり，また，それらをはかる「物差し」・「枡（ます）」・「秤（はかり）」のことである。

フランスでも，すぐには普及しなかったが 1837 年にメートル法以外の単位を禁止することで普及した。1867 年のパリ万国博で各国の代表者からなる「度量衡・通貨委員会」の報告としてメートル法の適用推進が宣言され，1869 年ナポレオン三世の呼びかけもあり，1875 年 5 月 20 日に「メートル条約」が成立し，17 カ国に批准された。

国際単位系（SI）は，メートル法のなかで広く使用された MKS 単位系（長さの単位にメートル（m），質量の単位にキログラム（kg），時間の単位に秒（s）を用い，これらの組み合わせでいろいろな量を表現したもの）を拡張し，1954 年の第 10 回国際度量衡総会（CGPM）で定められた。1960 年の第 11 回で国際単位系の略称を SI とすることになった。

日本は，1885 年（明治 18 年）にメートル条約に加盟したが，その後に尺貫法を基本とする度量衡法を定めたため普及しなかった。1959 年にようやく土地や建物の表記を除いてメートル法が完全実施され，1966 年 4 月 1 日から全面的に実施された。1992 年の計量法の改正によって，1999 年 9 月 30 日を最終期限として非 SI 単位を SI 単位に統一することが謳われ，各種書籍においてもこれまで重量単位系であったものも SI 単位系で書かれるようになっている［107］。

単位は，ひとにとって面倒なきまりの一つである。お偉い誰かによって決められたことを頭ごなしに押しつけられ，覚えておかなければ仕事だけでなく生活にも困るという代物である。面倒ではあるが，人類という社会性を基本として生存を保証されている立場では，少なくとも各自に必要な単位は，使い方のルールも含めて覚えておいた方がよい。

SI の使い方のルールは，国際規格 ISO 1000，日本工業規格 JIS Z 8203 に規定されている。

1. SI 基本単位 fundamental units と組立単位 derived units

SI 基本単位は，

長さ：メートル（単位記号：m）…1 秒の 299 792 458 分の 1 の時間に光が真空中を伝わる行程の長さである。元は，地球の北極から赤道まで，子午線に沿って測った長さの 10000 分の 1 として決められた。

質量：キログラム（単位記号：kg）…単位の大きさは国際キログラム原器の質量に等しい。元は，0.1m^3 の体積をしめる水の質量として決められた。

時間：秒（単位記号：s）…セシウム 133 の原子の基底状態の二つの超微細構造準位の間の遷移に対応する放射の周期の 9 192 631 770 倍の継続時間である。元は，長さ 1m の振り子の周期の半分として決められた。

の 3 つの単位に，電流のアンペア（単位記号：A），熱力学温度のケルビン（単位記号：K），物質量のモル（単位記号：mol）および光度のカンデラ（単位記号：cd）を加えた 7 つである。

必要に応じて基本単位を使って構成された単位を「組立単位」と呼ぶ。例えば，

速さ：m/s（メートル毎秒）　　加速度：m/s^2（メートル毎秒毎秒）

面積：m^2（平方メートル）　　体積：m^3（立方メートル）

断面 1 次モーメント：m^3（メートル 3 乗）　　断面 2 次モーメント：m^4（メートル 4 乗）

密度：kg/m^3（キログラム毎立方メートル）

力：kg・m/s^2（キログラムメートル毎秒毎秒）

などがある。

力のように，単位表記が長くなったり，慣用の呼称があった量などでは SI 組立単位として固有の単位記号が付与されているものもある。例えば，

力：ニュートン（単位記号：N（＝ kg・m/s^2））

応力，圧力：パスカル（単位記号：Pa（＝ N/m^2 ＝ kg・m^{-1}/s^2））

仕事，エネルギー：ジュール（単位記号：J（＝ N・m））

ただし，力のモーメントはこのジュールと同じく N・m で表されるが，J で表すことはない。

振動数（周波数）：ヘルツ（単位記号：Hz（＝ 1/s））

セルシウス温度：セルシウス度（単位記号：℃（0℃ ＝ 273.15 K））

などがある。なお，従来，補助単位という名称で区分されていた平面角のラジアン（単位記号：rad（＝ m/m）），立体角のステラジアン（単位記号：sr（＝ m^2/m^2））は，固有の名称と記号で表される無次元の組立単位として区分されている。

また，SI には属さないが，SI と併用される単位として以下のものなどがある。

名称	記号	SI単位による値
分	min	1 min = 60 s
時	h	1 h = 60 min =3 600 s
日	d	1 d = 24 h = 86 400 s
度	°	1 ° = (π / 180) rad
分	′	1 ′ = (1/60) ° = (π / 10 800) rad
秒	″	1 ″ = (1/60)′ = (π / 648 000) rad
ヘクタール	ha	1 ha = 1 hm^2 = 10^4 m^2
リットル	L, l	1 L = 1 l = 1 dm^3 = 10^3 cm^3 = 10^{-3} m^3
トン	t	1 t = 10^3 kg

2．単位記号の使い方

(1) 書体は立体で小文字［例：m，s，kg など］。単位が人名に由来するときは単位記号の最初のみ大文字［例：N，Pa，Hz など］。

(2) 単位記号には省略の意味のピリオドはつけない。

(3) 2個以上の単位記号の積は，積を意味する中黒（なかぐろ）「・」を用いるか，空白（スペース）を入れる［例：N・m，N m］。

(4) 2個以上の単位記号の商は，商を意味する斜線・スラッシュ「/」を用いるか，負のべき乗を用いて積で表す［例：m/s^2，m・s^{-2}］。なお，「/」は原則1回しか使用できない。

3．SI 接頭語とその使い方

SI 接頭語は，次のように定められている。

倍数	名称	記号	由来・意味
10^{24}	ヨタ	Y	（ギリシア語）「8」：(10^3)^8
10^{21}	ゼタ	Z	（ギリシア語）「7」
10^{18}	エクサ	E	（ギリシア語）「6」
10^{15}	ペタ	P	（ギリシア語）「5」
10^{12}	テラ	T	（ギリシア語）「怪物」
10^9	ギガ	G	（ギリシア語）「巨人」
10^6	メガ	M	（ギリシア語）「大きい」
10^3	キロ	k	（ギリシア語）「1000」
10^2	ヘクト	h	（ギリシア語）「100」
10	デカ	da	（ギリシア語）「10」
10^{-1}	デシ	d	（ラテン語）「10」
10^{-2}	センチ	c	（ラテン語）「100」
10^{-3}	ミリ	m	（ラテン語）「1000」
10^{-6}	マイクロ	μ	（ラテン語）「小さい」
10^{-9}	ナノ	n	（ラテン語）「こびと」
10^{-12}	ピコ	p	（ラテン語）「尖った先」
10^{-15}	フェムト	f	（古代北欧語）「15」
10^{-18}	アト	a	（古代北欧語）「18」
10^{-21}	ゼプト	z	（ギリシア語）「7」
10^{-24}	ヨクト	y	（ギリシア語）「8」

G（ジー）と Gal（ガル）… いずれも加速度の単位で，非 SI 単位である。絶叫マシンなどで3.5G がかかるなどのときや，ロケット打ち上げ時に3G がかかるなどというときの G は，標準重力加速度を基準とする加速度の単位である。標準重力加速度の値は1901年の第3回国際度量衡会議で定められている。

$$1.0G = 9.80665 m/s^2$$

地震加速度などで，時々，耳にすることのあるガル（Gal）は，CGS 単位系から出た単位で，cm/s^2 の固有の単位記号であり，ガリレオ・ガリレイに由来している。したがって，

$$1.0G = 980.665 Gal$$

となる。

重量キログラム kgf（キログラムフォース）… 質量 1kg の物体に作用する重力のことであり，日本では kgw（キログラム重）と書くこともある。力（重さ）の単位として使われていたが，現在は使用不可である。

$$1kgf = 1kg \times 9.80665 m/s^2 \fallingdotseq 9.807N$$

となる。古い本では，f や w を省き，kg や t（トン）をそのまま重量として記されている場合が多い。

使い方の基本ルールは，以下である。

(1) 接頭語は，原則的にその単位で表される量が 0.1 と 1000 の間に入るように選択する。ただし，同一の量を比較する場合にはこの原則に従わなくともよい。

(2) 接頭語は 1 つだけ用いる。2 つ以上の単位を組み合わせて表現する組立単位でも接頭語は 1 つしか使用できない［例：mm，kN·m，N/mm^2，誤例：kN·cm，kN/mm^2］。

(3) kg は基本単位であるので，接頭語付きの単位とはみなさない。しかし基本単位である kg には接頭語は付けない。すなわち kkg とは書かず，10^3 kg か t（トン）を用いる。

(4) 接頭語の書体は立体で，単位記号との間に空白（スペース）を入れない。

参考文献

全般

1 「建築構造力学　図説・演習　I，II」　中村恒善編著，第2版，丸善，1994

2 「建築の力学 - 弾性論とその応用 - 」桑村　仁著，技報堂，2001

3 「MECHANICS OF MATERIALS」S. P. Tomoshenko, J. M. Gere, Van Norstrand Reinhold Company, 1972

4 「学術用語集」　文部科学省，日本建築学会，増訂版，1992

5 「建築用語ポケットブック　構造編」，成田春人・森井　孝編，丸善，1984

まえがき

001 「新科学対話　上」　ガリレオ・ガリレイ著，今野武雄・日田節次訳，岩波文庫，岩波書店，1937

002 「哲学事典」平凡社，1971

003 「材料力学史」　S. P. ティモシェンコ著，最上武雄監訳，川口昌宏訳，鹿島出版会，1974

004 「科学の歴史」メイスン著，矢島祐利訳，岩波書店，1955

005 「ガリレオ・ガリレイ」青木靖三著，岩波新書（青版）576，岩波書店，1965

006 「ガリレオ」　青木靖三編，世界の思想家6，平凡社，1976

007 「ガリレオ・ガリレイの『二つの新科学対話』静力学について」　ガリレオ・ガリレイ著，加藤　勉訳，鹿島出版会，2007

008 「建築論」森田慶一著，東海大学出版会，1978

1章

101 「物理と実在 - 創り出された自然像 - 」　ブルース・グレゴリー著，亀淵　迪訳，丸善，1993

102 「アイザク・ニュートン」エス・イ・ヴァヴィロフ著，三田博雄訳，科学技術選書，商工出版社，1958

103 「ニュートン - 私は仮説をつくらない - 」E. N. ダ. C. アンドレード著，久保亮五・久保千鶴子訳，現代の科学14，河出書房新社，1968

104 「ニュートン」島尾永康著，岩波新書（黄版）88，岩波書店，1979

105 「ニュートン力学の誕生 - 現代科学の原点をさぐる - 」吉仲正和著，ライブラリ科学史 -1，サイエンス社，1982

106 「天才科学者たちの奇跡」　三田誠広著，PHP文庫，PHP研究所，2005

107 「単位の小事典」　高木仁三郎著，岩波ジュニア新書90，岩波書店，1985

108 「単位の進化」　高田誠二著，ブルーバックスB-154，講談社，1970

109 「ロバート・フック　ニュートンに消された男」中島秀人著，朝日選書565，朝日新聞社，1996

110 「ロバート・フック」マーガレット・エスピーナス著，横家恭介訳，国文社，1999

111 「新数学事典」 領域代表：一松　信・片山孝次・斎藤喜宥・竹之内脩・山本純恭・本田益夫，大阪書籍，1979

112 「数学の歴史」 森　毅著，講談社，1988

113 「アリストテレス」 川田　殖編，世界の思想家 2，平凡社，1977

114 「科学の起源－古代文化の一側面－」 平田　寛著，岩波書店，1974

115 「力学の発展史」 M. フィールツ著，喜多秀次・田村松平訳，みすず書房，1977

116 「ベクトル解析」 戸田盛和著，理工系の数学入門コース 3，岩波書店，1989

117 「数学用語と記号　ものがたり」 片野善一郎著，裳華房，2003

118 「新　西洋美術史」 千足伸行監修，石鍋真澄・大高保二郎・島田紀夫・千足伸行・名取四郎・福部信敏・諸川春樹執筆，西村書店，1999

119 「ハシゴ及び脚立を安全に使用するための雇用者用手引き」 国際安全衛生センター，2005

2 章

201 「建築学用語辞典」 日本建築学会編，岩波書店，1993

202 「建築構造学便覧　Ⅱ構造」 日本建築学会編，第 2 版，丸善，1977

203 「建築構造学」 内藤多仲著，早稲田大学出版部，1918

204 「建物とストレスの話」 田口武一著，井上書院，1985

205 「「ストレス」の肖像　環境と生命の対話」 林　峻一郎著，中公新書 1113，1993

206 「非線形有限要素法のためのテンソル解析の基礎」久田利明著，丸善，1992

207 「弾性力学と有限要素法」 田中喜久昭・長岐　滋・井上達雄共著，大河出版，1995

208 「はじめての固体力学－弾性，塑性，粘弾性－」 有光　隆著，講談社，2010

209 「弾・塑性力学」 山口柏樹著，森北出版，1975

210 「塑性学」 工藤英明著，基礎機械工学全書 3，森北出版，1968

211 「塑性力学の基礎」 北川　浩著，日刊工業新聞社，1979

212 「塑性学」，R. ヒル著，鷲津久一郎・山田嘉明・工藤英明共訳，培風館，1954

213 「弾性・塑性」，山本善之著，応用数学力学講座 11，朝倉書店，1961

3 章

301 「ROBERT MAILLART Builder, Designer, and Artist」 David P. Billington, Cambridge University Press, 1997

302 「土木工学ハンドブック　Ⅰ」 土木学会編，第 4 版，技報堂出版，1989

303 「鋼構造塑性設計指針」，日本建築学会，第 2 版，2010

304 「鉄骨鉄筋コンクリート構造計算規準・同開設－許容応力度設計と保有水平耐力－」日本建築学会，第 5 版，2003

4 章

401 「構造部材のねじり解析」 高岡宣善著，共立出版，1974

402 「構造力学　1」 小西一郎・横尾義貫・成岡昌夫・丹羽義次共著，改訂版，丸善，

1966

403 「連続体力学序説」 坪井善勝著, 産業図書, 1977

404 「薄肉はり構造解析」 藤谷義信著, コンピュータによる極限解析法シリーズ5, 培風館, 1990

405 「構造力学I」 日置興一郎著, 朝倉書店, 1970

406 「改訂増補 建築学大系 9-Ⅱ 材料力学」 松井源吾・佐野 弘・田村 恭・十和田昭二・藤本一郎・望月 洵著, 彰国社, 1969

5章

501 「建築構造ポケットブック」 建築構造ポケットブック編集委員会, 共立出版, 第5版増補, 2011

502 「橋の文化史 桁からアーチへ」 ベルト・ハインリッヒ編著, 宮本裕・小林英信共訳, 鹿島出版会, 1991

7章

701 「鋼構造設計規準−許容応力度設計法−」 日本建築学会, 2005

702 「鉄骨構造学詳論」 若林 實編著, 丸善, 1985

703 「建築鋼構造−その理論と設計−」 井上一朗・吹田啓一郎著, 鹿島出版会, 2007

索引

アーチ arch ——————— 180
圧力 pressure ——————— 39
アリストテレス Aristotelēs ——— 12
アルキメデス Archimēdēs ——— 13
位置ベクトル position vector ——— 14
異方性 anisotropy ——————— 62
永久変形 parmanent set ———— 35
エネルギー energy ——————— 70
オイラー Euler ——————— 214
応力 stress ——————— 39, 57
　圧縮応力 compressive stress ——— 38
　応力テンソル stress tensor ——— 59
　共役せん断応力 conjugate shear stress － 46
　公称応力 nominal stress ———— 38
　主応力 principal stress ———— 66
　真応力 true stress ————— 42
　垂直応力 normal stress ——— 38, 40, 78
　せん断応力 shear stress ——— 45, 92
　直応力 ——————— 59
　熱応力 thermal stress ———— 64
　引張応力 tensile stress ———— 38
　平面応力 plane stress ———— 61
応力度 ——————— 39
　許容応力度 allowable stress ——— 148
応力の不変量 stress invariant ——— 67
応力-ひずみ曲線 stress-strain curve —— 39
応力ベクトル stress vector ——— 57

外積 outer vector ——————— 14
外力 external force ————— 137
荷重 load ——————— 35, 137
荷重-変形曲線 load-deflection curve —— 35
仮想仕事 virtual work ———— 165
仮想変位 virtual displacement ——— 165
加速度 acceleration —————— 3
片持ち梁 cantilever beam, cantilever —— 138
完全弾塑性モデル elastic perfectly-plastic

model ——————— 105
基底ベクトル base vector ———— 8
基本ベクトル fundamental vector ——— 8
境界条件 boundary condition ——— 153
行列式 determinant ————— 66
極限解析 limit analysis ———— 167
曲率 curvature ——————— 78
許容応力度設計 allowable stress design － 148
偶力 couple of forces ————— 17
矩形 ——————— 49
クーロン Coulomb ————— 118
ゲルバー Gerber ————— 148
ゲルバー梁 Gerber's beam ——— 139, 149
コーシー Cauchy ——————— 59
コーシーの応力テンソル Cauchy stress
　tensor ——————— 59
構成式 constitutive equation ——— 61
剛体 rigid body ——————— 28
降伏条件 yield condition, yield criterion — 69
降伏曲げモーメント bending moment of yield
　stage ——————— 106
合力 resultant force ————— 8
固定（端）fixed end ————— 136
固有値問題 eigenvalue problem ——— 65

材軸 axis of member ——— 26, 37
座屈 buckling ——————— 41, 208
座屈長さ buckling length ———— 215
座屈モード buckling mode ———— 210
座標系 system of cordinates ——— 8
三角関数 ——————— 11
三角関数の加法定理 ————— 48
三角関数の合成 ————— 183
三角関数の2倍角の公式 ———— 50
サン - ブナン Saint-Venabant ——— 46
サンブナンねじれ Saint-Venabant torsion
　——————— 123

サンブナンねじり定数 Saint-Venabant
　　torsional constant ──────── 127
サンブナンの原理 Saint-Venabant's principle
　　──────────────── 35, 38
残留変形 residual deformation ──── 35
軸剛性 axial rigidity ───────── 41
軸力, 軸方向力 axial force, normal force
　　────────────── 36, 74, 78
軸力図 axial force diagram ───── 142
質点 particle ───────────── 28
質量 mass ─────────────── 2
重心 center of gravity ──────── 22
自由体図 free body diagram ───── 7
集中荷重 ──────────────── 140
重力 gravity ──────────── 6
重力加速度 gravity acceleration ─── 6
主応力面 principal plane ────── 66
主軸 principal axis ───────── 66, 90
純せん断 pure shear ──────── 46
除荷 unloading ──────────── 40
スカラー scalar ──────────── 5
スカラー積 scalar vector ────── 17
筋かい bracing, brace ──────── 198
図心 centroid, center of figure ── 26, 112
ストレス stress ──────────── 40
スラスト thrust ──────────── 182
3ヒンジラーメン ─────────── 176
ずれ shear ───────────── 44
静定梁 statically determinate beam ── 138
静的 statically ──────────── 19
静的等価 statically equivalent ──── 19
静力学 statics ──────────── 7
接線 tangent ──────────── 50
接線係数荷重 tangent modulus load ── 222
節点法 method of joint ─────── 191
線形 linear ──────────── 61
全塑性曲げモーメント full plastic moment

──────────────── 107
せん断弾性係数 shear modulus ──── 45
せん断中心 shear center ─────── 101
せん断ひずみエネルギー説 ───── 72
せん断変形 shear ──────────── 44
せん断流 shear flow ──────── 98
せん断力 shear force ─────── 45, 74, 91
せん断力図 shear force diagram ─── 142
塑性 plasticity ──────────── 35
塑性ヒンジ plastic hinge ────── 107
塑性崩壊 plastic collapse ────── 165
反り warping ──────────── 122
反り関数 warping function ───── 124
反りねじれ, 反り拘束ねじれ ───── 132

対数 logarithm ──────────── 42
体積弾性係数 bulk modulus ───── 64
たわみ曲線 deflection curve ──── 152
単純支持 simple support ────── 138
単純梁 simple beam ──────── 138
単純ねじれ pure torsion ────── 122
弾性 elasticity ──────────── 35
弾性係数 elastic modulus ────── 40
弾性限度 elastic limit ──────── 40
弾性座屈荷重 elastic buckling load ── 210
断面1次モーメント geometrical moment of
　　area ──────── 26, 79, 87, 112
断面極2次モーメント polar moment of
　　inertia ──────────── 83, 112
断面係数 section modulus ────── 81
断面積 area ───────── 24, 80, 112
断面相乗モーメント product moment of
　　inertia of area ──────── 88, 112
断面2次半径 radius of gyration ─── 217
断面2次モーメント geometrical moment of
　　inertia ───────── 80, 112
断面法（切断法）method of section ── 194

断面力 stress resultants	74
力 force	2, 6
力 power	6
力のモーメント moment of a force	13
中立軸 neutral axis	78
つり合い equilibrium	7
デカルト Descartes	10
デカルト座標系 Cartesian coordinate system	9
てこ lever	12
テンソル tensor	59
等方性 isotropy	62
等分布荷重	144
トラス truss	188
トレスカ Tresca	69
トレスカの降伏条件	69
内積 outer vector	17
ニュートン Newton	2
ねじりモーメント torque, twisting moment	74
ねじる twist	119
ねじれ角 angle of torsion	118
ねじれ率 torsional angle per unit length	118
破断 fracture	35
ばね spring	3
梁 beam	136
張出し梁 over hanging beam	146
反力 reaction	7, 36, 136
微小な infinitesimal	53
ひずみ strain	35, 36
圧縮ひずみ compressive strain	36
永久ひずみ permanent strain	41
工学ひずみ engineering strain	55
公称ひずみ nominal strain	36
残留ひずみ residual strain	41

真ひずみ true strain	43
垂直ひずみ normal strain	36, 40
せん断ひずみ shear strain	44, 54
対数ひずみ logarithmic strain	42
体積ひずみ bulk strain	63
直ひずみ	59
ひずみテンソル strain tensor	55
引張ひずみ tensile strain	36
平面ひずみ plane strain	54
ひずみエネルギー strain energy	70
ひずみの適合条件式	57
ピタゴラス Pythagoras	9
微分 differential	53
表面力 surface force	60
比例限度 proportional limit	40
ヒンジ hinge	107
ピン支点（回転支点）pin support	137
負荷 loading	40
不静定梁 statically indeterminate beam	138
フック Hooke	3
フックの法則 Hooke's law	3, 62
物体力 body force	61
分岐点 bifurcation point	210
分力 component force	8
平面保持-法線保持の仮定	76
ベクトル vector	5
ベクトル積 vector product	14
ベルヌイ Bernoulli	76
変位 displacement	52
変形 deformation	52
変形体 deformable body	28
偏微分 partial differentiation	53
ポアソン Poisson	42
ポアソン数 Poisson's number	42
ポアソン比 Poisson's ratio	42
崩壊荷重 collapse load	165
崩壊機構 collapse mechanism	165, 202

236 | 237

方向 direction ——————— 3
方向余弦 direction cosine ——————— 58
法線 normal ——————— 50
方づえ knee brace ——————— 199
細長比 slenderness ratio ——————— 217

マイヤール Maillart ——————— 99
曲げねじれ剛性 lateral torsional rigidity - 134
曲げモーメント bending moment —— 74, 78
曲げモーメント図 bending moment diagram
——————— 142
曲げる bend ——————— 76
ミーゼス Mises ——————— 70
ミーゼス応力 Mises' stress ——————— 71
ミーゼスの降伏条件 ——————— 70
密度 density ——————— 24
向き direction ——————— 3
モビル mobile ——————— 22
モーメント moment ——————— 13
モール Mohr ——————— 51
モールの応力円 Mohr's stress circle —— 50

ヤング Young ——————— 40
ヤング係数 Young's modulus ——————— 40
横座屈 lateral buckling ——————— 223

ラプラス Laplace ——————— 125
ラプラス演算子 Laplacian ——————— 125
ラメ Lamé ——————— 63
ラメの定数 Lamé's constant ——————— 63
ラーメン ——————— 170
臨界点 critical point ——————— 210
ローラー支点（移動支点）roller support
——————— 137

ワグナーねじれ Wagner torsion ——————— 133

あとがき

　本書は, 造形ライブラリーの企画当初から予定されていたにも拘らず, 著者の教員生活終了後になってしまいました。これは, 著者の安請け合いといろんなことをやりたがるという性格に依るものであり, 共立出版の瀬水勝良さん, 信沢孝一さん, 石井徹也さん, ほか本シリーズ担当者の方々には本当にご迷惑をかけました。また, 野口訓子さんには校正で苦労をおかけしました。心より深謝いたします。

　さらに, 建築力学, 造形力学, 建築構造力学の授業科目を受けてくれた学生諸氏, TA として毎回の小テストの採点や受講生の質問に答えてくれた大学院生諸氏があっての本書であり, 同僚として暖かく見守っていただいた小坂郁夫先生 (京都工芸繊維大学名誉教授), 辻聖晃先生 (現　大阪電気通信大学教授), 桑原進先生 (現　大阪大学准教授), 金尾伊織先生 (現　京都工芸繊維大学教授), 北尾聡子先生 (現　大阪電気通信大学准教授), 村本真先生 (現　京都工芸繊維大学講師) たちのお陰でもあります。そして, 京都工芸繊維大学名誉教授石田修三先生, 京都大学名誉教授中村恒善先生, 同　上谷宏二先生, 同　井上一朗先生, 摂南大学名誉教授永井興史郎先生には浅学非才な著者を常に暖かくご指導いただきました。また大阪市立大学名誉教授日置興一郎先生をはじめとする関西の構造系の先生方, 日本建築学会の研究委員会等でご一緒させていただいた先生方には多くの示唆を得ることができました。ここに記して感謝の意を表します。

　最後に, これまで応援し続けてくれた妻　多代に, ようやく約束が果たせたことの報告をするとともに, 感謝の意を伝えたいと思います。

2018 年 7 月 8 日　40 回目の結婚記念日に。

著者

森迫 清貴 もりさこ きよたか

1952 年	広島県生まれ
1976 年	京都工芸繊維大学工芸学部建築工芸学科 卒業
1978 年	京都工芸繊維大学大学院工芸学研究科建築工芸学専攻 修了
2000 年	京都工芸繊維大学大学院工芸科学研究科 教授
2018 年	京都工芸繊維大学 学長
	京都大学博士（工学）・一級建築士
著　書	日本建築学会（編集）応用力学シリーズ
	1.「構造物の不安定現象と限界状態」（共著）
	4.「構造物の崩壊解析　基礎編」（共著）
	7.「構造物の崩壊解析　応用編」（共著）
	11.「最近の建築構造解析理論の基礎と応用」（共著）
	13.「建築構造における強非線形問題への数値解析による挑戦」（共著）

造形ライブラリー07
造形力学
2018年9月17日　初版第1刷発行

著　者	森迫清貴
発　行	共立出版株式会社　南條光章
	東京都文京区小日向 4-6-19
	電話　03-3947-2511（代表）
	〒112-0006　振替口座 00110-2-57035
	http://www.kyoritsu-pub.co.jp/
印　刷	（株）加藤文明社
製　本	ブロケード

© 森迫清貴　2018　検印廃止
NDC 524.1, 501.34, 757, 520
Printed in Japan　ISBN 978-4-320-07682-2

JCOPY ＜出版者著作権管理機構委託出版物＞
本書の無断複製は著作権法上での例外を除き禁じられています。複製される場合は、そのつど事前に、出版者著作権管理機構（TEL: 03-3513-6969, FAX: 03-3513-6979, e-mail: info@jcopy.or.jp）の許諾を得てください。

一般社団法人
自然科学書協会
会員